U0362369

诗意课堂 "醉"美数学

陈松林 郑奇 代其 主编

南开大学出版社

天 津

图书在版编目(CIP)数据

诗意课堂 "醉"美数学 / 陈松林,郑奇,代其主编. —天津:南开大学出版社,2023.12
ISBN 978-7-310-06400-7

Ⅰ.①诗… Ⅱ.①陈… ②郑… ③代… Ⅲ.①数学课－课堂教学－教学研究－中小学 Ⅳ.①G633.602

中国国家版本馆 CIP 数据核字(2023)第 013151 号

诗意课堂 "醉"美数学
SHIYI KETANG "ZUI"MEI SHUXUE

南开大学出版社出版发行
出版人:刘文华

地址:天津市南开区卫津路 94 号　　邮政编码:300071
营销部电话:(022)23508339　营销部传真:(022)23508542
https://nkup.nankai.edu.cn

河北文曲印刷有限公司印刷　全国各地新华书店经销
2023 年 12 月第 1 版　　2023 年 12 月第 1 次印刷
240×170 毫米　16 开本　23.25 印张　2 插页　390 千字
定价:116.00 元

如遇图书印装质量问题,请与本社营销部联系调换,电话:(022)23508339

本书编写委员会

主　编：陈松林　郑　奇　代　其

副主编：叶含琪　张基贤　李东梅

编　委：陈松林　郑　奇　代　其　叶含琪　张基贤

　　　　李东梅　余　洋　杨相赐　彭　凤　丁宗梅

　　　　李德慧　欧钉辛　敖春兰　胡莹莹　杨在强

序言　"美"就应该在数学课堂之中

"互联网＋数学之美"团队经过三年的研究，潜心地在课堂中运用数学之美，让数学课堂充满人情味、育人味、文化味、历史味、艺术味等，团队成员也沉淀了一批丰硕的教研成果。团队成员力争把传统枯燥的数学课堂变得生动起来，改变人们对数学课堂的偏见，让数学课堂成为教师愿意上、学生乐意学、充满阳光的课堂，既育人，也铸魂，寓教于乐！

在大多数的情况下，人们对美的感觉是相通的，比如春天盛开的鲜花、夏日璀璨的夜空，都会使人心旷神怡；敦煌的壁画历经千年而流传不朽，李白的诗歌人们至今仍在传唱。美可以陶冶人们的道德情操，增加人们生活的乐趣；美可以改善人们的思维品质，提高人们的行为素养。美还能激发人的创造力，许多科学家，包括数学家，潜心研究学问的动力不仅仅是为了探究真理，也是为了追求美。

一、用数学语言之美表达世界

我们之所以能用数学语言表达美，是因为两方面的原因：一方面，数学也是一种语言，人们借助这种语言能够很好地认识、理解和表达现实世界中的那些具有共性的、规律性的东西，正如马克思所言，美的客观本质属性相对稳定，具有规律性；另一方面，数学本身也具有美的本质属性，许多数学家不仅从逻辑的角度、也从美的角度审视数学结论，如德国数学家外尔所说，我的工作总是尽力把真和美统一起来，但当我必须在两者中挑选一个时，我通常选择美。

庞加莱所说的"自然各部分和谐的秩序"，爱因斯坦所说的"一幅简化的和易领悟的世界图象"，都涉及自然界的规律或者事物的共性。凡是具有规律或者共性的东西，必然会存在某种客观的本质属性，对于美而言，这就是审美的对象，也是数学表达的对象，从而引发人们从各个角度对其进行观察与追求。

二、数学的简洁美令人神往

美国数学家伯克霍夫的《美学度量》给出美的度量方法，表示为：$M=O/C$。其中 M 表示审美值，O 表示秩序，C 表示复杂程度。因为复杂程度处在分母的位置，所以越是简洁的东西其审美值就越高。

简洁体现了大自然的普遍规律，即大自然的统一性，就是通常所说的秩序。如果大自然本身是杂乱无章、无规律可循的，那么，简洁就不可能成为美的共同属性。

大自然的秩序（统一性）形成了简洁美，数学的统一性也形成了简洁美，人们可以使用数学的语言恰到好处地表达大自然的秩序（普适性）。简洁的数学表达展现了这种普适性，它是那样的从容不迫和井然有序，给人以"非淡泊无以明志，非宁静无以致远"的感觉；简洁的数学表达增强了人们的自信心，增强了人们认识世界的广度和深度，给人以"会当凌绝顶，一览众山小"的感觉。

三、对称美让自然界美好

对称现象普遍存在于我们的生活中，对称给人以平衡、典雅、和谐、安定的感觉，我们应该逐渐把对对称的感知演化为对美的享受。如德国数学家外尔所说：对称，狭义地定义它也好，宽泛地定义它也罢，千百年来它都是人们试图借以理解并创造秩序、美和完美的一种概念。

生物的延续和发展，依赖生殖和发育，本质上是 DNA 的复制。如图 1（a）所示，DNA 的结构图是对称的。自然界的固体物质，绝大多数是晶体，所有晶体都是对称的，如图 1（b）所示。

 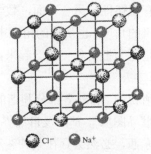

（a）DNA 双螺旋结构　　（b）氯化钠的晶体结构

图 1　自然界的对称结构

《周易》六十四卦包括三十二个对卦，其中正对卦表示矛盾的统一，反对卦表示矛盾的斗争一分为二、合二而一；两者对立统一、相辅相成。

这种认识世界的方法可以追溯到高庙文化，从湖南省洪江市（原黔阳县）高庙新石器时代遗址出土的，距今6300年至7800年八角星图象（如图2所示），与古书所言"河图""洛书"相似，与《周易》八卦也颇有渊源。

图2 八角星图象

四、周期之美无处不在

自然界有许多现象周而复始、延绵不绝，人们称这样的现象为周期性。仰望星空，会发现星空围绕北极星旋转具有周期性；漫步海滩，会发现海水潮起潮落具有周期性；逐梦田野，会感悟春种秋收的交替具有周期性……在日常生活中，太阳升起落下，日复一日；月亮阴晴圆缺，月复一月；季节四季交替，年复一年。人类世界逐渐形成一种基于周期性的美感，白居易的"一岁一枯荣"，王维的"每逢佳节倍思亲"莫不如是！

周期与时间有关，刻画时间需要参照物，在远古时代，最好的参照物就是太阳、月亮和浩瀚的星空。建立年、月、日历法的基本依据是：地球围绕太阳运转一周的时间、月亮围绕地球运转一周的时间、地球自转一周的时间。基本方法是探求3个运转周期之间的比例。非常遗憾的是这3个运转周期之间的比例都不是整数。地球围绕太阳运转一周的时间是地球自转一周时间的365倍多一点，月亮围绕地球运转一周的时间是地球自转一周时间的29倍多一点，地球围绕太阳运转一周的时间相当于月亮围绕地球运转12周再加11日多一点。"多一点"是一个无法精确表达的数。在认识世界最基本的问题上，大自然就用这样复杂的结构来考验和启迪人类的智慧。

在中国传统文化中，有一个周期现象与每一个人都有关系，就是属相，

12 属相依次为鼠、牛、虎、兔、龙、蛇、马、羊、猴、鸡、狗、猪。12 生肖对应 12 地支，与恒星二十八星宿有关。西周把一天划分为 12 个时辰，东汉王充《论衡》记载 12 地支命名：子、丑、寅、卯、辰、巳、午、未、申、酉、戌、亥。

宋代把时辰一分为二，称为小时，沿用至今。天干共有 10 个，依次为甲、乙、丙、丁、戊、己、庚、辛、壬、癸。天干的单数配地支的单数，天干的双数配地支的双数。正好是 10 与 12 的最小公倍数（2×5×6=60），即六十为一个甲子，循环记录，甲子纪年，始于东汉，流传至今。

五、音乐中的数学之美

毕达哥拉斯学派发现可以把音乐归结为自然数的比例关系：两根绷得一样紧的弦，如果一根的长是另一根的二倍，则会产生和谐的声音，两者相差八度；若弦长的比为 3：2，则会产生另一种和谐的声音，两者相差五度。于是他们得出结论：音乐的和谐在于多根弦的长度成整数比。由此，他们发明了音阶。《管子》记载的"三分损益"要比毕达哥拉斯更早一些。"三分损一"将长度 a 三等分然后减去一份，得到 a 的 2/3；"三分益一"将长度 a 三等分然后增添一份，得到 a 的 4/3。方法交替，连续运用，得到长度比例为 2：3：4，最后形成和谐的声音。古代中国五声音阶宫、商、角、徵、羽，相当于现在音阶的 1、2、3、5、6，称为五度相生律。

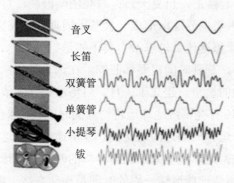

音叉
长笛
双簧管
单簧管
小提琴
钹

图 3　不同乐器的声波波形

如何得到最佳进阶（如图 3 所示），把 do 音与高音 do 的频率分别记为 1 和 2，弦长分别记为 a 和 $2a$。在 a 后，每个音都比前一个音的频率高 2 的开 12 次方倍，即 $a_0 = a$，$a_{i+1} = \sqrt[12]{2}a_i$，$i = 0$，1，…，12。因为公比 $\sqrt[12]{2} \approx$

1.059463094≈1.06，接近有理数，称为十二平均律。明代朱元璋九世孙朱载堉（1536—1611）对其进行了精确计算，记载于《乐律全书》，得到的公比为1.059463094359295264 561825。德国作曲家巴赫于1722年发表的《谐和音律曲集》，可能就是为十二平均律的键盘乐器所著。

六、自然界中的黄金分割之美

把一条长度为1的直线段分为不相等的两段，长段为 x，短段为 $1-x$。古希腊人认为最美的比例应当是"长段∶整体=短段∶长段"，即 $x:1=(1-x):x$，得到方程 $x^2+x-1=0$，解得 $x=0.618$，称为黄金分割数，如米洛斯的维纳斯（见图4）、达·芬奇的《维特鲁威人》（见图5）。

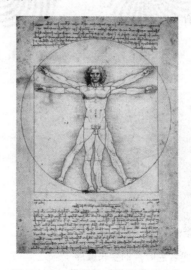

图4 米洛斯的维纳斯　　　　图5 达·芬奇的《维特鲁威人》

（头到腰/腰到脚=0.618）

植物花瓣、果实的黄金分割角 $a=137.5°$，计算机模拟，发散角小于137.5°或大于137.5°，圆点间都会出现空隙（见图6）。神奇的自然界处处隐含着数学美，如龙舌兰叶片的生长顺序分布和谐（见图7）。生物学家在向日葵圆盘中发现向日葵籽粒呈螺线状排列（如图8所示），螺线的发散角是137.5°，我们知道圆盘一周为360°，$360°-137.5°=222.5°$，$137.5°÷222.5°≈0.618$，这也体现了黄金分割之美。

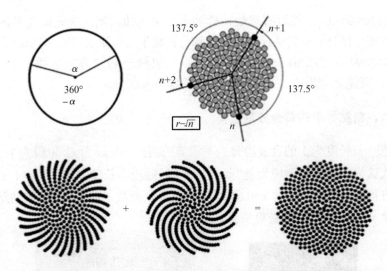

图6　计算机模拟植物花瓣、果实的黄金分割角

图7　龙舌兰叶片的生长顺序

图8　向日葵果实的排列

七、和谐之美与数学表达式

数学中的很多表达式,也有规律可循。韦达定理,当 $k=2$ 时,$a_0x^2+a_1x+a_2=0$ 的 2 个解为 x_1、x_2,那么 $x_1+x_2=-\dfrac{a_1}{a_0}$;$x_1 \cdot x_2=\dfrac{a_2}{a_0}$;当 $k=3$ 时,$a_0x^3+a_1x^2+a_2x+a_3=0$ 的 3 个解为 x_1、x_2、x_3,那么 $x_1+x_2+x_3=-\dfrac{a_1}{a_0}$,$x_1 \cdot x_2+x_1 \cdot x_3+x_2 \cdot x_3=\dfrac{a_2}{a_0}$,$x_1 \cdot x_2 \cdot x_3=-\dfrac{a_3}{a_0}$。$k=n$ 时这一规律还存在吗?n 次方程的解是对称的:x_p 与 x_q 可以交换,伽罗瓦证明了 $k \geqslant 5$ 时不存在公式解,这与阿贝尔提出的群的概

念促成了一个专门研究对称性质的数学学科——群论。

我国宋朝数学家杨辉在他的著作《详解九章算法》中提出"杨辉三角"，下面的公式揭示了 $(a+b)^n$（n 为非负整数）展开式的项数及各项系数的相关规律。

例如：$(a+b)^0 = 1$，它只有一项，系数为1；

$(a+b)^1 = a+b$，它有两项，系数分别为1、1，系数和为2；

$(a+b)^2 = a^2 + 2ab + b^2$，它有三项，系数分别为1、2、1，系数和为4；

$(a+b)^5 = a^5 + 5a^4b + 10a^3b^2 + 10a^2b^3 + 5ab^4 + b^5$；

$(a+b)^6 = a^6 + 6a^5b + 15a^4b^2 + 20a^3b^3 + 15a^2b^4 + 6ab^5 + b^6$。

$$
\begin{array}{ccccccccc}
 & & & & 1 & & & & \\
 & & & 1 & & 1 & & & \\
 & & 1 & & 2 & & 1 & & \\
 & 1 & & 3 & & 3 & & 1 & \\
1 & & 4 & & 6 & & 4 & & 1 \\
 & & & & \cdots\cdots & & & &
\end{array}
\qquad
\begin{array}{l}
(a+b)^0 = 1 \\
(a+b)^1 = a+b \\
(a+b)^2 = a^2 + 2ab + b^2 \\
(a+b)^3 = a^3 + 3a^2b + 3ab^2 + b^3 \\
(a+b)^4 = a^4 + 4a^3b + 6a^2b^2 + 4ab^3 + b^4
\end{array}
$$

八、诗歌中的数学之美

诗常与美为伴，伟大的诗歌不仅包含着美，还拥有丰厚的哲学积淀。好诗总是兼具艺术性和哲学性。那么，怎么会有这样的诗呢？现在我就带大家看一看这令人新奇而富有哲学美的数学诗。

我在社交媒体上曾看到一位奇特诗人布赖恩·比尔斯顿（Brian Bilston）的一组诗，这些诗看起来像是一组精心挑选的字词，但又有着某种规律。据说，它们是斐波那契体诗。

什么是斐波那契体诗？这就要从数学上著名的斐波那契数列说起。在数学上，斐波那契数列是意大利人斐波那契研究的一个数列。他描述兔子繁殖的数目时，做了如下的假定：第一个月初有一对刚诞生的兔子，这对兔子在第二个月不会生育，从第三个月开始它们每月都可以生育，每月每对可生育的兔子会生下一对新兔子，兔子永不死去。由此，我们得到一个数列1，1，2，3，5，8，13，21，34，55，89，144…利用这个数列创作的诗的每一行字数正好与这个数列里的数相同。于是，我们就称其为"斐波那契体诗"，简称"斐诗"。

下面，我们就来看一下这首令人惊奇的"斐诗"，为了更直观阅读，此处展示的是该诗的汉语版本。

拥挤的字词

布赖恩·比尔斯顿

我

在

纸上

写首诗

它每行变长

字数是前两行的和

我开始担心接此规则不停地写

您将看到一首迅速耗尽纸张的斐波那契体的诗章

　　事实上，在写这个诗体时，中文比英文有得天独厚的优越性。因为英文的每个字的长短不同，而且英文的句子不容易断句成行，而这些用中文却可以轻易做到。当然，所有的斐波那契体诗都有一个共同的特点，那就是没有结尾。正如比尔斯顿所说，你需要担心的是纸张的耗尽。

　　了解过斐波那契体诗之后，我们再来看一首比尔斯顿其他的数学诗。诗体是个维恩图，我们就称之为"维恩体"吧，也挺有意思的。

　　维恩图也称文氏图，它是在集合论数学分支中用以表示集合的一种草图。最简单的维恩图是由两个集合构成的。举个简单的例子，集合 A 可以表示所有数学家的全体，集合 B 可以表示所有哲学家的全体，那么它们交叠的区域交集 C，即包含所有既是数学家又是哲学家的那些人。

　　维恩图是 19 世纪英国哲学家和数学家约翰·维恩在 1881 年发明的。因为他既是数学家又是哲学家，所以他在交集 C 里。注意，现在我们有了三类集合：一类是数学家，一类是哲学家，还有一类既是数学家又是哲学家。

　　对这类诗的特点进行简单概括则是：保留独立部分，贡献出共同语言，最后依旧各说各话。比如，下面这首《春鸣秋声之三》就为我们展现了中文版维恩体诗的清新淡雅。

春鸣秋声之三（双藏）

蒋迅

风吹柳黄摇浅春，

春信悄然入梦乡。

雨打草绿听鹊鸣，

鸣雁梳羽盼北归。

月含潭水浮清秋，

秋波难解羁旅意。

日照故园传心声，

声怀往客依窗楣。

其实，有很多数学家都会写诗。中国也不乏数学家诗人，比如已故的苏步青和仍然活跃在诗坛的蔡天新。

同样，分析哲学的一个传统是把逻辑在数学语言上的成功，推广到自然语言和一般认识论中。于是，诗歌和数学往往可以碰撞出更美妙的火花。俄国数学家索菲娅·瓦西里耶夫娜·柯瓦列夫斯卡娅说过："灵魂中不是诗人就不可能成为数学家。"

三年的研究以市优秀级的评价结果结束，这是终点，也是起点。团队成员将继续保持研究的热情，奋力把数学之美践行在课堂中，让数学之美陪教师们继续研行，让数学之花在学生中绽开。我们将以数学第二课堂为载体，以课后延时服务为依托，不断地挖掘教材、配套资料、生产、生活中的数学之美，丰富数学之美的资源库，让数学之美惠及广大教师，让学生在快乐中学习成长，让学生的数学素养不断得到提升！

陈松林

2023 年 1 月

目　录

第一章　打造创新基地　创建基地文化 ……………………………………… 1

　　第一节　"互联网＋数学之美"课题基地建设规划 …………………… 1

　　第二节　"互联网＋数学之美"个人三年发展规划（选编）………… 11

第二章　完善课程实施　助力基地建设 ……………………………………25

　　第一节　初中数学学科发展现状分析 ………………………………25

　　第二节　初中数学学科发展目标 ……………………………………27

　　第三节　初中数学学科课堂教学模式设计 …………………………30

　　第四节　备课、作业的布置与批阅、课外辅导的基本规范与要求……32

　　第五节　学生评价标准 ………………………………………………37

　　第六节　教学评估指标体系 …………………………………………38

第三章　开展送教活动　探索课堂之美 ……………………………………71

　　第一节　重庆市綦江区教育科学研究所关于开展綦江区 2020—2021
　　　　　　学年初中教学常规督查暨主题巡回扶欢中学送教活动安排…71

　　第二节　"代入消元——解二元一次方程组"教学设计（一）………73

　　第三节　"代入消元——解二元一次方程组"导学案（一）…………81

　　第四节　"代入消元——解二元一次方程组"课例评析（一）………83

　　第五节　"代入消元——解二元一次方程组"课例感悟（一）………85

　　第六节　"代入消元——解二元一次方程组"教学设计（二）………86

　　第七节　"代入消元——解二元一次方程组"导学案（二）…………90

　　第八节　"代入消元——解二元一次方程组"课例评析（二）………92

　　第九节　"代入消元——解二元一次方程组"课例感悟（二）………94

　　第十节　教研简讯 ……………………………………………………96

第四章　立足教材专题　解决复习问题 …………………………………100

　　第一节　召开部分初中数学中心组成员及骨干教师专题研讨会的
　　　　　　通知 ……………………………………………………… 100

第二节　"'整除型'阅读理解题"教学设计（一）………………… 102

第三节　"'整除型'阅读理解题"导学案（一）………………… 107

第四节　"'整除型'阅读理解题"课例评析（一）………………… 109

第五节　"'整除型'阅读理解题"课例感悟Ⅰ（一）………………… 111

第六节　"'整除型'阅读理解题"课例感悟Ⅱ（一）………………… 113

第七节　"'整除型'阅读理解题"教学设计（二）………………… 115

第八节　"'整除型'阅读理解题"导学案（二）………………… 119

第九节　"'整除型'阅读理解题"课例评析（二）………………… 121

第十节　"'整除型'阅读理解题"课例感悟（二）………………… 122

第十一节　教研简讯 ………………………………………………… 124

第五章　专家打造中考专题　提升复习能力 ……………………… 128

第一节　关于召开初中数学中心组成员及骨干教师专题研讨会实施
方案 …………………………………………………………… 128

第二节　"二次函数中平行四边形的存在性问题"教学设计 ……… 129

第三节　"二次函数中平行四边形的存在性问题"导学案 ………… 136

第四节　"二次函数中平行四边形的存在性问题"课例评析 ……… 139

第五节　"二次函数中平行四边形的存在性问题"课例感悟Ⅰ …… 140

第六节　"二次函数中平行四边形的存在性问题"课例感悟Ⅱ …… 142

第七节　"二次函数中特殊四边形的存在性问题"教学设计 ……… 144

第八节　"二次函数中特殊四边形的存在性问题"导学案 ………… 150

第九节　"二次函数中特殊四边形的存在性问题"课例评析 ……… 152

第十节　"二次函数中特殊四边形的存在性问题"课例感悟 ……… 154

第十一节　教研简讯 ………………………………………………… 156

第六章　专家齐聚教研　领略数学魅力 …………………………… 162

第一节　"互联网＋数学之美"市级活动 ………………………… 162

第二节　"整式的加减（复习）"教学设计（2019 年 12 月 31 日
试讲版） …………………………………………………… 163

第三节　"整式的加减（复习）"导学案（2019 年 12 月 31 日试
讲版） ……………………………………………………… 170

第四节　"整式的加减（复习）"试讲磨课记录 ………………… 173

第五节　"整式的加减（复习）"教学设计（2020 年 1 月 3 日正
式版） ……………………………………………………… 176

第六节　"整式的加减（复习）"导学案（2020 年 1 月 3 日正式版）……………………………………………… 184

第七节　"整式的加减（复习）"课例评析…………… 189

第八节　"整式的加减（复习）"课例感悟…………… 190

第九节　"分类讨论思想在线段计算中的运用"教学设计 ……… 192

第十节　"分类讨论思想在线段计算中的运用"导学案 …………… 196

第十一节　"分类讨论思想在线段计算中的运用"课例评析 ……… 198

第十二节　"分类讨论思想在线段计算中的运用"课例感悟 ……… 200

第十三节　重庆市第三期农村中小学领雁工程项目简讯………… 202

第七章　积淀铸就华章　共赴优秀盛宴……………………… 208

第一节　统领全章，归纳思想，逐步渗透

　　　　——以"一元二次方程"章节为例 ……………… 208

第二节　因"趣"而美，以"趣"激美

　　　　——从"线段公理"看"互联网＋"初中数学之美课堂

　　　　构建 …………………………………………… 212

第三节　"互联网＋"初中数学之美…………………… 216

第四节　问题驱动，方法引领，深度学习

　　　　——初中数学"最短路径问题"教学实录与评析 ……… 218

第五节　"双向互动，美美照应"课堂模式下的数学课堂教学导入

　　　　艺术 …………………………………………… 226

第六节　初中数学的美学挖掘……………………………… 229

第七节　"互联网＋"初中数学课堂之美

　　　　——记教育教学过程中的启发 ………………… 232

第八节　"数学之美"在学科教学中的渗透探究 …………… 234

第九节　把握"四个基本"，体味"几何之美"…………… 237

第十节　初中数学教学中的数学之美……………………… 240

第十一节　"互联网＋数学之美"课程内容构建与研究 ……… 242

第十二节　数学之美校本课程资源的开发与利用研究………… 244

第十三节　"母子型"相似模型的解读与应用探究………… 246

第十四节　初中数学兴趣教学初探……………………… 251

第十五节　初中数学教学中使学生体会到数学美的教学方法……… 254

第十六节　"互联网＋"时代下品味数学之美…………… 256

第十七节 浅议如何提高评讲课的效益 …………………………… 258

第十八节 情景教学运用于初中数学教学浅谈 …………………… 263

第十九节 渗透数学思维方法 展现数学思维之美 ……………… 265

第二十节 向美而行,探索数学中的对称之美 …………………… 269

第八章 欢度数学文化节 触摸思维脉搏 ………………………… 272

数学之美文化节设计方案 ………………………………………… 272

附件一:场地布置与准备 ………………………………………… 281

附件二:数学文化节奖券的发放与回收清单 …………………… 283

附件三:"互联网 + 数学之美"选拔赛试题(100 分) ………… 284

附件四:几何幻方练习 …………………………………………… 286

附件五:最强大脑复习题 ………………………………………… 287

附件六:最强大脑决赛内容 ……………………………………… 293

附件七:数学文化节简报 ………………………………………… 293

第九章 撷精寻美 我们仍在路上 ………………………………… 303

第一节 重庆市綦江区古南中学"互联网 + 数学之美"创新基地
中期总结 ………………………………………………… 303

第二节 "互联网 + 数学之美"课题总结报告 ………………… 306

第三节 "互联网 + 数学之美"基地项目个人成长记录Ⅰ ……… 321

第四节 "互联网 + 数学之美"基地项目个人成长记录Ⅱ ……… 322

第五节 "互联网 + 数学之美"基地项目个人成长记录Ⅲ ……… 326

第六节 "互联网 + 数学之美"基地项目心得体会Ⅰ ………… 328

第七节 "互联网 + 数学之美"基地项目心得体会Ⅱ ………… 329

第八节 "互联网 + 数学之美"基地项目心得体会Ⅲ
——发现数学之美 感受数学魅力 ………………… 330

第九节 "互联网 + 数学之美"基地项目心得体会Ⅳ ………… 332

第十节 "互联网 + 数学之美"基地项目反思总结Ⅰ ………… 336

第十一节 "互联网 + 数学之美"基地项目反思总结Ⅱ ……… 343

第十章 数学之美硕果累累
——古南中学"互联网 + 数学之美"创新基地成果统计 ……… 345

第一章　打造创新基地　创建基地文化

第一节　"互联网+数学之美"课题基地建设规划

为认真贯彻党的十九大和全国教育大会精神，创造性地实施新课程教学，切实提高农村学校办学品质和教育质量，改变农村教育现状，促进义务教育均衡优质发展，办好民满意的教育，根据市教委渝教基发领雁工程〔2017〕21号文件《重庆市教育委员会关于继续实施农村中小学领雁工程的通知》，特制定我校数学学科基地建设规划。

一、课题基地建设背景

（一）政策背景

《教育部关于全面深化课程改革落实立德树人根本任务的意见》（以下简称《意见》）明确指出："学生应具备的适应终身发展和社会发展需要的必备品格和关键能力，突出强调个人修养、社会关爱、家国情怀，更加注重自主发展、合作参与、创新实践。"为认真贯彻落实《意见》精神以及全国教育大会精神，创造性地实施新课程教学，全面提高义务教育质量，切实帮助农村学校提升办学品质，改变农村教育现状，促进义务教育均衡优质发展，同时也为积极落实市教委渝教基发领雁工程文件《重庆市教育委员会关于继续实施农村中小学领雁工程的通知》精神，以此确立本课程基地建设规划。

（二）课标背景

新课标明确提出"四基""四能""三会"。"四基"即学生通过学习，获得必需的基础知识、基本技能、基本思想、基本活动经验。学生通过数学学习不仅仅获得必需的知识和技能，还要在学习过程中积累经验、获得数学发展和处理问题的思想。"四能"，即体会数学知识之间、数学与其他学科之间、数学与生活之间的联系，运用数学的思维方式进行思考，增强学生发现问题、提出问题、分析问题、解决问题的能力。这就要求教师在日常教学过程中，不仅要重视"双基"训练，更要注重能力培养，特别是知识的迁移能力、问题的解决能力，要注重发展学生的数感、符号感、空间观念、几何直观、数据分析观念、运算能力、推理能力以及模型思想。"三会"即学生在数学学习过程中，会用数学的眼睛观察现实世界，会用数学的思维思考现实世界，会用数学的语言描述现实世界。培养他们敢于质疑、善于思考、实事求是、一丝不苟的科学精神。这是数学学科的根本任务。

（三）人文背景

长期以来，数学教学往往只注重学科教学功能，而忽略了其人文价值，这是数学教学过程中的不足。初中阶段正是学生自身性格、学习方式、思维习惯的形成期，数学教育应在传授数学知识、数学方法和数学思维的同时，也充满文化和生活气息，以提高学生对数学学习的兴趣。诺贝尔物理学奖得主杨振宁说："自然的复杂性可以统一于理论的美与简洁之中，而理论物理学的意义正在于此。"英国著名哲学家、数学家、逻辑学家、历史学家、文学家罗素有言："数学，以正确的眼光观之，所拥有的不只是真理，而且也有至高无上的美——艳丽而冷酷，如同冰雪中的雕塑拥有的美。"著名数学家华罗庚说："宇宙之大，粒子之微，火箭之速，化工之巧，地球之变，生物之谜，日用之繁，无处不用数学。"国家级教学名师、南开大学教授顾沛指出："数学之美不是人人都能感知的，更不是每个人天生都能感知的。"教师在教学中可以涉及一些丰富的话题，设计适当有趣的情境，通过探究式的教学启发学生，使其领悟数学的魅力，体会知识中蕴含的理性思维，提高数学素养，帮助学生逐步感知数学之美，促进他们科学素质与人文素质的有机融合，这是数学文化课的美育功能。通过数学教育使学生在学习知识的同时增强对数学文化的认同感，培养学生的探索精神、审美意识和人文情怀。

（四）学科背景

相关调查显示，一部分学生在升入初中以后，数学学习困难，感觉数学枯燥、乏味、抽象，对数学学习逐渐失去兴趣，数学成绩越来越差，甚至产生放弃学习数学的心理。造成这种局面的重要原因是不少老师错误地认为数学教学就是教给孩子一些概念、公式、定理，或者认为数学主要就是刷题，片面追求高大上、偏怪难。长此以往，我们的数学教学就偏离了数学的本质，学生更无数学兴趣可言。数学作为中考、高考的主要学科之一，也是最易拉出差距的学科，如何利用数学之美，帮助学生重拾信心，激发学生学习数学的兴趣，充分让学生在数学学习中体会到数学的简洁美、形式美、对称美、和谐美、奇异美、思维美，体会到数学学习是快乐的、数学是可以学好的、学好数学是很有用的，这是我们数学教师义不容辞的责任。

二、课题基地建设指导思想和原则

基地建设以数学新课程标准为指导，以提高学生核心素养和引领教师专业发展为导向，以激发学生兴趣和培养能力为根本，以"理念导航、整体规划、策略研究、实践探索、总结反思、成果提炼、运用推广"为思路，围绕"一体系、二中心、三平台、三资源"为建设内容，扎实推进"互联网＋数学之美"课程基地建设，实现激趣提质和城乡教育均衡发展。为此，本课程基地建设应当遵循以下五个原则。

（一）服务教学原则

基地建设工作，必须有利于学科教学工作，提高数学教学实效，促进学生数学思维、能力发展，培养学生核心素养，使数学学科基地成为全区数学教师教学研究和发展中心、学生学习发展中心。

（二）合作共建原则

学科基地建设必须加强多方合作，既有本校同学科教师的合作交流，又有不同学校的教师、教研组之间的合作研究，还有教研人员、学校教师、学科教研组之间的密切配合，依托市、区教育科研部门，聘请专家、名师、学科带头人、骨干教师组成专家指导组，共同推进基地建设，保证学科基地各项工作有序开展。

（三）科研引领原则

以教育科研为先导，围绕问题，科学规划，制定方案，开展行动研究，不断改进教学方式，引领师生不断学习、探究、解决学科课程实践中的新问题，新尝试、新实践、新创造，引领学生自主、合作、探究学习，实现学生高效学习，促进师生共同发展，推动义务教育阶段学校教育均衡化发展。

（四）自主创新原则

学科教研组应重视理论学习，加强学科教研组自身建设，充分发挥学校教研组在基地建设中的自主创新精神，开展特色教学研究，勇于实践探索。

（五）师生发展原则

基地建设重在体现数学之美，让学生获得美的体验，激发学生学习兴趣，全面提高教学质量，促进学生全面发展，同时也能彻底改变学生和教师对数学学科的传统认识，引领教师专业成长，使教师和学生在研究实践中相互促进、共同成长。

三、"互联网 + 数学之美"的内涵及作用

数学具有高度的抽象性，同时也具有严密的逻辑性和理论性，数学综合了人类思维的理性之美及大自然的规律之美。伽利略曾说过："自然这本书是用数学语言写成的，哪里有数，哪里就有美，数学总是美的，数学是美的科学。"数学的美具体表现在以下两个方面：一个是探索之美，就是它具有指导人类认识世界的能力；另一个是应用之美，就是它具有指导人类改造世界的能力。数学是研究数与形的科学，它来源于生产，服务于生活，并不是空中楼阁。数学学习不是单纯地寻找答案，也不仅仅是了解数学的外在之美，而是为了在解决问题的过程中培养自己的逻辑思维能力，体会数学的内在之美、思维之美，通过找寻数学问题的本质、解决方法和学科观点来培养自己对数学学习的兴趣。"互联网 + 数学之美"就是在现代信息技术背景下，体现数学的简洁美、对称美、和谐美、统一美、思维美、抽象美、类比美、奇异美，让数学之美无处不在、无时不在。通过"互联网 + 数学之美"基地建设，对学生学习数学产生以下积极影响：

（1）利用数学之美激发学生学习兴趣和热情；

（2）利用数学之美培养学生审美能力；

（3）利用数学之美启迪学生思维，开发学生智力和创造力；

（4）利用数学之美提高学生分析问题和解决问题的能力，提高学生学习效率。

四、课题基地建设目标

（1）建设初中数学学科"互联网 + 数学之美"课程体系，开发校本教材，探究教学模式，提高数学教学质量。

（2）建设初中数学学科"互联网 + 数学之美"课堂教学体验基地和数学体验室。

（3）通过数学课内外等活动，激发学生学习兴趣，让学生感受数学之美、提升审美能力，提高学生的数学学科核心素养。

（4）建设一支以数学学科骨干为主体的专业团队，发挥他们在教学改革中的骨干引领作用，带动数学教师专业成长。

（5）充分发挥"互联网＋数学之美"学科基地的示范和引领作用，使其成为我区初中数学学科研究中心、辐射中心、指导中心、示范窗口。

五、课题基地建设内容及概况

（一）一体系

构建"互联网＋数学之美"课程内容体系。建立"互联网＋数学之美"课程内容，完善"双向互动，美美照应"数学课堂教学模式（如图1-1所示），探究形成数学之美体验策略。

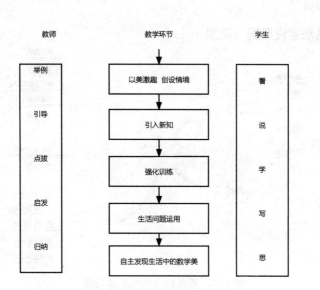

图1-1　"双向互动，美美照应"数学课堂教学模式

（二）两中心

构建学生发展中心，营造良好学习环境，开展数学教学实践体验活动，建立以学生数学课堂体验为根本、体验室体验为拓展、课外活动和校本课程体验为延伸的综合型体验机制，让学生感知和发现数学之美，促进学生数学学科核心素养的提升；构建教师发展中心，建立数学教师专业发展的策略，以课堂为根本，以数学之美为核心，进行集体备课和课堂教学研究，营造良好的教学研究环境，开展数学教学、研究、培训、实践体验系列活动，提升教师教学科研能力，促进教师专业发展。使该基地成为我校数学教师常态化

教研的重要基地，学科联盟教研活动开展基地，区内数学教师培训基地，学科教学成果应用基地。

（三）三平台

建立学生自主学习的互联网互动交流平台，引导学生自主学习互动交流；建立校际教师互联网互动交流平台，引导师生共享课程资源，增强互动交流；建立课程资源互联网共享平台，真正实现课程资源、设施设备、教学场所的全方位共建共享。

（四）三资源

开发数学之美课堂教学资源、数学之美课外拓展资源、数学之美活动体验室。

（五）基地建设概况（见图1-2）

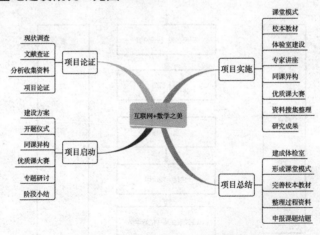

图1-2　基地建设概况思维导图

六、课题基地建设规划

"互联网＋数学之美"基地建设，以构建高效课堂理念为核心，以提高教师队伍整体素质为关键，以提高课堂教学效率和质量为目的，以整合校本资源、以点带面、和谐共进为途径，立足教育教学研究，进一步深化课堂教学改革，探索新的有效教学模式，构建新型和谐的师生关系，促进教师专业化发展。基地建设着力有效解决学生对数学感到枯燥、乏味等情绪问题，同时坚持专家、名师、骨干教师强强联手的基地建设策略，倡导合作文化，使该基地成为全区初中数学教学的示范引领中心，具体分三个阶段进行。

（一）准备阶段（2017.10—2018.10）

（1）查阅文献资料，明确课题界定；

（2）学习相关理论，确立课题研究依据；

（3）整体设计，构建研究基本框架，制定研究方案，明确研究目标、内容、方法和步骤，为课题研究做好充分的准备；

（4）确定课题组成员及分工，明确任务，建立 QQ、微信交流群；

（5）制定基地建设三年计划，完成课题申报立项工作。

（二）实施阶段（2018.11—2020.09）

（1）全面开展基地建设工作，进一步完善研究条件，深入调查研究对象，收集整理相关信息资料；

（2）广泛收集、整理、汇编研究过程资料；

（3）开展项目工作启动会；

（4）开展基地建设研讨会；

（5）邀请专家开展相关讲座；

（6）组织基地建设推进会；

（7）对接学校同课异构；

（8）完成区级课题申报；

（9）承办全区"互联网＋数学之美"优质课竞赛；

（10）积极组织数学之美论文的撰写与发表；

（11）组织教师参加重庆市领雁工程优质课比赛；

（12）组织校际之间的数学课堂教学教研活动；

（13）组织区域联盟领雁工程交流活动；

（14）打造课堂教学模式；

（15）完善"互联网＋数学之美"校本课程的编写与使用；

（16）组织开展数学课外活动；

（17）组织"互联网＋数学之美"文化节；

（18）课题组成员分别就承担的研究内容撰写阶段课题研究报告，进行自我评估，搭建反思平台，及时提炼研究成果，做好中期评估验收。

（三）总结阶段（2020.10—2020.12）

这一阶段的主要工作是进行认真总结，收集、整理各阶段资料，做好验收前的准备工作，归档文字材料，撰写课题结题报告，申请验收。具体内容如下：

（1）项目申报表；

（2）基地发展规划；

（3）教师发展规划；

（4）教师心得体会、反思总结、成长记录；

（5）课题年度工作计划与小结；

（6）课题总结报告；

（7）材料汇总；

（8）教研活动记录、课题专项研究活动记录；

（9）跨区域、跨学校帮扶结对机制材料汇总；

（10）创设的具有鲜明特色的教学环境材料汇总；

（11）"数学之美"课堂教学学科教学模式材料汇总；

（12）"数学之美"特色课程资源汇总；

（13）学生实践创新有效途径材料汇总；

（14）校级活动简报与照片整理归类汇总；

（15）区级示范、辐射活动材料汇总；

（16）参加市级活动材料汇总；

（17）教师赛课获奖材料汇总；

（18）出版实践成果集；

（19）论文发表、获奖成果集；

（20）区级课题成果集；

（21）学生获奖成果集。

七、课题基地建设措施

（一）狠抓教师队伍建设

积极落实教师专业知识系统培训，包括教学设计能力、教学实施能力、教学评价能力、教学反思能力、教育科研能力的培训，转变教师教育思想和教育观念，使其树立正确的教育观，不断增强数学教师的教育情感。组织"一帮一""师带徒""老带新"等多种形式的帮扶活动，培养适应基地建设和课题研究的"合格教师"；通过学中干、干中学，培养"优秀教师"。常态化地创造科研氛围，实现课题引领，建立科学有效的教师评价体系，促进各类教师专业成长。

（二）扎实推进落地教学

课题实施的关键在课堂。在教学中，每位教师都应将"数学抽象、逻辑推理、数学建模、直观想象、数学运算、数据分析"这六大数学核心素养贯穿于数学课堂教学，真正让教学研究落地、落实。通过转变学生学习方式、教师教学方式、教学评价方式，揭示数学之美，从而愉悦学生的心境，激发学生的兴趣，陶冶学生的性情，塑造学生的灵魂，进而让学生领悟数学美、欣赏数学美、创造数学美。

（三）加强教学常规管理

教学常规管理工作贵在坚持，重在落实。详细制定课题组教学常规管理细则，加强集体备课，深挖细研教材，以六大素养为核心，以目标达成为导向，以美的体验为标准，力争将每一节导学案和课件都做成精品。精心设计作业、加强课外辅导，使学生的学习过程变成对美的体验，让数学课堂成为学生对美的享受。

（四）开展特色体验活动

有计划、有步骤地建设好"数学之美"体验室，让学生在参观、操作、实践中体验数学的人文、历史，从而欣赏、体验、感受数学的简洁美、和谐美、抽象美、奇异美、数形结合美，产生对数学美的向往和浓厚兴趣。通过开展数学课外活动、举办数学专题讲座，使学生了解数学历史、数学之美、数学之用等，进一步提升他们对数学的兴趣和对数学之美的认识。

（五）完善校本课程内容

专人负责，定内容，定要求，定时间，重实用。课题组分工合作，编制完成包括数学历史，数学人文，数学趣闻，数学与生活，数学与社会，数学与股票，数学与黄金分割，数学与音乐，数学与互联网，数学与诗歌，数学与自然，神奇的数学，生活中的简洁美，数学游戏，数学与猜谜等校本课程专题。以此拓宽学生视野，增强学生学习兴趣，激发学生求知欲望。

（六）建立健全协同机制

健全组织机构，高位推动专业协同，校长亲自挂帅，高效协调课题组、年级组、学科组、区教委、进修校、教科所等部门协同合作。课题组成员包括任教数学的相关领导、骨干教师、青年教师，各位成员分工明确，相互交流，相互配合，有利于工作的协同推进。实施过程中加强专业衔接，强化工作联动，建立定期研究和定期汇报机制，每月细化工作安排，要求详细具体，资料收集详尽，积极达成预期效果。

（七）建立课程评价机制

科学合理的评价机制是课题成功的保障。建立适合"互联网＋数学之美"的教学评价方案，包括备课、上课、作业、辅导、课外活动等评价细则，充分发挥评价机制的导向功能、激励功能、发展功能，促进和引领教师发展，同时将教师评价与团队考核挂钩，切实用好评价结果。

（八）落实有效保障机制

（1）制度保障。区教科所、进修校、学校对课题高度重视，校长亲自挂帅。建立健全"定期聘请专家对课题进行指导制度""课题管理制度""定期专题研讨制度""课题组成员示范制度""校际交流制度""领导小组监督制度"，制定教研激励措施，形成课题研究的浓厚氛围。

（2）时间保障。每月有具体活动安排，保证活动时间、活动质量。

（3）场所保障。课题研究的活动室、工作室、高清录播室、学生课外活动场所应有尽有。

（4）人员保障。明确课题组成员职责，分工合作，详见表1-1。

表1-1   课题组成员职责分工

序号	姓名	职务	分工
1	郑奇	綦江区古南中学校长	项目管理，协调保障
2	陈松林	綦江区数学教研员	项目专家，定期指导
3	叶含琪	古南中学数学教研组长	项目负责人，校本教材开发
4	任雨	扶欢中学数学教研组长	负责后勤保障、课外活动
5	代其	古南中学数学教师	负责建设方案、日常管理
6	杨相赐	古南中学首席数学教师	负责研修汇报、课堂教学模式
7	敖春兰	古南中学数学教师	负责资料收集、课堂教学模式
8	何锡梅	古南中学数学教师	负责后勤保障、课外活动
9	刘淑华	扶欢中学数学教师	负责活动简讯、课堂教学模式
10	孟明艳	扶欢中学数学教师	负责资料的收集整理、校本教材

（5）经费保障。基地项目将严格按照市教委相关文件精神，用好下拨经费，同时学校也将想尽一切办法大力扶持基地建设工作，学校制定了《课题研究经费保障制度》，多渠道筹集资金，建设好数学体验室，为本课题研究提供充足的经费保障，保证研究正常进行。具体分配如下：①书籍及学习用品购买 2000 元；②会议活动费 15000 元；③打印费 3000 元；④印刷费 5000

元；⑤考察费 10000 元。

八、预期成果

（1）形成独特的"互联网＋数学之美"教学模式。

（2）偏好系统、科学、适用的校本教材。

（3）制定完整丰富的数学课外活动方案。

（4）建成"互联网＋数学之美"课堂教学数学体验基地。

（5）制作完整的调查报告、研究报告，案例集、论文集，学生作品集等重要文集。

（6）学生学习数学的兴趣和学习能力得到大幅度提升。

（7）教师的教学水平、研究水平、教学质量得到大幅度提升。

（8）创新基地成为全区数学教师专业提升中心、辐射中心，领雁效果明显。

第二节　"互联网＋数学之美"个人三年发展规划（选编）

选编一

一、自我分析

（一）自身优势

本人参加工作已经有 36 年，长期从事中学数学教学，对现行初中数学教材比较熟悉，能够整合多套教材进行合理的教学，能比较熟练地运用多媒体、幻灯片、微课等现代教学技术进行教学，教学手段符合学生需求，在不增加学生学习负担的同时使学生能较快地掌握所学知识。教学过程注重合理性、逻辑性。教学能够突出重点，抓住关键，化解难点，深入浅出，注重启发，创设情景，善于引导。学校的大力发展与新课程改革，给了我很多机会与发展空间，在教学方面形成了自己的教学风格，深受学生欢迎。

（二）自身不足

（1）备课时虽然注重了教材的整合，但新颖性、时代性不够，对知识点缺少进一步的思考，对学有余力的孩子关注较少。

（2）培养学生的创新意识和解决问题的能力不够，对如何开阔学生视野，加强思维的训练方面没有做深层次的思考。

（3）缺乏研究的自觉性，虽敏于思，却惰于笔，不善于抓住点滴进行反思和总结。

（4）理论功底不扎实，缺乏理论积淀，所学理论知识不能较好地运用和指导自己的教育教学工作。

（5）对于数学教学内容本身内在美的发现、挖掘、运用远远不够，课堂效率不高。

（6）教学中虽然比较关注数学课堂的非智力因素，但在数学课堂、课外活动等方面对学生的情感、态度、价值观的影响比较浮于表面，没有形成统一的机制。

总之，在专业素养和专业知识上本人有许多不足，尤其是在教育科研成果的归纳提炼方面，有待进一步提升。

二、发展目标

以新课程改革理念和《教育部关于全面深化课程改革落实立德树人根本任务的意见》为指导，制定自己三年发展目标。

（1）树立终身学习观。加强学历进修，在教学中不断进行反思、总结，争做一名学习型、反思型、研究型教师。

（2）认真学习课件的制作，能用先进的教学手段来提高教学质量。

（3）注重实践活动，从纯课堂教学向课外探究延伸。

（4）注重数学课堂美的挖掘，让学生欣赏美、感受美、发现美、运用美。

（5）数学生活化。让数学回归生活，努力创设教学情景，加强数学内容与现实生活的联系，倡导学生在生活中发现数学、应用数学，使学生体会到学习数学的价值。

三、工作措施

（一）第一年度

（1）认真阅读《教育部关于全面深化课程改革 落实立德树人根本任务的意见》、认真学习《初中数学新课程标准》、深刻领会中学数学需要培养学生的六大核心素养的含义。

（2）虚心向优秀名师学习，认真听取和领会市教科院专家、重庆名校名师、各区县教研员的专题讲座，积极参与巴蜀名校名师的讲课和共同教研活动，取人之长，补己之短，不断开阔自己的视野、提升自己的能力。每学期的区级听课不少于 3 节，校级听课不少于 20 节。

（3）课堂实践与教学反思相结合，养成教学后写反思、听课后写心得的习惯，认真撰写教学案例或教学论文，积极参与数学课题的研究，每年撰写论文不少于 2 篇。

（4）组织课题组成员定期开展研究活动，每期至少进行 2 次"互联网＋数学之美"专题研究活动，每期至少开展 2 次课堂教学专题研讨活动。

（二）第二年度

（1）利用课余时间多学习、多看书，拜读刘薰宇的"学数学原来这么简单：给孩子的数学四书"、日本数学家永野裕之的《写给全人类的数学魔法书》、吴军的《数学之美》等，使自己的思想观念、专业知识以及教育教学技术均能更上一层楼。

（2）主动上示范课、研究课。每期至少上一次示范课或研究课，积极参与同课异构，多听优秀教师的展示课，课后进行交流和总结反思。加强教学实践、反思、再实践、再反思，通过不同层面的教学，展示自己的实践和探索成果，使教学风格具有个人特色。

（3）积极撰写高质量的教学论文或教学案例，力争能在各类评比中获奖或公开发表，力争每年至少发表一篇高质量的论文。

（4）组织开展专题指导，每期邀请课题组专家进行专题指导至少一次。

（5）充分发挥课题组成员的主动性和创造性，每人每年至少撰写一篇论文。

（三）第三年度

（1）积极参加信息技术 2.0 提升培训，全面提升现代教育技术能力。

（2）善于抓住平时教学中的点滴进行反思研究，善于思考，在实践中探索、感悟，落地课堂教学，写出有新意和特色的文章，向研究型教师靠拢。

（3）不断修改和完善校本教材"导学案"，使之真正成为体现数学之美的好帮手。

（4）让每周的备课组活动成为课堂教学研究和课题研究的重要平台。

（5）高质量完成"互联网＋数学之美"数学文化节活动，将数学之美系列活动推向高潮。

四、预期成果

（1）每期读一本与数学教学有关的书籍，并写下心得和感悟。

（2）每年至少发表一篇论文，争取获得市级以上奖励。

（3）在教研活动中利用中心发言的时机，积极引领大家如何评课、如何上课、如何挖掘教材的数学之美，能够给课题组其他老师一些把握教材上的指导。

（4）随时收集和整理课堂实录、微课、网课及论文，积极参评，争取获奖。

（5）学生学习数学的兴趣大大增强，数学学习成绩明显提升。

根据课题组及个人三年规划目标，我将在今后的研究实践中，不断加强理论学习，树立终身学习的观念，提升师德修养，积极投入课程基地建设，不断探索、感悟、反思，提高自己的教学水平，做一个优秀的研究型教师。

选编二

一、自我剖析

我从事数学教育教学工作近两年。随着"互联网＋数学之美"基地建设的开展，重庆市数学教育领域无疑会发生一场巨变。同时，伴随新课程标准在教学中的不断体现、落实，其为学生的发展带来了广阔的前景：学生的思维活了、视野广了，参加社会实践的机会多了，敢于表达自己想法的勇气足了。但是作为数学教师也越来越感觉到驾驭课堂越来越难了，因为学生的需求越来越丰富了，这对教师提出了更高的要求。

我越来越感到自己的数学素养及运用互联网辅助教学的手段不够丰富，在专业素养和专业知识上有许多不足，尤其对学生学习数学的心理状态和特征缺乏系统的认识和研究。数学教学科研往往停留在最浅显的层面，我真正感到了数学教育的难度和压力，主要存在以下四个方面的不足：

（1）对于教育科研缺乏探讨研究的积极性，教育科研能力较差；

（2）课堂教学能力虽然尚可，但仍需挖掘巨大的发展空间，在教学方法手段上缺乏新意；

（3）在教育学生方面，使用的方法和手段还比较稚嫩；

（4）对如何运用互联网进行教学还存在很多不足，仅仅停留在运用幻灯片的层面上。

二、总体目标

力求由新教师向专业型、经验型、研究型教师转变。

三、具体规划

（一）第一年度

（1）树立终身学习观念。抓紧时间学习充电，抓紧时间研究数学之美相关书籍，抓紧时间研究课件、画图软件、几何画板等与数学有关的多媒体工具。通过学习，提升专业知识与技能，丰富知识结构，增强理论底蕴。

（2）积极投身教育科研改革与实践，从学生终身发展的高度积极探索新的课堂教学模式。在实践中不断探求、感悟、反思，时刻提醒自己，使自己逐步成为研究型、开拓型、全能型的教师。

（3）时刻告诫自己要追求卓越，崇尚一流，拒绝平庸，注重自身创新精神、实践能力、情感、态度与价值观的发展，使自己真正成长为不辱使命、敢于担负历史责任的优秀教师，把自己的全部知识、才华和爱心奉献给学生，奉献给教育事业。

（二）第二年度

（1）努力学习系统的专业知识、教育科学知识，不断提高自己的师德修养，丰富自身的人文底蕴。

（2）加强教育科研，重构自身专业知识结构。在教研与科研的实践中成长，认真研究数学教材教法、中考题型，将自己的专业知识运用于教学实践，并在实践中进行反思，不断通过"实践—反思"来强化自己的教学实践能力。

（3）将学科专业知识和教育教学理论素养有机融合，勤于动手，不断加强教育教学实践的反思、总结、提炼，完成中期研究报告，认真撰写案例、论文或经验总结，积极参加相关课题的评选比赛，并争取获奖。

（三）第三年度

（1）在加深对教育教学一般规律认识的基础上，着力打造具有一定特色的"互联网＋数学之美"课堂模式，进一步提升自己的教育科研能力。

（2）在教学中加强对学生学法的指导，努力培养学生良好的学习方法和习惯，努力教给学生预习的良好方法，努力培养学生学会独立钻研的学习品质，提高课堂教学艺术，提高教学效率，促使教学品质专业化。

（3）主动承担公开课、研究课，每期至少上一节课题研究展示课，积极参与同课异构，多听优秀教师的展示课，课后进行交流和总结反思。通过不同层面的教学实践和探索，初步形成具有个人特色的教学风格，全面完成课题研究的相关任务。

选编三

数学素养是每一个学生应该具备的基本素养，但当前农村地区学生的数学素养普遍偏低，主要是因为学生缺乏学习数学的兴趣，他们认为数学枯燥乏味。"互联网＋数学之美"课题的目的在于将信息技术与数学学习有效结合，展现数学学科之美，广泛激发学生学习数学的兴趣，进而提高他们的学习成绩。数学美有别于其他的美，虽然它没有鲜艳的色彩，没有美妙的声音，没有动感的画面，但它具有一种独特的美。作为新时代的青年教师，不能拘泥于传统的知识型教学模式，必须提高认识、加强学习、刻苦钻研，将数学学科知识和现代信息技术相结合。鉴于此，根据课题研究的需要，并结合自身实际，特制定个人三年发展规划。

一、自我分析

（一）个人优势
本人自 2009 年参加工作以来，一直从事初中数学教学工作，具备以下优势：
（1）熟悉教材，能根据学生学情合理调整教学内容；
（2）能较熟练地使用现代信息技术辅助课堂教学；
（3）能关注到教学过程中各环节的合理性，并及时反思调整；
（4）能根据学生学情开展分层教学、分层布置作业，做到有针对性；
（5）能将德育、美育、安全教育等自然融入教学中。

（二）自身不足
因学习不够，故个人专业发展不高，主要存在以下不足：
（1）在教学中激发学生学习兴趣时，缺少方式方法；
（2）备课时，虽注意到内容的整合，但教学模式显得老套；
（3）学习交流缺少主动性，专业理论知识仍不够扎实；
（4）不善于挖掘数学之美，课堂活跃度不高，对知识的教学常常停留于会做题的层面。

总之，兴趣是最好的老师，在激发学生学习兴趣上虽然存在许多不足，但我相信通过课题研究必能克服之。

二、指导思想

以《中学数学课程标准》《教育部关于全面深化课程改革 落实立德树人根本任务的意见》为指导，努力发展学生数学核心素养，充分挖掘素材，培养学生发现数学之美的眼睛，使数学学习生活化。

三、个人发展目标

（1）形成一套符合时代特点、适合学生学习的教学模式。

（2）充分挖掘数学之美，掌握展现数学之美的现代信息技术。

（3）加强专业理论知识学习，做一名研究型教师。

（4）在教学中能广泛激发学生学习兴趣，让学生能够轻松接受对数学的学习，感受数学学习之美、成功之美。

四、主要措施

（一）第一年度

（1）认真学习《中学数学课程标准》《教育部关于全面深化课程改革 落实立德树人根本任务的意见》，深刻领会其精神和要求。

（2）主动参加学习交流，积极参与课题研究，积极参与綦江区"未来学校联盟"活动和教科所视导活动。每年至少上2次公开课，每年听课至少40节。

（3）认真备课、上课、反思。听课后写点评，上课后写反思，活动后写小结。获区级及以上奖项的论文至少1篇。

（4）组织我校课题组成员有效开展课题研究活动，组织我校数学教师开展相关教研活动，每年至少20次。

（二）第二年度

（1）认真阅读盛立人的《生活中的数学》，杨世明、王雪琴的《数学发现的艺术：数学探索中的合情推理》，多读书，勤记录。

（2）根据上一年的经验，听课后写点评，上课后写反思，活动后写小结。获区级及以上奖项的论文至少1篇或者发表论文至少2篇，其中市级1篇。

（3）认真组织老师参加各类竞赛评比活动，在区级现场赛课中获得名次。

（4）加强我校与古南中学之间的数学交流，加强教学的实践、反思、再实践、再反思，通过不同层面的教学，展示自己的实践和探索，初步形成具有个人特色的教学风格。

（三）第三年度

（1）组织我校数学教师开展信息技术 2.0 培训，能在教学中运用。

（2）根据前两年的收获，认真归纳总结，获区级及以上奖项的论文至少3 篇，其中市级 1 篇。

（3）形成比较成熟的专业思考、研究方法，根据教学反思、小结、交流材料等能迅速调整教学方式，最终形成比较成熟的个人教学模式。

（4）以学校教研组为平台，推动数学之美在我校的进一步实践。

（5）高质量完成课题组安排的各项研究任务和活动，确保数学之美课题研究顺利结题。

根据课题组目标和个人发展目标规划，我将终身学习，更新教育理念，探索教学方法，使自己成为一名优秀的、适应时代发展的研究型教师。

选编四

光阴似箭，我进入教育系统已经 10 年了。回首从教的日子，真是百感交集。如果把教师专业发展的整个过程看作是一条"直线"，那么处在"某个时期"的教师专业发展就是这条"直线"上的一个"点"，或者说一条"线段"。对于初中数学教师来说，一届刚好摸清教材，两届能够对比反思，真要形成自己的教学体系应该是任课三届以上。10 年，刚好是一名教师职业生涯的"重要转折点"和"黄金发展期"。参与"互联网＋数学之美"基地建设的子课题"初中数学之美课程内容的构建研究"，必将加速我对初中数学教材知识的挖掘与理解。值此之际，我制定了未来三年的个人成长发展规划。

一、自我分析

（一）个人优势

（1）热爱教育事业。我工作认真踏实，肯吃苦，不怕累，从不计较个人得失，乐于从事教学科研等工作。

（2）经验累积到位。现有的课堂教学实践经验，使我能够胜任初中数学教学工作，能配合学校做好各项工作。

（3）较好地掌握了信息技术。能够运用现代信息技术，并灵活有效地为教学服务。

（4）上下关系和谐。能正确处理和同事、家长、学生之间的关系。

（5）阅读习惯较好。喜欢阅读各类书籍，在教学工作中遇到不明白的地方，善于学习请教。

（二）存在问题

（1）教学水平还有提升空间：驾驭教材的能力、设计课堂教学的能力和教师语言水平有待进一步提高，对后进生的关注程度不够深、范围不够广，理论水平有待提高。

（2）教育能力还有提升空间：对待学生或者工作有时有点儿急功近利，对待学生还不够耐心，缺乏对学生心理状态的调查研究。

（3）科研能力还有提升空间：在教学研究中虎头蛇尾，主要是惰于动笔，不善于总结和整理，往往停留在感性经验的层面。

二、发展规划总目标

（一）教育理念得到更新

进一步学习钻研现代教育理论，能够以发展的眼光来看待学生与教学，具有一定的创新精神及教研意识。

（二）教学手段得到丰富

探索生本教育理念下的新型课堂教学模式，构建自主、合作、探究的学习方式，钻研新教材，掌握基本的教学规律，努力提升专业素养和教育教学能力。

（三）科研能力得到提高

在教研活动中多听取他人的意见，用心投身教育科研的改革与实践，通过系列学习与研究，形成自己独特的教育科研能力，做到润物细无声般地去提高数学审美教学的效果。

（四）带新水平得到提升

加强与青年教师的交流沟通，积极将自己对教育教学科研等的理解通过深入浅出的方式传达给大家，使自己培育新教师的能力得到提升。

通过系列学习与研究，使自己成为一位"爱岗敬业、与时俱进"的新型教师。

三、规划措施

（一）师德方面

作为一名教师，本人坚决贯彻执行党的教育方针和政策，做到既教书又育人。严格遵守教育法规、师德规范对教师的要求，遵守学校的规章制度，规范自己的道德言行，不断提高自身的师德素质。每天坚持通过"学习强国"的学习提升自己的理论和政治修养，力争达到习近平总书记提出的好老师标准。

（二）专业知识学习

（1）读书。认真制定好三年读书计划，并严格按要求执行。每学期完成一部教育专著的阅读，三年至少阅读 6 本，并撰写一定的读书笔记或读书心得。密切联系数学教学实际，努力学习系统的专业知识、教育科学知识，认真阅读学校现有的教育类报刊材料，不断提高自己的师德修养，丰富自身的人文底蕴。

（2）听课。积极参加各级各类组织的教研、观摩等活动，多和他人沟通交流。听课不局限于数学学科，多听听其他学科，触类旁通，不断充实自己，每学期听课学习不少于 40 节。积极辅导青年教师参加各级各类组织的教研课、观摩课活动，通过团队的力量帮助他们取得好名次。

（3）反思交流。积极撰写读书笔记和学习心得，认真写好教学反思，利用各种场合和形式积极与同行和学生交流沟通，获得及时反馈，通过反思与交流不断完善自己的教育理念。

（4）培训进修。积极参加各项培训学习活动，认真组织好校本培训，通过培训学习积极与其他地区的同行交流。在各项考核和测试中力争优秀。利用课余时间学习最前沿的学科教学知识，并在教育教学实践中不断提高自己的水平。我将和志同道合的伙伴们认真做好区级子课题"初中数学之美课程内容的构建研究"，更多地发现教材中的数学美，激发学生学习数学的兴趣，让更多的学生爱上数学。

总之，面对新的教育课程改革，我时刻告诫自己要崇尚一流，拒绝平庸，注重自身的创新精神与实践潜力，使自己真正成长为不辱使命、具有历史职责感的优秀教师，把自己的全部知识、才华和爱心奉献给学生、奉献给教育事业，做一个让家长满意、学生欢迎的优秀老师。

选编五

《中学数学课程标准》指出，数学是人类文化的重要组成部分，数学素养是现代社会每一个公民应该具备的基本素养。"互联网＋数学之美"的研究就是将数学美育和时代结合。作为一名新时代的数学青年教师，我们要将数学素养贯穿于数学教学。作为学习型的教师，我们要使自己成为适应时代发展，符合高品位要求的教育者。鉴于自身情况，特制定个人专业发展规划。

一、个人分析

（一）自身优势

（1）热爱教育事业，工作认真踏实，乐于从事教学科研工作。

（2）能够胜任各年级的数学教学工作，能配合学校做好各项工作，容易接受新事物和新观点，具备一定的教育科研能力。

（3）能够运用现代信息技术灵活有效地为教学服务。

（4）能正确处理和同事、家长、学生之间的关系。

（二）剖析不足

（1）对于现行课堂教学有些茫然，尤其是怎样将数学素养与教育教学结合，让核心素养根植于孩子们的心里。

（2）对如何激发学生对数学的兴趣，如何将美育与数学结合，有较多困惑。

（3）教学设计缺乏高度和深度。

二、发展目标

（一）理论素养方面

通过各种培训学习和学校研训活动，借"互联网＋数学之美"项目的实施和探究，实现个人理论水平、专业知识水平和实践教育教学能力的进一步提高和创新。

（二）教学水平方面

以先进的教育理念和科学理论为指导，在教育教学的实践中摸索出一套适合数学学科的教学方法，努力使自己成为一名业务素质好、师德水平高、专业知识宽厚，具有正确的教育理念和高度的专业精神、富有创新精神和实践能力的教师。

（三）科研能力方面

积极参加教育科研，向名师们学习，通过对"互联网＋数学之美"的实践研究，提升自己的科研能力。

三、发展规划

树立终身学习的观念，不断更新教育理念，提升自己的教育教学水平和研究水平，不断提升自己的数学素养，成为一个内涵丰富的教师。

四、主要措施

（一）制定学习计划

以自学为主要途径，实践为主要手段，充分利用校本培训和借助此次市级课题研究之机，养成良好的阅读和学习习惯，不断提升教育教学理论水平和科研能力，用科学理论指导自己的教育教学实践活动，提升各方面工作质量。

（二）更新教育教学观念

现在的学生知识面广、思维活跃、接受能力强，对知识的感知远远超过教师。我们需要抱着谦虚学习和共同研究的态度，与学生共同进步，跟上时代的步伐，将数学之美渗透到课堂教学中，从真正意义上关注学生的个性化成长，在潜移默化中提升学生的教学核心素养。

（三）摆正学生的主体地位

鼓励学生自主学习，发展学生个性，改变学生被动接受的学习模式。引导学生自主学习，激发学生学习兴趣，让学生在自主学习中成长、在鼓励中成长。

（四）提高课堂教学艺术

把较难的、复杂的、深刻的问题讲得深入浅出、浅显易懂、轻松自然、诙谐幽默，像涓涓细流，于无声中浸润学生的思维，使学生在轻松愉快、潜移默化中学习数学知识，提升数学素养，感受数学之美。

选编六

转眼间，加入教师队伍已经有两年半的时间了，默默无闻地在自己的一方土地上耕作着，虽然没有特别值得自己骄傲的成绩，但是学校和数学备课组仍然给我创造了很多的学习机会，也给了我自由的发展空间，特别是参与领雁工程"互联网＋数学之美"项目为我以后的发展指明了方向，让我在不断的自我提升过程中积累了一些教学经验。作为一名中学教师，我热爱教育事业，在工作中踏踏实实、勤勤恳恳，仔细钻研教材，努力学习新的教育教学理念，但是在专业素养和专业知识上还有许多不足，尤其缺乏对学生心理状态和特征的认识和研究。鉴于自己的现状，我制定了自己的发展规划，为后期的发展指明方向。

一、自我剖析

（一）优势分析

（1）具有强烈的责任心，能够做到认认真真、勤勤恳恳、踏踏实实地耕耘在工作岗位上，尽自己最大的努力把工作做好。

（2）与同事关系融洽，能虚心地向他人学习，能将自己的所思所想与同事们交流分享。

（3）勤于思考，容易接受新事物、新观点。

（4）有着一颗爱学生、为学生负责的心，能与学生双向沟通。

（5）熟练地掌握现代信息技术，并能将之灵活有效地为教育教学服务，喜欢去探究新的现代信息技术。

（6）能积极地参加学校和备课组的各项活动。

（二）劣势分析

（1）在教学中，创新意识不够，容易被条条框框所束缚，能自觉地学习一些新的教育教学理念，但还无法灵活地将其运用到自己的教育教学工作中指导自己的工作，科研能力还有待加强。

（2）平时虽敏于思，却拙于行，很少落笔记录、付诸行动，提升到理论高度的就更少了。

（3）作为一名教师，对各类书籍阅读较少，自身的学识不够宽、不够深，没有一定的文化积淀。

（4）缺乏对学生心理的研究和分析，对后进生的辅导不足。

二、总体规划

（1）养成良好的阅读习惯，能有自己的阅读心得或是教育随笔、论文等。

（2）树立终身学习的观念，在不断的综合学习中提升自己的素养，成为一名有丰富内涵的教师。

（3）为学生营造和谐的学习氛围，成为学生喜欢、家长放心的教师。

（4）锻炼好自己，让自己的专业知识、基本功以及做人的素养都达到一个全新的高度，做一个真正的教育者。

三、具体措施

（1）继续更新自己的专业知识，注意搜集专业发展的新动向、新信息，不断更新知识，以适应时代发展的要求和学生学习的需求。

（2）在以往的基础上继续学习钻研制作课件的技巧，能够制作一些分散教材难点、突出重点的课件并使用，使学生受益。

（3）教师如能写一笔好字，不仅让人觉得潇洒悦目，更能影响可塑性强的学生。因此在本学期除了学校规定的练字任务外，我会利用闲暇时间多多练习，使自己的三笔字有突飞猛进的提高。

（4）反思并及时积累、整理。

（5）可以用读书笔记、学习心得、案例反思等形式记录自己成长过程中的点点滴滴，让现代信息技术真正成为自己成长的工具。

（6）多读书、多积累，一个学期要做到至少读一本专业书籍，并认真做好读书笔记，写 2 篇读书心得，提高自身的业务水平及文学素养，更好地做好科研工作。一个月读一本数学专业以外的书籍，做一个知识充沛、有思想的教师。

（7）多听不同风格教师的课，大胆实践，不断创新，形成自己的教学风格。

最后，相信在未来的日子里，在学校领导和同事的帮助以及自身的努力下，我一定会得到更好的发展。不管这个过程是苦是甜，我都将为之努力，追寻自己心中的理想。

第二章　完善课程实施　助力基地建设

第一节　初中数学学科发展现状分析

　　古南中学属初中义务教育学校，地处教育欠发达地区，生源基础参差不齐，教学实施难度大。虽然进行了一些课堂教学的改革和尝试，但教师专业素养和教学质量仍有待提高，主要存在着以下差距：一是师资水平参差不齐；二是教学资源缺乏；三是教学观念陈旧；四是教学手段单一落后。这些因素严重制约了初中数学学科教学的发展。为加强学校内涵建设，现对古南中学的初中数学学科发展现状做如下分析。

一、学科课程设置

　　古南中学现用的初中数学教材是人教版的，根据国家义务教育课程设置及课时安排，古南中学初中数学各年级周课时的课程设置均为5节。

二、学科教学现状

（一）师资队伍

　　古南中学教育环境不够理想，历年来教师数量基本稳定，但年轻教师成长为优秀骨干后不时有调走现象，加之有4人长期病假不能担任教学任务，导致每年缺教师的现象尚存。还有部分教师是靠在职函授获得的专科学历，表面上看，教师都具有合格学历，但专业素养明显不高，对现代化教学手段运用不娴熟，教学主要还是通过经验完成。这些现状一直阻碍着古南中学数学教学质量的提高。

（二）课堂教学

　　古南中学传统教学模式仍占据整个课堂教学，教师一讲到底的现象依旧存在，即教师讲得多，学生活动（练）得少。随意、满堂灌的课堂随时可见，学生处于被动接受知识的现状有待改变,部分教师依旧是整个课堂的"霸主",教师导的作用发挥得不够好,忽视学生的学习习惯、学习兴趣和学习能力的培养,以及缺乏过程与方法、情感态度与价值观的引导。

(三) 生源

古南中学七年级至九年级在校师生 3476 人,74 个教学班。绝大部分学生来自划片招生,每学年各年级学生的认知差异较大,生源基础参差不齐,受义务教育政策的影响,所有学生都要升学,部分学生的学科知识欠账太多,逐渐形成厌学的情绪,另外,全体学生中留守学生比例较大,家长对学生的管理不到位,学生学习习惯差,影响了教学质量的提高。

(四) 教学设施设备

古南中学标准的多媒体教室有 1 间,74 个教学班基本上都配备了电子白板,但有些已经老化了,无活动室,教师没有自制教具和学具的习惯,硬件设施缺乏,仅有的教学设施设备只能满足基本教学需要。

三、目标意识和规范

古南中学学科课堂教学目标意识还有待加强且课堂教学行为需进一步提升,教师解读课标、理解教材、阅读教师用书、分析学情的工作不够到位。由于课堂教学目标不够细化,难以实现课堂教学的优化。在学校组织的公开课教学中,一般都存在以下现象:课堂教学目标细化程度不够,教师的教学方法有待改进,对教材的整合、重难点突破还不是很到位,以教为中心、忽略学生的学,分层教学体现不明显,学生个性张扬需进一步提高。

四、管理机制

学校虽制定了《古南中学教学常规管理规定》《古南中学奖励性绩效工资实施方案》《古南中学教学实际奖励办法》《古南中学年度教职工工作考核方案》等一系列管理规定,但缺乏具体性、系统性、完善性的教育教学管理评价方案,对教育教学、教研工作的过程和结果进行考核、评比、奖励都需进一步细化,特别是对学科教学课堂的教学需进一步规范,教研活动制度、激励机制需要进一步细化。

五、作业系统

对学生的作业没有形成较为系统的优化设计,只是简单地将教材和一本导学案里的作业布置给学生，未分层设置符合学生实际的达标作业（课堂作业）和巩固提高作业，纠错本、当堂训练本、课后作业本的使用需要进一步细化，学生完成作业情况及其反馈均无具体措施和办法。

六、师生评价

评价方法的科学性、系统性需要进一步细化。即在学科课堂教学中，教师对学生进行评价和生生互评较少，主要表现为教师在学生回答问题后的简单评价，没有学生学习过程的评价标准和形式。

第二节　初中数学学科发展目标

根据新课程改革的要求以及古南中学数学教育的实际情况，我们将在课堂教学、课程建设、课程评价、教师发展等方面制定发展目标。希望通过这些发展目标的实施，加强数学学科基础建设，促进学生全面、持续、和谐的发展，促进教师素质进一步提高，进一步推进并深化课程与教育教学改革。

一、课堂教学

（一）正确把握课程目标与课程内容

《中学数学课程标准》（以下简称《标准》）根据社会发展对数学课程提出的新需求，通过义务教育阶段的数学学习，学生逐步会用数学的眼光观察现实世界，会用数学的思维思考现实世界，会用数学的语言表达现实世界。在各个学段中，《标准》安排了"数与代数""图形与几何""统计与概率""综合与实践"四个学习领域。与以往课程内容比较，每个领域内容都有一定的变化，各学段的要求不尽相同。课程内容的学习，强调学生的数学活动，重视发展学生的数学眼光、数学思维、数学语言以及核心概念。课程内容和课程目标的实施，需要教师树立正确的数学教学观，掌握合理的数学教学策略。

课程设计倡导学生主动探索，自主学习，合作讨论，侧重于体现数学再发现的过程。数学教学鼓励学生通过合作交流，发展自主学习的能力和个性品质，激发学习兴趣，提高学习数学的能力。我们从以下四个方面着手。

1. 学习兴趣的培养

在教学中通过介绍我国数学领域的卓越成绩，介绍数学在生活、生产和其他学科中的广泛应用，激发学生学习数学的动机；通过设计情景、提出问题，引导学生去探索、发现，让学生从中体验成功的喜悦和快乐。运用适当的教学方法和手段激发他们的求知欲和好奇心，从而培养他们浓厚的学习兴趣。

2. 注重数学思想方法的教学

在教学中挖掘由数学基础知识所反映出来的数学思想和方法，设计数学思想方法的教学目标，结合教学内容适时渗透，反复强化，及时总结，用数学思想方法武装学生，使学生真正成为数学的主人。

3. 思维能力的培养

在教学中注重培养学生良好的思维品质，使学生的思维既有明确的目的方向，又有自己的见解；既有广阔的思路，又能揭露问题的实质；既敢于创新，又能具体问题具体分析。

4. 应用数学能力的培养

在教学中，我们从以下三个方面着手。（1）重现知识形成的过程，培养学生用数学的意识。从实际事例或学生已有知识出发，逐步引导学生对问题原型加以分析、综合、抽象和概括，理解数学结论，并应用于实际问题的解决，使学生对学数学、用数学所必须遵循的途径有一定的认识。（2）加强建模训练，培养学生建立数学模型的能力。在教学中，我们可根据教学内容选编一些应用问题对学生进行建模训练，也可结合学生熟悉的生活、生产、科技和当前商品经济中的一些实际问题（如利息、股票、利润、人口等问题），引导学生对其进行观察、分析，并将其抽象、概括为数学模型，从而培养学生的建模能力。（3）创造条件，让学生运用数学知识解决实际问题。在教学中，联系教学内容组织学生参加实践活动，为学生创造运用数学知识的环境，如引导学生测量、简单的社会调查和分析、核算等。把学数学和用数学结合起来，使学生在实践中体验用数学的价值，学会用数学知识解决身边的实际问题。

（二）构建充满生命活力的数学课堂运行机制

形成"以人为本，质量为效"的教学理念。以满足学生的学习需要为出发点和落脚点，为学生服务，以教学引导、促进学生学习；教学时以学生为依据，从学生的实际出发，讲学生之所缺，练学生之所需。根据学生的实际需要，分析教学内容、选择教学策略、设计有效的教学程序，力求使有效学习发生在每个学生身上。

（三）优化课外学习活动

为了帮助学生全面认识数学、了解数学，积极组织学生开展数学课外学习活动，加强生活中的数学与课堂上的数学的联系，激发学生学习数学、应用数学的兴趣，提高学生的实践与综合应用能力。

二、课程开发

（一）转变教师的课程实施取向，对教材内容进行合理的加工

教学是一个创造性的过程，倡导教师走向相互适应取向、课程创新取向。

（二）开发数学综合性学习课程

为了努力体现数学"从问题情境出发、建立模型、寻求结论、应用与推广"的基本过程，开发数学综合性学习课程，逐步提升学生应用数学的意识。

三、课程评价

（一）课堂教学评价

课堂教学评价首先必须把课堂教学评价体系与课堂教学的改革目标统一起来；其次，这个教学评价不是终结性的，应该是诊断性、形成性的，不但要对课堂教学的价值做出判断，还要对课堂教学增值的途径提出建议；最后，评价者与教师在课堂观察中应有共同关注的焦点，这个焦点就是课堂上学生的状态。因此，从观察学生和教师的状态两方面提出课堂教学评价标准。

1. 观察学生的状态

（1）参与状态。一是观察学生是否全员参与学，二是看有的学生是否还参与教，把教与学的角色集于一身。

（2）交往状态。一看课堂上是否有多边、丰富、多样的信息联系与信息反馈，二看课堂上的人际交往是否有良好的合作氛围。

（3）思维状态。一看学生是否敢于提出问题、发表见解，二看问题与见解是否有挑战性与独创性。

（4）情绪状态。一看学生是否有适度的紧张感和愉悦感，二看学生能否自我控制与调节学习情绪。

（5）生成状态。一看学生是否都各尽所能，感到踏实和满足；二看学生是否对后续的学习更有信心，感到轻松。

2. 观察教师的课堂教学行为

（1）组织能力。它包括教材的组织能力、语言的组织能力与教学活动的

组织能力，核心是教学活动的组织能力。

（2）注意中心。教师在课堂的注意中心应从自己的思想或教案转移到全班学生。当学生自主活动时，观察教师的注意中心是否在于学生活动的反馈与调节。

（3）教学态度。我们强调与学生的交往，一是对学生的尊重和信任，为每一个学生的发展负责；二是呼唤课堂上教师的热情与宽容，使其能鼓励学生的好奇心、坦率与自发性。

（4）教学境界。其一，观察教师对授受知识、启迪智慧、人格生成这三者整合发展的关注与自觉性，鼓励教师向更高的教学水平努力进取。其二，把主动减轻学生的课业负担、给学生充分的自由支配的时间，作为一种教学境界去追求。

（二）学业评价

（1）积极进行新课程理念下的命题改革，做到基础性和灵活性、开放性和发展性、层次性和差异性、激励性和启发性相结合。

（2）对学生数学学习的评价，既要关注结果，更要关注他们情感和态度的形成和发展，关注他们在学习过程中的变化和发展，注重个体纵向的比较，着重评价学生纵向成绩和素质的增值。

四、教师发展

促进学科的发展，关键是提高教师的专业发展水平。以教师主动发展为核心，以校本培训为载体，通过三年的努力，使所有教师在学术水平、教学能力及个人素质上均得到全面提升，培养出一批骨干教师、学科带头人。

第三节　初中数学学科课堂教学模式设计

随着重庆市教育体制的改革和发展，从"外延式扩张"转向"加强学校内涵发展"来努力提升教育教学质量，因此需着力改进课堂教学和德育工作。

一、指导思想

古南中学立足于现状，从实际出发，从原来的"一讲到底"的随意课堂模式转向"讲练结合"的教学模式，即"讲一讲→练一练→评一评"，达到提升教育教学质量的目的。

二、活动目标

每位教师能把古南中学推行的教学模式——"讲一讲→练一练→评一评"的理论把握到位；能运用"讲一讲→练一练→评一评"模式，创设高效课堂，让学生学得认真、学得开心。

三、模式程序

"讲一讲→练一练→评一评"有三大模块，对于各个模块所用时间，教师可根据学科不同、班级不同、学生基础的不同、内容不同、课堂不同灵活分配应用。

四、模式流程及要领

第一步：出示课题

操作要领：

（1）复习旧知，点出新课题；

（2）开门见山，一来点题；

（3）因物联想式点出课题；

（4）以设问或反问形式点出课题等形式。

第二步：展示学习目标

目标不偏、不高、不低，表述简洁、清楚、准确。

第三步：教师讲解（讲一讲）

操作要领：

（1）讲课题；

（2）讲目标；

（3）讲本节课的重难点，此目标的实现，根据内容而定：①属概念性知识则用讲授法；②属事实性、逻辑性、程序性、元认知性知识则用合作探究法（活动法）。

总之，要把讲解和活动有机结合，最终完成目标任务。

第四步：练一练

通过"练一练"检查学生的学习效果。在作业设计时，不宜过多，要科学实用，注意变式练习，拓展提升。

第五步：评一评

通过以上步骤，师生共同总结本节的知识结构，最终达成课堂教学目标。

第四节　备课、作业的布置与批阅、课外辅导的基本规范与要求

一、备课

（一）成立组织机构

建立以校长为组长，教导处、教研组长、备课组长为成员的集体备课领导组。教导处为管理机构，教研组长是集体备课的具体指导者，备课组长是集体备课的组织实施人员。主要针对单元或章节的重点、难点和疑点进行集体备课。

（二）备课流程

每学期初由教研组长制定《集体备课组活动安排表》，交学校集体备课领导组审核后进行实施。集体实施流程如下。

（1）教研组长：负责召集备课组长，全体成员进行教研活动（每周一次），组织学习集体备课领导组相关要求，布置任务，确定主讲人等。

（2）备课组长：具体指导主讲人提前备好某一节课或某章节、某单元的课，在每周教研活动上大家对其进行讨论。

（3）主讲人：向本组教师讲述自己所备好的课的教学设计、教法以及所遇到的困难和问题。

（4）集体备课的环节：一是由主讲人组织大家讨论，反思上一节课的得与失，提出教学建议；二是主讲人讲述课程标准、教师教学用书对本节课的目标要求，本节课的重点、难点，教具的准备，学习目标的设计，对教材内容的分析，教学程序的设计，教法、学法设计，遇到的困难；三是备课组长组织全组成员进行讨论，特别要突出教学活动的设计、重点问题的设计、教学方法手段的设计、练习作业的设计、例题的设计，预测课堂上师生可能出现的问题，主讲人做好记录；四是由主讲人执笔写出本节课的教案，并于当天发到每一个成员手中。

（三）备课纪律

（1）教导主任、副主任负责检查各组集体备课的落实情况，每周必须参

加集体备课活动，进行现场指导。

（2）教研组长和备课组长认真履行职责，按时组织活动，每个成员不得迟到、早退，不得做与备课无关的事。

（3）集体备课不能走形式、做样子，要突出针对性、预见性、前瞻性、科学性、实效性。要重视学生能力的培养，关注学生的学习状况，讲练结合，避免把集体备课变成一人写教案大家"受益"的备课情形。

（4）对指导不力、不作为的领导，以及教研组长、备课组长，学校要进行通报批评；对工作负责，组织到位，成效显著的备课组长、主讲人，学校应予以表彰奖励。

（四）备课要求

（1）坚持"以新课标、新教材为基础，以学生发展为宗旨"的备课理念。备课形式要力求创新，教案要突出个性特征；集体备课要准确把握课改精神，把握教材内容的深度和广度，把握教材的外延拓展和知识间的衔接联系，毕业班的备课要把握考试命题方向，提前应对考题，提高教育教学质量；老教师、骨干教师、学科带头人要通过集体备课对青年教师加强业务指导，开展"一帮一"活动，促使其快速成长；青年教师要虚心学习，大胆创新，迅速成长。

（2）依据"全册备课—单元备课—课时备课"的思路统揽教材，明确本课（或本章节）在全册中的作用和地位，掌握知识间的内在联系，准确把握教学目标、教学重点和难点。

（3）依据学生的知识结构、能力基础、心理特点，实事求是，因材施教，着力于学生的发展。

（4）建立全面备课的观念，备教案，备学生，备教具制作，备课外知识，做好上课前的所有准备。

（5）发挥集体备课的作用，同年级同学科要集思广益，研究出最佳教学方案。发挥集体备课的优势，互相借鉴，互相提高。切实做到六统一：统一进度、统一目的、统一每一章节（课时）的共性内容、统一重难点、统一作业、统一考查。但教学方法可以不同，教师可依据自己的教学风格、不同的教学对象，自己对教学内容、教学方法、教学理论的不同理解，在集体备课的基础上实行二次备课，使教案具有个性化特征。

（6）精心设计板书，强调板书的科学性、概括性、针对性、艺术性和实效性。

（7）所有课时都要有教案，教案书写工整，格式美观、项目齐全、具体实用，有创意，有个性。

（8）及时反思充实课后感。

（9）所有教师都必须先备课，后上课。备课至少要超前 2～3 教学课时。

（五）备课情况督查

1. 督查分阶段进行

第一阶段：各教研组长每两周对全体教师进行一次检查，并做好相关记录、评析、检查时间，对存在的问题必须指出并限定改进时限，对问题突出的个别教师，要跟踪检查。第二阶段：学校行政及教导处每月深入各组进行检查，先查第一阶段的检查情况记录，再复查教师的实际情况。

2. 结果运用

检查结果要纳入年终考核，累计考核将作为年终考核中 "专业技能" 项的评分依据。

二、作业的布置与批阅

（一）基本要求

（1）有发必收（包括选择和自编）、有收必改、有练必评、有错必纠。

（2）精心选题，要根据学习内容、阶段教学要求及学生实际选题，突出针对性、基础性、层次性、思维性。

（3）每个班级要合理布置各科作业，倡导分层次布置，即达标练习作业和巩固练习作业。

（二）作业批改的具体要求

（1）教师一律用红笔批改作业并给予相应分数和等级评定、批语。

（2）对学生的作业实行全批全改，对作业中的错误要予以修正或以红线画出，并要求及时订正；必要时加以说明、指导。评语要贴切、中肯、具有鼓励性，并对学生的改进、完善有指导作用。

（3）教师要督促、指导学生有序整理练习，对每次的错题纠正要落实到人，失误情况要落实到知识点，抓实学生的错题订正，提高目标达成度。

（4）提倡使用人性化评语，要通过批注、面批等形式，纠正学生不良的作业习惯和书写习惯，培养学生严肃、认真、负责的做事态度；使用等级评语时禁用 "差" 等。

（三）作业批阅形式

（1）对于达标练习也可在课堂上完成批阅，可采用同学互批、交叉批阅、集体批阅等形式进行。

（2）对于巩固练习可由小组长或者小组之间调换批阅，也可由教师全面批阅。

三、课外辅导

（一）基本要求

（1）课外辅导要从实际出发，有的放矢，分层施教；要坚持集体辅导与个别辅导相结合，因材施教，强化跟踪辅导；要注意培优与辅差相结合，努力实现全面的教学质量提升。

（2）因材施教，明确培优与补差的对象。

（3）制订详细的学期辅导计划，明确辅导对象、辅导内容、辅导次数。

（4）每次辅导时应视为正常的上课（教师应备课、编制相应的训练题，写出翔实的教学预案，做好批改与纠错工作等）。

（5）个别辅导时要明确内容，根据实际选好练习，进行有针对性的指导，做好过程记录。

（6）课外辅导时要关注学生的非智力因素、心理状态。班主任与科任教师要形成合力，以非智力因素水平和心理品质的提升带动辅导效果的提升。要着力培养学生自我反思、自我纠错、自我提升的习惯和能力，养成自学的好习惯。

（二）督查考核

（1）教研组长每两周对全体教师进行一次检查，并做好相关记录、评析、检查时间，对存在的问题必须指出并限定改进时限，对问题突出的个别教师要跟踪检查。

（2）注重家访工作，每期家访不低于 3 次，班主任召开家长会议不低于 1 次。

表 2-1 为古南中学教师常规管理检查表。

表 2-1　古南中学教师教学常规管理检查表

教师姓名：_____　所在学校：_____　考核时限：_____

担任学科：_____　教学进度：_____

项　目	具体内容	检查情况记录	考核方式	得　分
基本要求 （10分）	按时完成教学工作计划、总结、质量分析（6分）		根据上交材料及检查记录	
	认真完成教学研讨任务（4分）			
备　课 （20分）	按照学科课程标准的要求备课，形成导学案（12分）		根据导学案使用情况详查	
	必须根据本班实际修改使用导学案，并进行反思（8分）			
上　课 （25分）	教师执行学校课程安排情况，如调课、停课或改上自修课等（10分）		根据抽查情况反馈	
	上课不迟到、早退，不做与课堂教学无关的事情（5分）			
	教师课堂教学有序，课堂上不出现混乱现象（10分）			
作业批改 （15分）	教师按照教学要求，精选和设计作业，及时批改、反馈（15分）		根据抽查情况反馈	
辅　导 （10分）	教师应重视课外辅导、提高和补缺辅导、个别辅导情况（10分）		根据抽查情况反馈	
考　试 （15分）	服从学校的各项考务安排，认真执行监考教师职责（7分）		根据检查记录及上交材料	
	及时做好试卷的命题、阅卷、教学质量分析等工作（8分）			
教学反思 （5分）	按要求写教学反思（5分）		根据抽查情况反馈	
评语			合计得分	

第五节　学生评价标准

一、目标评价

让学生根据自己的实际，先定出想要达到的目标，促使学生主动参与学习和自我评价。在教学中采用目标激励的方法，引导学生针对不同的实际情况制订自己的近期目标、中期目标和远期目标，避免目标定得太高或太低。在拟订目标时，让学生畅所欲言：（1）你喜欢吗？你相信自己能学好吗？（2）在课上你喜欢做什么？（3）你认为学习有用吗？为什么要学习？从学生们的声音中，了解和关注他们学习的情感动向（如对老师和活动的喜厌程度），态度取向（对学习的兴趣与信心），价值观指数（对学习的价值、学习与终身发展的关系的认识）等。采用阶梯式达标激励的方式，让学生进行自我满意度测评，对自我评价有进步的同学（如积极思考、勇于发言、思考问题有创意、积极回答问题、认真书写作业等）适时地给予小奖励或制作光荣榜。使学生强烈地感受到他们自己是学习的小主人，从而进一步激发他们学习的积极性和主动性。

二、语言评价

在教学过程中，促使学生建立自信。适时、恰当、合理地运用评价语言，使学生的情感达到最佳状态、思维处于最活跃状态，促进学生身心的健康发展，更有效地培养学生的创新意识。

教师要及时捕捉学生在学习过程中表现出来的闪光点，作出中肯的评价，要让真心评价打动学生。比如对学困生，稍有进步就要鼓励他，在鼓励的同时，帮助他找出不会做题的原因和解决问题的办法。对学有余力的学生要巧设障碍，让他们感到"跳一跳才能摘到桃"。对学生的奇思妙想、精彩的发言，教师要细心呵护他们的创新意识。

三、小组评价

自我评价具有一定的局限性，正所谓"当局者迷，旁观者清"，小组评价则是对自我评价的一种非常重要的补充。所谓的小组激励评价，就是以学习小组为单位，对小组合作学习的过程和结果进行激励性的评价，激发学生合作学习的积极性、主动性和创造性，从而使学生高效地达到预定的学习目标。

课堂既是师生双边活动的场所，又是学生合作学习的良好环境。课堂上的评价能促进学生之间相互支持、相互配合，特别是促进学生面对面的互动，能够建立并维护小组成员之间的相互信任，将个人之间的竞争转化为小组之间的竞争，有助于培养学生的合作精神。教师适时创设教学情境，根据教学内容，开展多种形式的小组活动，例如，在课堂上常采用分组评价的方式促进合作，以促进小组合作完成学习任务，帮助学生树立学习的自信心，培养学生的集体荣誉感。

四、差异性评价

教学评价要从单一的评价标准中解脱出来，要符合教学实际和学生人格发展的差异性。学生的个性、气质、特点、学习水平因人而异、因时而异、因境而异，要根据学生的最近发展情况做出针对性的、艺术性的评价。这样才能有利于学生对评价的认同，使学生从多方面来把握自己的现状；才能使不同层次的学生全力投入、尽情发挥、各有所得。一般地，我们对优秀学生的评价要和赞誉鞭策相结合，对中等学生要多给予肯定、鼓励，而对后进生则更要强调宽容、期待，给予他们更多的思考时间和发言机会。

五、思想品德评价

在教学过程中，教师应适时对学生进行思想品德的评价，如爱校、爱班、爱劳动、有奉献精神、礼貌待人、言行一致、勇于竞争、善于合作、尊敬师长、团结同学等，这有利于学生人格魅力的形成。

第六节　教学评估指标体系

根据常规管理内容，教学评价要达到不同的功能，而这些功能是通过课堂教学评价体系来实现的。因此，在课堂教学评价活动中，评价目标和要求是评价的起点，不同的评价目标，其评价体系的架构内容也截然不同。评价的目的是了解课堂教学的模式环节是否完整、是否达到目标，因此评价体系的重点将会在课堂教学的模式环节上。

教学过程的本质是学生在教师引导下的主动学习、主动发展的过程。因此新的课堂教学评价应该首先关注学生的学习和发展状况，以学生的学习和发展状况来反映课堂教学状况，来体现教学过程的本质和新课程改革的基本观念，来促进学生发展、教师提高和改进课堂教学实践。在这里，明确了评价的目的，即评价的是课堂教学中学生的学习状况，通过学生在课堂教学中的基本状态来了解教师的教学状况和新课程改革基本观念体现的情况。因此，在评价体系的建构中，我们应围绕学生的学习状况来展开教学评价指标体系。课堂教学评价的具体指标体系如下：

1. 质量

（1）内容的正确性；

（2）内容的讲解；

（3）难点的处理；

（4）重点的处理。

2. 教学内容

层次、结构分明。

3. 教材优化

作业设计有达标及巩固两类。

4. 容量

（1）容量要适中；

（2）要处理好容量和难度的关系；

（3）课堂知识容量得当。

5. 应用性

内容联系专业、联系实际。

6. 教学组织

（1）教学组织过程；

（2）组织形式与教学内容。

7. 教学方法

调动学生积极性、主动性。

8. 教学艺术

对"讲一讲→练一练→评一评"模式框架和活动程序的运用。

9. 教学手段

（1）运用现代教学手段；

（2）课堂教学改革与建设。

10. 教学基本功

（1）板书；

（2）语言；

（3）教态、仪表；

（4）内容熟练程度。

11. 教师育人

（1）对学生学习要求；

（2）为人师表；

（3）结合学科特点渗透品德教育。

一、课程目标

"互联网＋数学之美"就是在现代信息技术背景下，体现数学的简洁美、对称美、和谐美、统一美、思维美、抽象美、类比美、奇异美，让数学之美无处不在、无时不在。通过数学之美课程教学及相关活动，激发学生学习热情，培养学生审美能力，启迪学生数学思维，开发学生学习潜能，提高学生分析问题和解决问题的能力。"互联网＋数学之美"基地建设，意在通过三年努力，达成以下目标：

（1）建立初中数学学科"互联网＋数学之美"课程体系，开发校本教材，探究教学模式，提高初中数学教学质量；

（2）建立健全初中数学学科"互联网＋数学之美"课堂教学体验基地和数学体验室；

（3）激发学生学习兴趣，让学生感受数学之美，提升审美能力，提高学生数学学科核心素养：数学抽象能力、逻辑推理能力、直观想象能力、数学建模能力、数学运算能力、数据分析能力；

（4）建设一支以数学学科骨干为主体的专业团队，发挥他们在教学改革中的骨干引领作用，带动数学教师专业成长；充分发挥数学学科基地的示范和引领作用，让"互联网＋数学之美"课程基地成为我区中学数学学科研究中心、指导中心、辐射中心。

二、初中数学课程目标

（一）数学课程总目标

通过义务教育阶段的数学学习，学生逐步会用数学的眼光观察现实世界，会用数学的思维思考现实世界，会用数学的语言表达现实世界（简称"三会"）。

（1）学生能获得适应未来生活和进一步发展所必需的数学的基础知识、基本技能、基本思想、基本活动经验。

（2）学生能体会数学知识之间、数学与其他学科之间、数学与生活之间的联系，在探索真实情境所蕴含的关系中发现问题、提出问题，运用数学和其他学科的知识与方法分析问题、解决问题。

（3）学生能对数学具有好奇心和求知欲，了解数学的价值，欣赏数学美，提高学习数学的兴趣，建立学好数学的信心，养成良好的学习习惯，形成质疑问难、自我反思和勇于探索的科学精神。

（二）各学期课程目标

1. 七年级上学期课程目标

（1）掌握有理数的相关概念和运算，整式的相关概念及其加减运算，初步体会转化、化归，数形结合、分类讨论、由特殊到一般等思想方法，发展数感，建立符号意识。

（2）理解方程的含义，掌握一元一次方程的解，初步体会方程是刻画现实世界的有效数学模型，渗透模型思想。

（3）经历观察与想象、展开与折叠、切截及从不同方向看等操作活动，掌握常见几何体的相关知识，发展空间观念，认识线段、射线、直线、角，以及多边形、正多边形、圆、扇形等平面图形，了解其含义及相关性质，培养识图能力和有条理的思考与表达能力。

（4）积极参与数学活动，敢于发表自己的想法，养成认真勤奋、独立思考、合作交流等学习习惯。

2. 七年级下学期课程目标

（1）掌握用代数式进行表述的方法，进一步理解用字母表示数的意义，感受整数指数幂的意义和整数指数幂的运算性质，会进行简单的整式乘、除运算。

（2）探索并掌握相交线、平行线、三角形的基本性质与判定，探索并理解生活中轴对称现象，经历借助图形思考问题的过程，初步建立几何直观，发展合情推理的能力。

（3）探索并理解平面图形的平移，进一步感受公理化思想和演绎推理的意义与价值，提高准确表达论证过程的技能。

（4）探究实数性质及其运算规律，能进行实数的简单四则运算，能用实数的运算解决简单的实际问题。

（5）通过对二元一次方程组的解及应用的研究，体会方程是刻画现实世界数量关系的有效模型。在具体情境中，能从数学的角度发现问题和提出问题，发展应用意识和实践能力。

（6）了解不等式并探究其基本性质，掌握用不等式进行表述的方法，会解简单的一元一次不等式（组），通过用不等式表述数量关系的过程，体会模型思想。

（7）探索并理解平面直角坐标系及其运用，在研究确定物体位置等过程中，进一步发展空间概念。知道证明的意义和证明的必要性，体会通过合情推理探索数学结论、运用演绎推理加以证明的过程。

（8）初步学会在具体的情境中从数学的角度发现问题和提出问题，在与他人合作和交流过程中，能较好地理解他人的思考方法和结论，树立学好数学的信心。

3. 八年级上学期课程目标

（1）会用提公因式法、公式法进行因式分解，体会数学知识之间的整体联系；通过乘法公式的逆向变形，培养逆向思维能力及整体思想，进一步发展观察、归纳、类比、概括等能力。

（2）了解分式的有关概念，会进行简单的分式加、减、乘、除运算，通过与整式方程的对比学习，加强新旧知识间的联系，强化学生用类比的思想研究问题的意识。

（3）探索并掌握三角形基本性质与判定，掌握基本的证明方法和基本的作图技能；进一步感受公理化思想和演绎推理的意义与价值，提高准确表达论证过程的技能。

（4）在运用数学知识和方法解决问题的过程中，认识数学的价值。

4. 八年级下学期课程目标

（1）探究勾股定理及直角三角形的判别条件，发展合情推理能力；学会利用勾股定理及逆定理解决简单的实际问题；经历从不同角度寻求分析问题和解决问题的方法的过程，体验解决问题方法的多样性。

（2）通过探索具体问题中的数量关系和变化规律，了解函数的概念和表示法；结合对函数关系的分析，能对变量的变化情况进行初步讨论。理解一次函数及其图像的有关性质，并能利用它们解决简单的实际问题；经历用一次函数表达数量关系的过程，体会函数模型的思想。

（3）平行四边形的基本性质与判定，掌握基本的证明方法和基本的作图技能；探索并理解平面图形的平移与旋转；进一步感受公理化思想和演绎推理的意义与价值，提高准确表达论证过程的技能。探索并掌握特殊平行四边形的性质与判定；在多种形式的数学活动中，进一步发展合情推理和演绎推理的能力。

（4）经历数据的收集、整理、描述和分析的过程，能根据具体问题情景选择合适的统计图，有效地展示数据，发展数据分析观念。经历收集，整理，描述和分析数据的活动，体会统计方法的意义，发展数据分析观念，感受随机现象。

（5）敢于发表自己的想法，敢于提出问题，敢于尝试创新；养成勇于质疑、言必有据等良好品质。

5. 九年级上学期课程目标

（1）体会一元二次方程作为有效的数学模型的意义，能运用一元二次方程解决有关问题，提高问题解决的能力。

（2）通过对圆的有关概念及性质的探索，提高推理论证的水平，提升理性思维品质。探索并理解平面图形的旋转；进一步感受公理化思想和演绎推理的意义与价值，提高准确表达论证过程的技能。

（3）进一步领会随机性中隐含着一定的规律性，切实感受这些不确定现象背后存在的规律性和随机性，通过对概率模型的进一步研究，感受随机现象的特点。

（4）理解事件的有关概念，感受事件发生的可能性有大有小并能进行简单的计算，感受随机事件发生频率的稳定性。了解利用数据可以进行统计推断，发展建立数据分析观念，进一步认识随机现象。

（5）在运用数学表述和解决问题的过程中，认识数学具有抽象、严谨和应用广泛的特点，会独立思考，体会数学基本思想和方法的作用。

6. 九年级下学期课程目标

（1）体会反比例函数作为有效的数学模型的意义，能运用反比例函数解决有关问题，提高问题解决的能力。经历探索直角三角形边角关系的过程，并能解决与直角三角形有关的实际问题，进一步学习利用数形结合的思想分析问题和解决问题。

（2）通过具体实例认识图形的相似，探索并了解相似三角形的判定与性质，会利用图形的相似解决一些简单的实际问题，认识投影与视图，在多种形式的数学活动中，进一步发展合情推理和演绎推理的能力。

（3）通过对二次函数的研究，进一步体会函数的模型作用，并能综合运用数学知识解决问题。

（4）初步学会在具体的情境中运用数学的基本思想和思维方式，初步形成评价与反思的能力，体验解决问题方法的多样性，培养解决问题意识及创新意识。

（三）综合与实践课程目标

（1）结合实际情境，经历设计解决具体问题的方案并加以实施的过程，体验建立模型、解决问题的过程，并在此过程中尝试发现、提出问题。

（2）会反思参与活动的全过程，将研究的过程和结果形成报告或小论文，并能进行交流，进一步获得数学活动经验。

（3）通过对有关问题的探讨，了解所学过知识（包括其他学科知识）之间的关联，进一步理解有关知识，发展应用意识和能力。

基地建设配套设立3个区级子课题，以期拓宽研究渠道，丰富研究内容，细化研究目标。

（1）"初中数学之美课堂教学策略研究"子课题。该课题重点研究数学教学中如何努力挖掘教学内容之美点，并在教学中渗透数学之美；研究如何在教学过程中有新意、有吸引力地展现多形式互动的过程之美；研究如何在教学活动中，培养学生关爱社会、家国情怀，能用数学的眼光观察世界，用数学的思维思考世界，用数学的语言描述世界，让数学教育充满文化和生活气息，充分发挥数学美育功能，使学生在学习知识的同时增强对数学文化的认同感。

（2）"初中数学之美课程内容的构建研究"子课题。该课题重点研究基于"互联网＋数学之美"建设要求，挖掘数学教材中体现数学之美的衔接点，生活中的实物所展现的数学美，生活中的应用所折射的数学美，形成具有充分体现数学之美这一鲜明特色的教学方案，最终形成较为系统、科学的适合本校的校本教材。

（3）"初中数学之美课程资源开发与应用研究"子课题。该课题重点研究如何以初中数学课堂内容为载体，数学课外活动为中心，挖掘与人教版初中数学教材相关的校本课程资源，建立基础性素材体系，研发适合初中学生基于互联网下的数学课外活动拓展资源；研究总结让学生感受数学之美的数学课外体验活动；研究创建数学之美体验室或相关体验平台。

"互联网 + 数学之美"基地建设，始终坚持以数学之美为核心，以教师专业成长为引领，以提升教学质量为重点，通过三年实践，努力使该基地成为教研建设基地、学科联盟基地、区内教师培训基地以及学科成果应用转化基地。

三、课程内容

为进一步加强国家课程、地方课程和校本课程的开发和拓展，努力提供丰富的学习素材和多样化的学习环境，促进学生全面而有个性的发展，我们课题组针对我校实际情况进行深入分析，再着手进行校本课程的开发和校本教材的编制与精化。

（一）课题组参与前

数学校本课程内容丰富，但不能针对不同的地区、不同的学校、不一样的学生，在因材施教方面还显得单薄；校本教材重形式轻质量，即质量不高，教师使用时感觉不便，难以在课内外激发学生学习兴趣，学生学习比较被动。

（二）课题组积极参与

针对数学校本课程和教材的状况，寻找互联网时代的"亮点"，发现"数学之美"，努力细化到每一节课、每一次活动，借此丰富校本课程的模式与形式，充实校本教材的内容与趣味性，让校本教材成为学校数学教育教学的高效"阵地"。

（三）课题组校本课程的开发和校本教材的编制与精化

课题组分阶段、分年级积极编制与国家课程及地方课程紧密结合的校本教材导学案，形成校本教材的雏形，为校本课程的开展打下基础；之后，课题组结合学情展开研究，在导学案的雏本中，渗透"数学之美"，汇编成"领雁工程·数学之美"教学设计，成为典型的有可操作性的校本教材，并借其开展丰富多彩的校本课程。同时，将校本课程与课外活动相结合，教材的每一章节、每一课时都设计了有个性的课件拓展活动，促成学生数学课堂课内与课外的丰富性和趣味性，特别是将互联网的各种有效手段运用到活动中。即课题组参与课题研究的课程内容包括：校本课程开发、校本教材编制和课外活动开展。这些丰富的数学课程内容让数学学科在"互联网 + 数学之美"的浸润中熠熠生辉并蓬勃发展。

附：初中数学课程讲解内容（人教版）

第一章　有理数　知识详单

1. 正数和负数的定义

2. 用正数、负数表示具有相反意义的量

3. 有理数

4. 数轴

5. 相反数及绝对值

6. 有理数大小的比较

7. 有理数的加法、减法及混合运算

8. 有理数的乘法、除法及乘方

9. 科学记数法、近似数

第二章　整式的加减　知识详单

1. 用含字母的式子表示数

2. 单项式、多项式及整式

3. 同类项及合并同类项

4. 求多项式的值

5. 去括号法则

6. 整式的减法

第三章　一元一次方程　知识详单

1. 方程的有关概念

2. 一元一次方程

3. 等式的性质

4. 解一元一次方程

5. 用一元一次方程解决实际问题

第四章　几何图形初步　知识详单

1. 几何图形

2. 从不同的方向观察立体图形

3. 立体图形的展开图

4. 点、线、面、体

5. 由平面图形旋转形成的立体图形

6. 直线、射线及线段

7. 角的概念、表示方法、单位及角度制

8. 角的大小的比较方法

9. 角的和、差、倍、分

10. 余角、补角和方位角

第五章 相交线与平行线 知识详单

1. 邻补角与对顶角

2. 垂线及其性质

3. 同位角、内错角和同旁内角

4. 平行线、平行公理及其推论

5. 平行线的判定及其性质

第六章 实数 知识详单

1. 算术平方根

2. 无限不循环小数

3. 平方根、立方根及无理数

4. 实数的定义及分类

5. 实数与数轴上的点的对应关系

6. 实数的有关性质、运算

第七章 平面直角坐标系 知识详单

1. 有序数对

2. 平面直角坐标系

3. 坐标平面内点的坐标特点

4. 用坐标表示地理位置和平移

第八章 二元一次方程组 知识详单

1. 二元一次方程的定义及其解

2. 二元一次方程组的定义及其解

3. 用消元法解二元一次方程组

4. 实际问题与二元一次方程组

第九章 不等式与不等式组 知识详单

1. 不等式及不等式的解

2. 不等式的性质

3. 一元一次不等式的概念及其解法

4. 一元一次不等式组的概念及其解集

第十章　数据的收集、整理与描述　知识详单

1. 统计调查

2. 常见的统计图

3. 频数分布直方图

第十一章　三角形　知识详单

1. 三角形的边、高、中线与角平分线

2. 三角形的内角及外角

3. 多边形及其有关概念

第十二章　全等三角形　知识详单

1. 全等形的概念

2. 全等三角形的有关概念及其表示方法

3. 全等三角形的性质及其判定

第十三章　轴对称　知识详单

1. 轴对称及轴对称图形

2. 线段的垂直平分线

3. 等腰三角形及等边三角形

4. 含 $30°$ 角的直角三角形的性质

5. 最短路径问题

第十四章　整式的乘法与因式分解　知识详单

1. 同底数幂的乘法

2. 幂的乘方

3. 积的乘方

4. 整式的乘法及其除法

5. 同底数幂的除法

6. 零指数幂的性质

7. 乘法公式及因式分解

第十五章　分式　知识详单

1. 分式的概念及其基本性质

2. 分式的约分、通分及乘除、加减

3. 整数指数幂

4. 分式方程

第十六章　二次根式　知识详单

1. 二次根式的概念及其性质

2. 代数式

3. 二次根式的乘法和除法

4. 二次根式的混合运算

第十七章　勾股定理　知识详单

1. 勾股定理

2. 勾股定理的证明及其应用

3. 原命题与逆命题

4. 互逆命题

5. 勾股定理的逆定理

第十八章　平行四边形　知识详单

1. 平行四边形的定义及其性质

2. 平行四边形的判定

3. 三角形的中位线

4. 矩形、菱形、正方形

第十九章　一次函数　知识详单

1. 函数的概念及自变量的取值范围

2. 函数的解析式、图象及其表示方法

3. 正比例函数

4. 一次函数

5. 待定系数法

6. 从函数的角度看解方程与不等式

7. 一次函数的实际应用

第二十章　数据的分析　知识详单

1. 平均数

2. 中位数和众数

3. 方差

4. 数据分析

第二十一章　一元二次方程　知识详单

1. 一元二次方程的定义及其一般形式

2. 一元二次方程的根

3. 解一元二次方程

4. 一元二次方程的判别式

5. 一元二次方程的根与系数的关系

第二十二章　二次函数　知识详单

1. 二次函数的定义

2. 二次函数的图象及性质

3. 用待定系数法求二次函数的解析式

4. 二次函数与一元二次方程的关系

5. 二次函数在实际问题中的应用

第二十三章　旋转　知识详单

1. 旋转的有关概念及其性质

2. 旋转、平移和轴对称的异同点

3. 中心对称的有关概念及其性质

4. 关于原点对称的点的坐标

第二十四章　圆　知识详单

1. 圆的概念及其对称性

2. 垂径定理及其推论

3. 弧、弦、圆心角、圆周角

4. 圆内接四边形

5. 点和圆的位置关系

6. 确定圆的条件和三角形的外接圆

7. 直线和圆的位置关系

8. 切线的判定定理和性质定理

9. 切线长和切线长定理

10. 三角形的内切圆

11. 圆和圆的位置关系

12. 正多边形和圆

13. 弧长和扇形面积

14. 圆锥的侧面积和全面积

第二十五章　概率初步　知识详单

1. 随机事件

2. 概率

3. 用列举法求概率

4. 用频率估计概率

第二十六章　反比例函数　知识详单

1. 反比例函数的定义及其解析式的求法

2. 反比例函数的图象和性质

3. 反比例函数中 k 的几何意义

第二十七章　相似　知识详单

1. 相似图形

2. 线段成比例

3. 相似多边形

4. 相似三角形的定义

5. 平行线分线段成比例的基本要求

6. 相似三角形的判定及其性质

7. 位似图形

第二十八章　锐角三角函数　知识详单

1. 正弦、余弦、正切的定义

2. 特殊锐角的三角函数值

3. 直角三角形的边角关系

4. 解直角三角形

第二十九章　投影与视图　知识详单

1. 平行投影及有关概念

2. 中心投影及正投影

3. 三视图及其画法

四、课程实施

（一）课程实施的研究意义

《义务教育数学课程标准》明确指出，"积极参与数学活动，对数学有好奇心和求知欲"，"在数学学习过程中，体验获得成功的乐趣，锻炼克服困难的意志，建立自信心"，"体会数学的特点，了解数学的价值"。如何让学生克服对数学的畏难情绪，改变学生对数学枯燥、难懂、抽象的印象，从而听得懂、学得好、感受到数学的乐趣呢？在市教委渝基发领雁工程文件《重庆市教育委员会关于继续实施农村中小学领雁工程的通知》精神的指导下，根据《初中数学新课程标准》要求，课题组经过学习讨论、调查研究、反复论证，最终确定以新课程理念为导向，以学生数学学习的情感态度为研究目标，以"互联网 + 数学之美"为研究内容，旨在通过项目的研究和实施，转变师生观念，使学生感悟数学之美，提高学习兴趣，提升学习质量，提高数学素养，当然同时提高教师教研水平和教学水平。

（二）课程实施优化前的现状分析

1. 穿新鞋走老路的现象还比较严重

现在大多数老师仍旧用传统的方式教学，主要是因为他们在思想上没有真正重视新课改，对新课改还没有从理念上转过弯来；对新课标的理解不深，对新的课程标准学习得还不够。许多教师仅仅是通过了开学前的新课程的通识学习，之后就没有进行其他系统的理论学习。所以说，应该加强学习，以学校组织学习为主、教师个人学习为辅。要形成一个制度，也要落实检查，才可能取得较为理想的效果。

2. 新的课堂教学模式没有确立

有的老师的课堂上几乎找不出一点儿新课标的痕迹，完全照旧。对于初中数学来说新课标主要应体现在自主学习和小组讨论上，在集体备课中我们已做了特别强调，但是效果不是很理想，不排除有的教师是个人教学水平问题，但我们认为大多数是态度问题，他们怕麻烦，觉得让学生讨论还不如由自己讲来得直接。这样，新课标就难以实施，也就谈不上新的课堂模式了。

3. 小组协作学习还停留在一些很肤浅的形式上

小组协作学习是新课标的主要环节，新课程培训专门强调了这一点，也把学生小组讨论的记录样稿分给大家学习，强调了小组讨论中应引起注意的几个方面，并专门强调要在课内进行小组讨论，还把小组讨论的问题设计作为主要问题来研究。在会上再三强调的在课堂上进行小组讨论都做不到，更何况那些未被发现的其他问题呢？

（三）优化课程实施的观念指导

传统的"数学"侧重的是"数学家研究的数学"，而新课标的"数学"强调的是"大众数学"，因为不可能也没必要让人人都成为数学家。但数学的应用是广泛的，各行各业对数学应用的要求又有所不同，所以义务教育阶段的数学学习，就要求每个人必须掌握基本的数学基础知识和基本技能，这些数学知识和技能是人们生产生活所必须具备的。因此，新课程的教育目标是让人人学"有用"的数学，人人掌握"必需"的数学，不同的人学习不同的数学。而数学之美的课程实施研究的是数学中隐藏的美。美是能够让人愉悦的东西，利用数学之美可以激发学生的学习兴趣和热情，培养学生的审美能力，启迪学生思维，培养思维能力，开发学生智力和创造力，提高学生分析解决问题的能力。为达此目的，实施数学新课程数学之美要有如下三方面转变。

1. 教师教法的转变

传统教学采用的是满堂灌的教学方法，讲课追求讲深讲透，一步到位。对精讲多练的理解也有所偏差，认为精讲多练就是把公式、定理告诉给学生，然后针对公式、定理的应用，编拟出很多题目，要求学生做题，大搞题海战术，从而使学生理解为学数学就是做题，而做题就是如何套用公式、定理，学生学到的只是解题技巧。而数学新教材的最大特点是体现素质教育的要求，以数学来源于生活又应用于生活为主线，着重培养学生的创新意识和动手能力，培养学生学数学、用数学的意识，使其养成良好的学习习惯。在新课标的指导下，课堂教学应该注意以下四方面问题。

（1）教师应发扬教学民主，成为学生数学活动的组织者、引导者与合作者。

（2）教师应善于激发学生的学习潜能，鼓励学生大胆创新与探索。

（3）教师应努力培养学生的学习兴趣，培养学生终身学习的观念。

（4）教师应关注学生的个体差异，使每个学生都得到充分发展。

2. 学生学法的转变

在传统教学中，教师导得过多、过细，学生总是在教师铺设好的平坦道路上接受教育，学生围绕教师转。而新课标明确指出"学生是数学学习的主人"，同时新课标强调，要把传统的"以学科为中心"转移到"以学生为中心""一切为了学生的发展"，以学生发展为最终目的。传统的学习方式单一，以接受性学习为主，即老师讲，学生听，靠单纯的记忆、模仿和训练，学生完全处于一种被动接受的状态，教师注重的是如何把知识结论准确地给学生讲清楚，学生只要当收音机全神贯注地听，把教师讲的记下来，考试时准确无误地答在卷子上，就算完成了学习任务，但当他们进入大学或参加工作时就难以适应新的学习方式，缺乏创新的激情与活力。因此，新课标强调"动手实践、自主探索、合作交流是学生学习数学的重要方式"。教师应引导学生主动地参与观察、实验、猜测、验证、推理与交流等数学活动。

3. 评价方式的转变

新课程指出，评价的目的是全面考查学生的学习情况，激励学生的学习热情，促进学生的全面发展。评价也是教师反思和改进教学的有力手段。评价不仅是为了"甄别"，更重要的是为了"改进"和"提高"，为了促进人的发展。新课标强调要由传统的单纯考查学生的书面成绩转变为关注学生在学习过程中的变化与全面发展。评价内容要包括：道德品质、学习能力、交流与合作、个性与情感，要将自我评价、学生互评、教师评价、家长评价和社会有关人员评价结合起来，可以将考试、作业、课题活动、撰写论文、小组活动、日常观察、面谈、课后访谈、提问、建立成长记录袋等形式结合起来。在评价时应注意激励性原则、发展性原则、差异性原则。评价方式可以有以下四种。

（1）自我评价。①每节课后学生的自我反思评价；②阶段自我评价"说说我自己"。

（2）小组互评"大家评评我"。

（3）教师评价学生"老师眼中的我"。

（4）家长评价学生"家长心中的我"。

以"我进步了吗"为主题，充分发挥学生的主体作用，以自我评价为主、小组互评和教师参与评价为辅，而将家长评价作为参考。其中教师评价影响着学生对学习的感受，对于学生今后是否喜欢学习，能否学会学习十分重要。因此，教师对学生的评价一方面要及时，对学生的课堂表现、实践活动、作业情况等都要及时评价；另一方面要做到准确得体，机智巧妙，独特创新，侧重于正面引导，慎用、巧用否定性评价。在平时的师生交往、活动、课堂教学中，教师以自己的语言、表情、眼神、动作给予学生及时的评价，让学生体验成功的快乐，感受成长的喜悦，以此激励学生、鞭策学生，使学生及时有效地调控自身行为。

（四）优化课程实施的策略

1. 加强理论学习，促进教师专业发展

对课题组教师进行教学能力培训，教学能力包括教学设计能力、教学实施能力、教学评价能力、教学反思能力、教育科研能力的培养，转变教育思想和教育观念，树立正确的教育思想、教育观念、教育情感，通过"一帮一"师带徒模式培养"合格教师"，通过在学中干，干中学培训"优秀教师"，创造科研氛围，实现课题引领，建立科学实效的教师评价体系，促进各类教师

健康成长。

2. 加强日常教学实践研究

在日常教学中，制定教学管理细则，加强备课，深挖教材。教材是最好的研究资源之一，教学研究必须要深入研究教材内容才能更好地为教学服务。于是，项目组结合《初中数学新课程标准》，紧紧围绕数学核心素养的培养，对照教材，找寻初中数学之美的元素。我们发现任何数学知识，从表面上看好像是抽象的，但是经仔细品味思考，就会发现数学的一个图形、一个公式、一种符号、一种证明、一个概念、一个定理、一个模型、一种思维方式、无一不体现数学独特的美，有的是外在的美，有的是内在的美。数学中美的表现形式也多种多样，有简洁美、和谐美、形式美、奇异美、对称美、统一美、抽象美、语言美、类比美、逻辑美、体系美、思维美、数形结合美、数学建模之美、数学文化之美等，充分说明数学教材中的美无处不在。

我们的任务就是去发现和挖掘教材的内容美，去思考运用哪些途径去体现美，去设计各个教学环节如何表现美，去运用何种教学手段展示美，去引导学生发现美。使我们的数学课堂教学成为学生发现美、表达美、欣赏美、创造美的阵地。

以核心素养为核心，以目标为导向，以美的体验为标准，特别是学案和课件的准备，提倡集体备课，力争把每节课都做成精品，精心设计作业，加强课外辅导。使学习过程变成对美的体验过程，让数学课堂成为学生对美的享受。将数学核心素养——数学抽象能力、逻辑推理能力、数学建模能力、直观想象能力、数学运算能力、数据分析能力的培养贯穿于我们的数学课堂教学，通过转变学生的学习方式、教师的教学模式、教学的评价方式，揭示数学之美，从而愉悦学生的心境，激发他们的兴趣，陶冶他们的性情，塑造他们的灵魂，进而让他们领悟数学美、欣赏数学美、创造数学美，并及时反思、写出心得。

3. 定期开展教学研究活动

每周开展教研组教学交流活动，定主题，定中心发言，定活动方案，交流进程、结果，并上报。既要反思上周教学的得失，又要对本周教学进行研究，提出教学策略，提前编制导学案等资料。同时邀请有经验的教师进行经验交流指导，让每次教研活动有效果。

4. 专题研究

课题组定期进行专题研究，每周二下午的教研活动时间，每月的项目推进小结会，每期的项目研究阶段总结会均对项目工作做专题研究。研究内容包含数学之美课程内容的构建，数学之美课堂教学策略，数学课外拓展的形式、内容，数学之美的内涵和外延，对实践过程中的经验和感受进行提炼，讨论在课堂上引入"数学之美"有哪些方法、环节、形式等。

5. 专家指导

为了使项目研究更加科学、切合实际、有效体现美的本质，我们邀请重庆市初中数学教研员张斌老师、其他区县的多位数学教研员及巴蜀名师亲临项目基地指导工作，邀请教科所的多位专家进行专题讲座、方案指导，进一步明确课题研究的目的、意义、方法、步骤。每期跟巴蜀中学进行联合数学教研活动，每年请巴蜀名师到我校开展献课活动和课堂教学研究，每年派 3 名数学教师到巴蜀中学观摩学习一周，通过学习、观摩、交流，提升教师对美的课堂的理解和运用水平，欣赏高水平的数学课堂，学习借鉴"和美"的教学艺术。

6. 改编教材

改变教材的呈现形式，让校本教材更加贴近学生生活，以学生喜闻乐见的形式呈现内容，更符合学生实际，使教材成为激发兴趣、便于自学、利于巩固的平台；转变教学观念，重视知识传授、能力培养的同时更加重视学习的情感态度和过程体验，让各个教学环节都体现数学之美，只有美的课堂才能产生美好的效果；转变教学行为，包括呈现形式、教学手段、评价激励手段、课堂教学艺术等。我们研究出了新的课程资源之校本教材——数学之美导学案。

7. 开展活动

项目组成员每周利用备课组活动时间，分 3 个备课组进行专项研究。或是校本教材的开发，或是课堂教学艺术、课堂策略研讨，或是课堂教学评价、课外活动的开展；每期开展 2 次专题会议，进行专题讲座，讨论安排部署项目学期工作、学期总结；每期去帮扶学校开展课例研修、同课异构活动，提升帮扶学校教师的教学理念和课堂教学艺术，同时定期请帮扶学校到项目基地校展开交流活动。定时间、定内容、定要求、定中心发言，通过讲座、讲课、听课、评课、研究，建立相应的行动策略，以研促教，以研促学，以教促学，提炼总结，优化改进，推动项目有序开展。

8. 协同合作

项目组积极组织教师参加学区、联盟、集团等开展的活动；积极参加全市领雁工程的研究活动、优质课比赛；积极参加全区数学优质课比赛；到扶欢中学、东溪中学、三角中学等基地校开展数学联合教研活动，提升教师教学艺术；依托教科所搭建初中数学教师交流平台。

9. 积极编写课题资料

李东梅编写了《数之韵》《数学之美与数字》《玩转数学——数学与游戏》；徐从容编写了《扑克中的数学美》《黑洞》《数学与诗歌》；丁宗梅、何锡梅结合教材编写了课外思维拓展资源；黄东编写了《九宫格与数学》《趣味数学与数学美》《数学之美与数学之奇》；敖春兰撰写了《了解数学之美》的调查报告。举办数学文化节，玩转"数独""最强大脑"等数学游园盛宴，让学生感受数学之美，感受数学魅力。

10. 构建"互联网+数学之美"的资源

（1）构建"互联网+数学之美"数学课堂教学模式，探究形成数学之美的课堂教学策略和评价体系，建立适合数学之美的课堂教学评价方案，包括备课、上课、作业、辅导、课外活动等评价标准，促进教师发展；发挥评价机制的导向功能、激励功能、发展功能，引领教师发展。

（2）构建教师发展中心，建立数学教师专业发展的策略，以课堂为根本，以数学之美为核心，进行集体备课和课堂教学研究，营造良好的教学、研究环境，开展数学教学、研究、培训、实践体验系列活动，提升教师教学科研能力，促进教师专业发展。使基地成为数学教研组建设的基地，学科联盟教研活动开展的基地，区内数学教师培训的基地，数学学科教学成果应用的基地。

（3）构建学生发展中心，营造良好的学习环境，开展数学教学实践体验活动，建立以学生数学课堂体验为根本、体验室体验为拓展、课外活动和校本课程体验为延伸的体验数学之美的途径，让学生感知、发现数学之美，促进学生数学学科核心素养的发展。

（4）建立学生自主学习的互联网互动平台，引导学生自主学习、互动交流；开发课程资源，引导师生共享课程资源，增强互动交流；建立教师与其他学校开展教学研究交流的互联网平台，以及所需的设施设备和教学场所。

（五）优化课程实施的收获

1. 建立完善的数学之美课堂管理机制

（1）营造良好的课堂学习氛围。在日常教学中，教师着力构建班级形成积极向上、相互学习、相互竞争、相互欣赏、协同共进的课堂学习氛围，让每一位学生在课堂中乐于思考、勤于动手、敢于发言、勇于担当、快乐学习、互勉共进。

（2）建立完善的课堂学习活动规则。课堂学习活动效率需要一套完备的操作规程，类似如何举手、如何交流、如何发言、如何鼓励奖赏、如何小组合作、如何小结交流等都需要一定的培训，以建立有序高效的课堂活动机制。

（3）指导学生体会感悟数学美的方法。古希腊数学家普洛克拉斯说，哪里有数学，哪里就有美！对称之美、和谐之美、奇妙之美、奇异之美、简洁之美、抽象之美、人文与艺术之美……但学生却很难发现数学之美，因此在教学过程中应注意引导的方法与操作过程，教给学生一些认识美、发现美、体味美的具体方法与知识经验，切实提高学生的审美能力与美学修养，同时培养学生追求数学美的热情。

2. 成功的数学之美课堂设计

紧扣主题，自然、有趣地引入，能激发学生学习的兴趣，同时也让学生获得美的享受，因此要做到既能有效引入课题，又能让学生有愉悦之感。

（1）情感的酝酿。数学之美的课堂是从情感共鸣开始的，要营造好的课堂情感，教师可以采用一段恰如其分的音乐，一段震撼人心的视频，一番激情洋溢的演讲，一个发人深省、意味深长的问题等为开场白。

（2）简练的引入。引入的素材一定要紧扣核心目标，简练明快又有趣味，切忌大情景小问题，脱离现实实际。在素材呈现时，力求简洁，不拖泥带水，一般不超过 5 分钟，在活动设计时，简明扼要，目标明确，操作简单，力求有更好的教育意义、更好的思想方法渗透、更好的思维启迪。

（3）精美的制作。一是课件制作精美，字体、字号、颜色、比例、位置、背景、动画等协调、灵动、鲜活，给人以质的美感。二是充分运用"互联网＋"现代教育技术、动画视频，如图例插入、网络视频、网上课堂链接、几何画板、教具演示等。三是实时实地地播放一些贴合学习内容的轻音乐或影像画面或直抒胸臆，在音乐的伴奏、影像的刺激、语言的感染下，激发学生的学习兴趣，使他们迸发出创造性的火花。

3. 充满收获的教学活动过程

（1）让学生充分经历、体验、感悟。在教学中，只有让学生经历学习的过程，对于学习的知识，学生才能易于掌握，理解深刻。让学生在情景教学活动中体验、感受，并在教学中指导他们观察、感悟、经历，让学生讲明白观察发现的过程及思维的方法，他们才能在体验中获得发现问题、解决问题的成功感。

（2）让学生充分思维。在教学中，让学生观察验算过程及解决问题的方法，思考以及验算求证都需要一定的时间、空间和环境，要让学生学会思考、学会观察、学会归纳、学会验证。

（3）让学生充分交流。让学生充分互动交流能使学生学习的主体作用得到充分的发挥，同时让他们体验到团结协作与人交流的乐趣，培养其表达沟通的能力。

（4）让学生充分展示。在课堂教学中单独的说和做无法调动学生的积极性，没有展示的课堂是索然无味的，只有在多元化的展示中，课堂才能引发生成，才能精彩纷呈。展示可以是组内展示的班级展示的形式多样，如口头展示、书面展示、板演展示、操作展示等，教师可根据具体情况选择合适的展示方式。在组织学生进行游戏活动时，教师首先要明示游戏规则，然后要充分信任学生，让学生充分体味，出现问题时适时指导，切忌随意终止，随意下结论，让学生在快乐中学习、活动，同时保证活动不偏离方向，保证活动的有效性。

（5）让学生充分归纳总结。通过阶段展示和课堂学习，学生要能更好地升华提高，小结就非常重要，小结可以是结构梳理、方法指导、思维指导、思想指导，也可以是对人生道理、社会问题的积极思考，也可以是新旧知识的过渡衔接；小结更是一种推动，目的就是提高学生的思想认识，使课堂的主题得以升华，起到画龙点睛的作用，振奋学生的精神，感召他们的热情。形式可以是学生总结、教师点拨，可以是思维导图梳理，可以是微视频小结等等。教师的点拨、归纳往往是思想方法的升华，需要教师精准把握，不能一言堂地自己一个人总结，要在学生遭遇困难时适时提示，在学生思考不全面时启发，在学生无法归纳总结时点拨。总之，教师的点拨，要有惜字如金的味道，目的是让学生形成学习能力、学习方法和学习思想。

4. 及时有效的教学反馈

有效的教学反馈需要全面、真实、及时，既要发挥优秀学生的引领作用，又要促进全体学生的全面发展。在教学活动过程中，教师要善于观察课堂的整个教学氛围、教学情景，既要观察学生的表情、体态、动作等细节，又要观察学生参与活动的过程，挖掘发现其背后的思考方式、学习方式，及时发现学生的问题点、闪光点、创新点，及时作出判断、及时引导鼓励，及时调整教学方式，让课堂高效、流畅。在整个课堂活动结束时要对学生的学习情况进行必要的反馈，可以采用练习活动、操作活动、活动变式或活动评价量表等方式及时掌握学生的课堂学习效果。好的反馈能促进学生的学习，让学生不断自我调整、提高学习质量。

(六) 课程实施的成果

1. 教学质量不断提高

学生学习数学的兴趣得到明显提升。通过问卷调查，项目实施前有 51.2% 的学生对数学不感兴趣，项目中期回访时有 62.4% 的学生喜欢数学，喜欢数学的学生明显增多，学生学习的主动性和创造性得到提高，课题作用显现。

2. 学生学习质量明显提高

参加课题实验后，学生学习成绩进步明显。在 2019 年中考中，130 分以上的高分人数，古南中学占全区的一半；在 2020 年全区学年考试中，古南中学在全区前 1000 名的优生中，八年级实验前有 274 人，实验后增加到 348 人，七年级实验前有 247 人，实验后增加到 342 人。

3. 有效推进区域数学课堂教学研究

项目开展以来，项目组成员多次在全区上名师示范课，送课下乡，到乡镇中学进行视导活动，送课下乡 160 余次，跟兄弟学校交流 100 余次，到重庆市名校学习、观摩、赛课 100 余次；请名师专家到学校做讲座或献课 10 余次，累计到学校学习、观摩、研讨会有 300 多次。为全区教师搭建了交流学习的平台，充分发挥了基地作用。送课、送教、教研、交流、课例研修等辐射、引领全区的初中数学教学教研工作，示范带动作用显现。

五、课程评价

合理科学的评价机制是"互联网＋数学之美"基地建设成功的保障。因此，要建立适合数学之美的课堂教学评价方案，坚持评价发展性和激励性导向功能，创新课程评价方式，完善课程评价内容。为此，我们在历时三年的基地建设过程中，重点在课堂改革上下功夫，通过不断的实践、探索、提炼、总结，最终建立起"互联网＋数学之美"课堂教学策略和课堂教学评价体系，包括定性评价与定量评价两个系统，同时还建立起"互联网＋数学之美"课堂评价调查学生问卷，通过吸收多元评价主体，从多维度、全方位、全过程地加强对"互联网＋数学之美"课堂进行评价，为倾力打造数学之美课堂和促进学生充分体味数学之美提供有力支撑。相关评价方案、评价体系及评价问卷见表 2-2、表 2-3、表 2-4、表 2-5。

（一）"互联网＋数学之美"课堂教学评价表（定性评价）

表 2-2 "互联网＋数学之美"课堂教学评价表 1

序号	内容	评价指标	评价等级			
			优	良	中	差
1	教学设计策略	教学设计以基本知识、基本技能、基本方法的学习作为主线，即明线，以思想方法、精神情感、核心素养的培养作为暗线，进行结构化、简练化的整体设计，内容设计具有简洁美				
		问题情景的引入紧扣课题，自然、有效，能完美植入课堂活动中，让课堂活动趣味化，做到开课激趣，体现引入之美				
		教学设计努力挖掘每节内容表现美的素材和美点，教学中引导学生发现和体味这些美，体现渗透之美				
		问题设计有探究性、操作性、启发性，问题解决的过程中能让师生互动、生生互动、双向与多向互动，让学生在学习中体味互动之美				
		问题的设计具有思考性、启迪性、渗透数学思想方法，贴近生活实际，一题多解，一题多变，让学生体味思维之美				
		教学设计自然流畅、层次清楚、层层递进、环环相扣、不混乱，给学生学习以水到渠成之美感，体现程序之美				
2	教学实施策略	教师引导学生自主合作探究学习有效，注重基本思想方法的渗透，让学生体会数学文化和思维之美				
		教学活动的实施组织有序、高效、效果好，充分体现效率之美				
		教师语言精练准确，具有启发性，幽默风趣，具有浓厚的文化韵味，体现语言之美				
		教师点拨总结简洁、精练，且具有启发性，体现高度简练的严谨之美				
		活动组织自然流畅、层次清楚、层层递进、环环相扣，让学生在快乐中学习的同时又保证活动的有效性				
		教学活动中时刻关注学生的思想状态和精神面貌，让学生的智力因素与非智力因素完美结合				
3	现代信息技术整合应用策略	课件制作精美，协调、灵动、鲜活，给人以质的美感，体现形式之美				
		现代信息技术的应用使问题直观化，可视化，具有交互性，对教学具有明显辅助作用				
	综合评定					

（二）"互联网＋数学之美"课堂教学评价表（定量评价）

学校：_____　　　班级：_____　　　教师姓名：_____

学科：_____　　　课型：_____　　　课程内容：_____

注：评价者请根据该二级指标下三级指标的落实比例和达成质量给出分数，把对应分数填写在相应二级指标后的"得分"栏目，所有二级指标得分之和为该堂课总分（得分均不含上限，最多保留两位小数）。

表 2-3　"互联网＋数学之美" 课堂教学评价表 II

一级指标	二级指标	三级指标（评价细则）	分值	评价标准及等级			得分
				优秀	良好	一般	
教学设计	教学目标	1. 认真研究教材，教学目标准确，符合课程标准，内容正确，灵活地运用教材，重难点的提出与处理得当，充分发挥目标的导向、激励、调控、速度适当、密度、速度适当、条理清楚；	10	符合率>2/3（8~10分）	符合率=2/3（6~8分）	符合率<2/3（4~6分）	
	教学策略	1. 教学方式的选择有利于课堂教学的实现，努力为学生提供实践、自主探索、独立思考、合作交流的空间； 2. 尊重学生，课堂气氛和谐，融洽，注重学生兴趣、习惯、自信心等非智力因素的培养，给学生创造机会，激发他们积极参与、主动发展	10	符合率>1/2（8~10分）	符合率=1/2（6~8分）	符合率<1/2（4~6分）	
	教学内容	1. 教学目标明确； 2. 准确把握大纲要求，吃透教材内容，传授知识正确； 3. 寓德育于教学之中； 4. 突出对学生的创新意识、创新能力的培养； 5. 科学安排课堂练习，练习内容既有现实性、挑战性，又有可接受性，练习形式和要求具有开放性、层次性，练习安排有针对性、层次性，容量适中	10	符合率>3/5（8~10分）	符合率=3/5（6~8分）	符合率<3/5（4~6分）	
	课堂调控	1. 学习活动的设计前后衔接自然，并对课堂活动过程进行有效的引导； 2. 教学方法灵活多样，并能根据反馈信息适时调整教学进度和难度； 3. 能发现、利用课堂上生成的课程资源，创新教学活动，促进学生发展，教学过程联系生活、联系社会、联系数学知识，不是满堂灌，教学生成课堂活跃，师生相长	10	符合率>2/3（8~10分）	符合率=2/3（6~8分）	符合率<2/3（4~6分）	
	课堂自由度	1. 关注学生思考时间、讨论交流的空间，学生能发表自己的见解，敢于质疑； 2. 教师启发有效，问题设计逻辑性强，问题设计的预设与课堂生成，又关注课堂生成问题，处理好教材内容与补充内容的关系； 3. 充分利用教学资源，既解决学生的预设问题，又关注课堂生成问题，处理好教材内容与补充内容的关系；	10	符合率>2/3（8~10分）	符合率=2/3（6~8分）	符合率<2/3（4~6分）	
教学过程	教学氛围	1. 学习环境和学习条件的创设能激发学生进一步学习的兴趣，课堂语言体现交际性和实践性； 2. 师生、生生互动形式多样有层次，学生的思维活跃，有利于教学目标的实现； 3. 师生、生生之间民主、和谐，相互尊重，积极主动参与教学活动，充分展示自我	10	符合率>2/3（8~10分）	符合率=2/3（6~8分）	符合率<2/3（4~6分）	

一级指标	二级指标	三级指标（评价细则）	分值	评价标准及等级			得分
				优秀	良好	一般	
教学过程	问题探究	1. 能激发学生学习积极性，关注到不同层次基础的学生，做到全员参与； 2. 探究学习，自主学习，指导学生处理好合作学习与独立思考的关系，做到有效参与； 3. 学生能在教师的指导下选用合理的、多样化的学习方式，并把独立思考与合作交流有机结合，会积极寻找、发现、表述身边的数学问题，会根据所学知识解决简单的实际问题	10	符合率>2/3 （8~10分）	符合率=2/3 （6~8分）	符合率<2/3 （4~6分）	
	目标落实	1. 学生能积极主动参与学习活动，并掌握所学知识和技能； 2. 学生乐学、会学，体验到学习成功的愉悦，不同层次的学生都有所得，学生获得进一步发展； 3. 时间利用率较高，能按时完成教学任务，教学目标达成，教学效果较好	10	符合率>2/3 （8~10分）	符合率=2/3 （6~8分）	符合率<2/3 （4~6分）	
	评价与反思	1. 能通过课堂教学评价、引导、调控教学活动； 2. 能采用积极的、多样化的、个性化的评价方式，恰到好处地评价学生，以促进、激励学生的学习兴趣和自信心，引导学生客观评价他人与自己，对自己、他人、集体的进步感到喜悦，激发学习动力 3. 教师对课堂教学得失能做出客观评价，引导学生创新与实践；	10	符合率>2/3 （8~10分）	符合率=2/3 （6~8分）	符合率<2/3 （4~6分）	
教学效果	创新度	1. 优化教学方案，教材处理充满智慧，课堂学习氛围活泼，秩序活而不乱，促进学生发展； 2. 优化学习过程，讲练结合，有动口、动手环节； 3. 教学在某些方面（如教学机智、教师的感召力、练习设计、教学方法、多媒体手段的运用艺术等）	5	符合率>2/3 （4~5分）	符合率=2/3 （3~4分）	符合率<2/3 （2~3分）	
	教学特色	1. 教学内容安排及过程设计富有个性与创造性； 2. 教学方式与手段的运用富有特色与创造性； 3. 注重活动课程开发及课的延伸和运用，有效培养学生认知能力	5	符合率>2/3 （4~5分）	符合率=2/3 （3~4分）	符合率<2/3 （2~3分）	
			总分	评价结果			
等级标准	优秀（80分以上）；良好（79.99~70分）；一般（70分以下）						
评语							

（三）"互联网＋数学之美"课堂评价调查问卷（学生卷）

同学，你好！课堂教学是学习知识的重要环节，本调查问卷是为了深入课堂教学改革、提高课堂教学效果进行意见和建议收集。调查问卷为无记名填写，请你如实填写（请在你选定的评价结果等级对应方框中打"√"），谢谢你的合作与支持。

表 2-4　"互联网＋数学之美"课堂评价调查问卷

学校：　　　　　　班级：　　　　　　　　性别：

序号	评价项目	评价指标			评价结果		
					A	B	C
1	对课程感兴趣程度	A 很感兴趣	B 一般	C 不感兴趣			
2	基本概念	A 准确	B 基本准确	C 不准确			
3	教学内容	A 偏多	B 合适	C 偏少			
4	讲授思路条理	A 清晰	B 基本清晰	C 不清晰			
5	师生双向交流	A 好	B 一般	C 不好			
6	语言表达能力	A 流畅清晰	B 一般	C 不好			
7	板书设计水平	A 规范	B 基本规范	C 不规范			
8	课堂教学纪律	A 好	B 一般	C 较差			
9	多媒体教学手段	A 效果好	B 效果一般	C 没有使用			
10	课外作业布置	A 合理	B 较多	C 偏少			
11	课堂教学方法	A 多样灵活	B 单一	C 呆板			
12	总体评价	A 优	B 良	C 一般			
13	本节课你最喜欢的是：						
14	本节课你最不喜欢的是：						
15	你给老师提的建议是：						

（四）初中生数学学习兴趣调查问卷

亲爱的同学：

你好！此问卷目的是了解同学们的数学学习兴趣及对数学课堂的需求，以此改进教学工作，有效提高同学们的数学学习水平。请大家不要有任何顾虑，本问卷不署名，不计成绩，所得资料仅用于学术研究。答案没有对错之分，请放心作答，谢谢你的合作。

1. 你的性别是（　　　）。

A. 男　　　　　　　　B. 女

2. 你的数学成绩在班级中处于（　　　）水平。

A. 前 30%　　　　　B. 中间 40%　　　C. 后 30%

3. 你很喜欢上数学课吗？（　　　）

A. 非常喜欢　　B. 比较喜欢　　　C. 一般　　　　D. 不喜欢

4. 数学在你所有学科中按照喜欢程度排在（　　　）。

A. 第一位　　　　B. 第二位　　　　C. 第三位　　　D. 第四位及以下

5. 你对数学学习（　　　）。

A. 兴趣非常浓厚　B. 兴趣较浓厚　　C. 兴趣一般　　D. 无兴趣

6. 你学数学时注意力（　　　）。

A. 非常集中　　　B. 一般集中　　　C. 不集中　　　D. 比较不集中

7. 当老师让你回答问题或做题时（　　　）。

A. 很乐意　　　　B. 乐意　　　　　C. 不乐意　　　D. 害怕

8. 你的数学作业（　　　）。

A. 独立完成　　　　　　　　B. 跟同学讨论

C. 只做容易的，抄难的　　　D. 全抄

9. 你觉得你学习数学的兴趣最主要来自（　　　）。（可多选）

A. 学习数学能获得成就感　　B. 数学知识有趣

C. 老师讲课有魅力，很吸引人　D. 数学对今后升学有用

E. 其他

10. 你能从数学课堂中了解数学的美吗？（　　　）

A. 完全能　　　B. 有时能　　　C. 很少能　　　D. 不能

11. 你经常回味数学中的美吗？（　　　）

A. 经常　　　　B. 有时会　　　C. 偶尔　　　　D. 从来不

12. 你喜欢你的数学老师吗？（   ）

A. 非常喜欢   B. 比较喜欢   C. 一般   D. 不喜欢

13. 什么样的数学老师让你对数学学习更感兴趣？（   ）（多选）

A. 知识渊博，思维敏捷   B. 严肃认真，一丝不苟

C. 耐心细致，和蔼可亲   D. 语言生动，风趣幽默

14. 你认为老师哪一方面对你学习数学的影响最大？（   ）

A. 人格魅力   B. 教学风格   C. 专业知识   D. 外貌，衣着

15. 数学课堂上老师提问你的次数（   ），让你对数学学习更有兴趣。

A. 很多   B. 一般   C. 很少   D. 从来不

16. 在以下几种活动中，能让你对数学感兴趣的是（   ）。（可多选）

A. 分组合作学习   B. 课题探究   C. 动手实践   D. 数学游戏

17. 如果你的数学老师使用多媒体进行教学，你会对数学学习（   ）。

A. 更加感兴趣   B. 比较感兴趣   C. 无所谓   D. 不感兴趣

18. 你希望学校有一个数学体验室，直观感受数学的定理证明以及各种美丽图案吗？（   ）

A 非常希望   B. 希望   C. 无所谓   D. 不希望

19. 你希望学校举办数学趣味活动吗？（   ）

A 非常希望   B. 希望   C. 无所谓   D. 不希望

20. 你希望举办什么样的数学趣味活动增加学习数学的兴趣？（   ）（可多选）

A. 数学拼图   B. 数学接力赛   C. 数学故事演讲

D. 探索生活中的数学   E. 其他

问卷内容到此为止，谢谢你的合作。祝你学习顺利，身体健康，谢谢！

（五）关于初中数学之美课堂教学现状的调查报告

1. 调查目的

部分学生升入初中以后，出现学习数学困难的现象，感觉数学枯燥、乏味、抽象，对数学学科逐渐失去兴趣，数学成绩越来越差，甚至产生放弃学习数学的心理；数学教学中时常注重学科知识教学，忽略了人文价值和美学价值；初中生在学习数学知识的同时，没能把所学的数学知识运用于生活并从中发现数学之美，未激发学习数学的兴趣；以及老师在教学中没能有意识地渗透数学文化内容，未能培养学生的数学文化和美学素养；等等问题。根据以上问题，特设计本次调查，并为以后的"双向互动，美美照应"课堂教

学策略研究提供依据。

2. 调查方法与对象

本课题的研究，是通过对古南中学部分学生以随机问卷调查的形式进行分析。发出问卷 100 份，收回问卷 100 份，经过调查统计，情况如表 2-5 所示。

表 2-5　关于初中数学之美课堂教学现状调查表

调查内容	统计分析			
	A	B	C	D
你对数学	很感兴趣	一般	不感兴趣	讨厌+害怕
	23	45	10	12
你了解数学蕴含美吗	了解	了解一些	很少	没听说过
	5	21	40	34
你是否希望老师在课堂上讲数学与美的故事	多多益善	稍微讲讲	无所谓	不愿意
	74	11	10	5
你了解数学美相关知识吗	了解	不太清楚	不知道	
	3	12	85	
你觉得数学不仅是考试升学需要，在实际生活中也有用吗	完全同意	基本同意	不同意	
	17	28	55	
你知道什么是黄金比例吗	知道	听说过但不知道有什么用	没听说过	
	16	72	12	
学校如果开设数学与美相关的兴趣课，你有兴趣参加吗	很有兴趣	无所谓	没兴趣	
	69	20	11	
你的数学老师讲过数学与美的有关知识吗	经常	有时讲	很少讲	从不
	13	41	45	1
你的数学作业书写得怎么样（与其他学科相比）	最认真	一般认真	较差	最差
	18	64	16	2
学习数学可以提高人的审美水平	非常赞同	赞同	不太赞同	不赞同
	12	23	50	15

3. 调查结果与分析

（1）从调查内容第一项的数据来看，学生对数学的兴趣不高，不感兴趣的占 10%，讨厌加害怕的学生占 12%，不喜欢数学的人约有四分之一。若按一个班 50 人来算，约有 13 个人对学习数学没有兴趣。而这对这些学生将来学业的发展会造成很大的影响。

（2）统计数据显示，学生很希望老师将课堂变得有趣，而不是机械的定理公式练习。在"你是否希望老师在课堂上讲数学与美的故事"这项中有高达 74% 的学生希望老师讲数学中的美。"你的数学老师讲过数学与美有关知识吗"这项统计结果显示只有 13% 的教师会讲。说明教师在日常的教学中更注重基础知识和基本技能的训练和提升，而忽视了人文关怀和审美价值观的渗透，造成了学生极度缺乏这方面知识的困境。由于教师教学中讲得少，引导不够，从而使学生在平时的学习中很少主动地去涉猎有关数学与美方面的知识。大部分学生在日常的数学学习中感受不到数学的美，觉得数学就是简单的逻辑思考和机械运算，在他们的心目中数学又难又"丑"，要学也是因为升学考试要考，体会不到"数学美"。

4. 总结与改进措施

从统计数据可以看出学生对数学的意义和作用认识比较模糊，盲目性比较大。当前学生学习存在的突出问题是：学生学习数学的兴趣不浓，投入不够，效果不好。究其原因，主要有以下两点。

（1）教师在日常教学中只重视基础知识、解题方法技巧的训练。这就要求教师首先要改造自身，其目的是要真正理解数学是一个有机整体，是科学思考和行动的基础，是来源于实践、也可应用于生活的一种文化。

（2）学生学习数学的困惑来自三个方面：兴趣、能力、意志品质。兴趣是最好的老师，能力是学习的条件，意志品质是成功的保证。数学之美课题的开展恰好能解决这个困惑。数学作为中、高考分数最高的学科之一，也是分差最大的学科，利用数学之美研究课堂教学策略，通过课堂各个环节优化"双向互动，美美照应"数学课堂教学模式，探究形成数学之美体验策略。帮助学生重拾信心，激发其学习数学的兴趣，让孩子们体会到数学的简洁美、形式美、对称美、和谐美、奇异美、思维美，体会到数学学习是快乐的，从而认识到数学是可以学好的，学好数学是很有用的，增加学生学习数学的兴趣。

总之，初中阶段正是学生性格、学习方式、思维习惯的形成期，数学教育在传授数学知识、数学方法和科学思维的同时也要充满文化和生活气息，提高学生对数学学习的兴趣。如果认为数学就是告诉孩子一些概念、公式、定理，或者认为学习数学主要就是刷题，片面追求解题正确率和考试分数，那就脱离了数学的本质，让学生毫无兴趣可言。为此，我们有必要对初中数学之美课堂策略进行专门研究。

第三章 开展送教活动 探索课堂之美

第一节 重庆市綦江区教育科学研究所关于开展綦江区 2020—2021 学年初中教学常规督查暨主题巡回扶欢中学 送教活动安排

各相关教育督导责任区、学校：

依照《重庆市綦江区教育委员会关于开展綦江区 2020—2021 学年初中教学常规督查暨主题巡回送教活动的通知》（綦教基〔2020〕64 号）文件精神，现将綦江区 2020—2021 学年初中教学常规督查暨主题巡回送教扶欢中学活动作做如下安排。

一、活动时间及学科安排

2021 年 4 月 14 日，数学、语文、英语、物理等四门学科。

二、主办学校（活动地点）

扶欢中学

三、活动流程及参加人员

（一）签到

早上 8：10—8：40。

（二）分学科课堂观摩

上午 8：50—10：40。篆塘教育督导责任区分管副主任及教学岗干部、对应学科指导组成员、送课教师、扶欢中学对应教研组初中全体教师及分管该学科组的干部参加。

（三）分学科互动评课议课

上午 10：50—12：00。篆塘教育督导责任区分管副主任及教学岗干部、对应学科指导组成员、送课教师、扶欢中学对应教研组初中全体教师及分管该学科组的干部参加。

（四）分学科专题指导微讲座

下午 1：00—2：00。篆塘教育督导责任区分管副主任及教学岗干部、对应学科指导组成员、送课教师、扶欢中学对应教研组初中全体教师及分管该学科组的干部参加。

（五）教学常规过程资料检查

下午 1：00—2：00。听、看、问、查，了解学校教学常规情况。篆塘教育督导责任区分管副主任及教学岗干部、学校中层以上干部、教学指导组组长、基教科督查干部参加。

（六）座谈汇报综合交流

下午 2：00—3：00。听学校教学副校长教学教研管理汇报，交流教学教研常规检查中发现的主要问题，交流督查信息，提出整改意见和建议。篆塘教育督导责任区分管副主任及教学岗干部、学校教研组以上干部、教学指导组组长、基教科督查干部参加。

四、相关要求

（一）做好活动的相关准备与资料收集

主办学校要安排专人负责签到、接待、宣传、安全、场地、茶水等组织保障工作，准备好上课必备的投影、黑板等教学工具，制定好活动的安全预案。主办学校要按照《綦江区中小学教学常规管理实施细则（试行）》（綦教〔2020〕41 号）要求准备教学教研常规管理过程性资料，包括教学计划、课程表、班务日志、教师备课本、教学常规检查记载表、教研组活动计划、教研组活动记录等。主办学校在活动结束后 2 天内将活动简讯、活动照片（每个学科每个上课教师 1～2 张、主题议课 1～2 张、主题讲座 1～2 张，教学常规过程资料检查 1～2 张，座谈汇报综合交流 1～2 张；相片要 1M 以上、JPG格式）和签到表扫描件（照片）的电子稿传到指导组组长邮箱。

（二）精心打磨好教研课

上课教师（本校展示课、送教示范课）所在学校要积极支持活动的开展；指导组成员要精心指导送课教师备好示范课；主办学校要发挥教研组集体智慧，精心研磨教研展示课。

（三）做好参加人员的思想动员工作

主办学校要提前做好教师参加活动期间课表的临时调整，保障学科教师安心参加活动和学校内部教学管理的安全有序；在活动前，主办学校应组织对应学科全体教师提前熟悉教学内容，以积极主动的心态有准备地参加活动。

（四）遵守纪律与安全规范

所有参与人员必须按时到场，遵守相关纪律与安全规范，需要在学校就餐的教师按规定交纳午餐费，活动期间不得饮酒，注意交通、财产、饮食等方面的安全，确保活动的顺利进行。

（五）其他

所有参与人员务必按相关要求做好"新冠疫情"防控事宜。

指导组成员的差旅费由教科所按规定统一报销，其他参加人员的差旅费由其单位按规定报销。

基教科联络人：冯平木

教科所联络人：古爱华、蔡长发

扶欢中学联络人：张元媛

重庆市綦江区教育科学研究所

2021 年 4 月 12 日

第二节　"代入消元——解二元一次方程组"教学设计（一）

【教学目标】

1. 知识与技能

体会解二元一次方程组的基本思想——"消元"，理解代入消元法解二元一次方程组的基本思路，会运用代入消元法解二元一次方程组。

2. 情感与态度

（1）通过观察、操作、转化、归纳、类比、推理获得数学知识，体验数学活动充满着探索性和创造性，体验探索的快乐。

（2）在独立思考的基础上，积极参与数学问题的讨论，敢于发表自己的观点，能从交流中获益。

【教学重点】

用代入消元法解二元一次方程组。

【教学难点】

用代入消元法将"二元"转化为"一元"的消元过程。

【教学方法】

引导探究法。

【教学用具】

笔，纸，多媒体课件，实物投影。

【教学过程】

一、设置疑问，复习旧知

1. 什么叫二元一次方程？

答案：含有两个未知数，并且含有未知数的项的次数都是 1 的方程，叫作二元一次方程。

2. 判断下列各方程中，哪些是二元一次方程，哪些不是？并说明理由。

（1）$x+2y=-7$；（2）$2x+\dfrac{8}{y}=6$；（3）$8ab=5$；（4）$2x^2-x+1=0$。

答案：（1）是；（2）不是；（3）不是；（4）不是。

强调：（1）含有两个未知数，且含有未知数的项的次数都是 1；（2）$\dfrac{8}{y}$ 不是整式；（3）含有未知数的项的次数是 2；（4）只含有一个未知数，且 $2x^2$ 项的次数为 2。

3. 什么叫二元一次方程组的解？

答案：组成二元一次方程组的两个方程的公共解，叫作二元一次方程组的解。

4. 判断下列各组未知数的值是不是二元一次方程组 $\begin{cases} x+2y=7 \\ x-y=1 \end{cases}$ 的解：

（1）$\begin{cases} x=1, \\ y=3; \end{cases}$（2）$\begin{cases} x=3, \\ y=2; \end{cases}$（3）$\begin{cases} x=4, \\ y=3。 \end{cases}$

答案：（1）不是；（2）是；（3）不是。

二、设问激趣，导入新课

扶欢米粉是綦江的特色美食，深受民众欢迎。某米粉店向食客推出经典特色扶欢米粉，顾客可到店食用（简称"堂食"米粉），也可购买搭配佐料的袋装生米粉（简称"生食"米粉）。已知 1 份"堂食"米粉和 1 份"生食"米粉的总售价为 10 元，2 份"堂食"米粉和 1 份"生食"米粉的总售价为 16 元。每份"堂食"米粉和"生食"米粉的价格分别是多少元？

1. 如何列二元一次方程组？

解：设每份"堂食"米粉的价格为 x 元，每份"生食"米粉的价格为 y 元。

由题意得 $\begin{cases} x+y=10, \\ 2x+y=16。 \end{cases}$

2. 如何列一元一次方程？

解：设每份"堂食"米粉的价格为 x 元，则每份"生食"米粉的价格为（$10-x$）元。由题意得 $2x+（10-x）=16$。

3. 对比列出的方程组和方程，你能发现它们之间的关系吗？

概念　将未知数的个数由多化少、逐一解决的思想，叫作消元思想。

练习 1　把下列方程改写成用含 x 的式子表示 y 的形式。

（1）$3x+y=2$；　　　（2）$2x+4y=1$；　　　（3）$2x-3y=4$。

解：（1）$3x+y=2$　　　（2）$2x+4y=1$　　　（3）$2x-3y=4$

　　　　$y=2-3x$　　　　$4y=1-2x$　　　　$-3=4-2x$

　　　　　　　　　　　　$y=\dfrac{1-2x}{4}$　　　　$3y=2x-4$

　　　　　　　　　　　　　　　　　　　　$y=\dfrac{2x-4}{3}$

三、板书课题，展示目标

学习目标：

（1）体会解二元一次方程组的基本思想——"消元"；

（2）理解用代入消元法解二元一次方程组的基本思路；

（3）会运用代入消元法解二元一次方程组。

四、探究新知

如何解二元一次方程组？

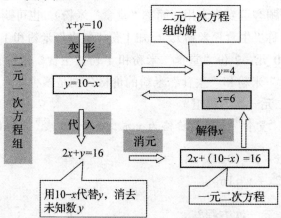

代入消元法　把二元一次方程组中一个方程的一个未知数用含另一个未知数的式子表示出来，再代入另一个方程，实现消元，进而求得这个二元一次方程组的解。这种方法叫作代入消元法，简称代入法。

五、例题讲解

用代入法解方程组 $\begin{cases} x - y = 3, & ① \\ 3x - 8y = 14。 & ② \end{cases}$

1. 请用含 y 的式子表示 x。

解：由①，得

$$x = y + 3。③$$

把③代入②，得

$$3(y + 3) - 8y = 14。$$

2. 把③代入①，可以得到什么？

解这个方程，得 $y = -1$。

把 $y = -1$ 代入③，得 $x = 2$。

3. 把 $y = -1$ 代入①或②，又可以得到什么？

所以这个方程组的解是 $\begin{cases} x = 2, \\ y = -1。 \end{cases}$

练习 2 用代入法解下列方程组：

(1) $\begin{cases} 2y - x = 3, \\ x = y + 1。 \end{cases}$　(2) $\begin{cases} 2x + 3y = 8, \\ 3x - y = 1。 \end{cases}$

答案：(1) $\begin{cases} x = 5, \\ y = 4; \end{cases}$　(2) $\begin{cases} x = 1, \\ y = 2。 \end{cases}$

归纳 1 解二元一次方程组的基本思路

归纳 2 代入法解二元一次方程组的主要步骤

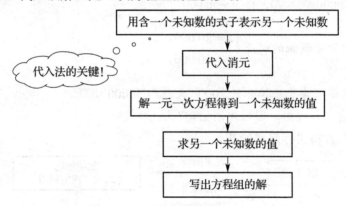

六、应用巩固，深化提高

根据市场调查，某种消毒液的大瓶装（500 g）和小瓶装（250 g）两种产品的销售数量（按瓶计算）比为 2：5。某厂每天生产这种消毒液 22.5 t，这些消毒液应该分装大、小瓶两种产品各多少瓶？

1. 题中有哪些未知量？

答案：有大瓶数和小瓶数这两种未知的量。

2. 题中包含哪些等量关系？

大瓶数：小瓶数=2：5（5×大瓶数=2×小瓶数）；

大瓶所装消毒液+小瓶所装消毒液=总生产量。

3. 如何列二元一次方程组？

解：设这些消毒液应该分装 x 大瓶、y 小瓶。由题意，可列方程组

$$\begin{cases} 5x = 2y, & ① \\ 500x + 250y = 22\,500\,000。 & ② \end{cases}$$

注意：单位一定要统一！

4. 你能用代入消元法解这个方程组吗？

由①，得 $y = \dfrac{5}{2}x$。③

把③代入②，得 $500x + 250 \times \dfrac{5}{2}x = 22\,500\,000$。

解这个方程，得 $x = 20000$。

把 $x = 20000$ 代入③，得 $y = 50\,000$。

所以这个方程组的解是 $\begin{cases} x = 20\,000, \\ y = 50\,000。 \end{cases}$

答：这些消毒液应该分装 20000 大瓶和 50000 小瓶。

5. 解这个方程组，可以先消 x 吗？试试看。

归纳3 解决实际问题的基本思路

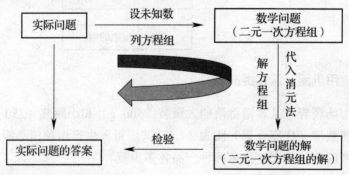

七、达标测评

1. 把 $3x - y = 4$ 化成用含 x 的式子表示 y 的形式：＿＿＿＿＿＿。

答案：$y = 3x - 4$。

2. 用代入法解方程组 $\begin{cases} 3x+4y=2, & ① \\ 2x-y=5 & ② \end{cases}$ 使得代入后化简比较容易的变形是（　　）。

A. 由①，得 $y=\dfrac{2-3x}{4}$ 　　　　B. 由②，得 $x=\dfrac{y+5}{2}$

C. 由①，得 $x=\dfrac{2-4y}{3}$ 　　　　D. 由②，得 $y=2x-5$

答案：D。

3. 用代入法解方程组 $\begin{cases} 2x+5y=21, & ① \\ x+3y=8。 & ② \end{cases}$

解：由②，得 $x=8-3y$。③

把③代入①，得 $2(8-3y)+5y=21$。

解这个方程，得 $y=-5$。

把 $y=-5$ 代入③，得 $x=23$。

所以这个方程组的解是 $\begin{cases} x=23, \\ y=-5。 \end{cases}$

4. 有 48 支队 520 名运动员参加篮球、排球比赛，其中每支篮球队 10 人，每支排球队 12 人，每名运动员只能参加一项比赛，篮球、排球队各有多少支参赛？

解：设有 x 支篮球队、y 支排球队参赛，根据题意可列方程组

$\begin{cases} x+y=48, \\ 10x+12y=520。 \end{cases}$ 解得 $\begin{cases} x=28, \\ y=20。 \end{cases}$

答：有 28 支篮球队、20 支排球队参赛。

八、评价反思，概括总结

今天我们学习了哪些知识？

（1）解二元一次方程组的核心思想是什么？

（2）代入法解二元一次方程组大致有哪些步骤？

（3）如何列二元一次方程组解决实际问题？

九、布置作业，形成技能

（1）必做题：课本 P93 第 1、2 题，课本 P97 第 2 题。

（2）选做题：课本 P93 第 3、4题。

十、板书设计

消元——解二元一次方程组（代入消元法）

一、知识回顾

什么叫二元一次方程（组）？

二、探究

概念　将未知数的个数由多化少、逐一解决的思想，叫作消元思想。

代入消元法　把二元一次方程组中一个方程的一个未知数用含另一个未知数的式子表示出来，再代入另一个方程，实现消元，进而求得这个二元一次方程组的解。这种方法叫作代入消元法，简称代入法。

三、例题讲解

归纳　代入法解二元一次方程组的主要步骤

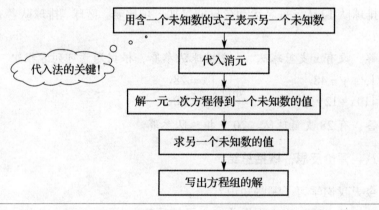

第三节 "代入消元——解二元一次方程组"导学案（一）

　➤ 体会解二元一次方程组的基本思想——"消元"；理解代入法消元解二元一次方程组的基本思路；会运用代入法消元解二元一次方程组。

一、知识回顾

1. 什么叫二元一次方程？

2. 判断下列各方程中，哪些是二元一次方程，哪些不是？并说明理由。

（1） $x+2y=-7$ ；（2） $2x+\dfrac{8}{y}=6$ ；（3） $8ab=5$ ；（4） $2x^2-x+1=0$ 。

3. 什么叫二元一次方程组的解？

4. 判断下列各组未知数的值是不是二元一次方程组 $\begin{cases} x+2y=7 \\ x-y=1 \end{cases}$ 的解：

（1） $\begin{cases} x=1, \\ y=3; \end{cases}$ （2） $\begin{cases} x=3, \\ y=2; \end{cases}$ （3） $\begin{cases} x=4, \\ y=3; \end{cases}$

二、探究 1

扶欢米粉是綦江的特色美食，深受民众欢迎。某米粉店向食客推出经典特色扶欢米粉，顾客可到店食用（简称"堂食"米粉），也可购买搭配佐料的袋装生米粉（简称"生食"米粉）。已知 1 份"堂食"米粉和 1 份"生食"米粉的总售价为 10 元，2 份"堂食"米粉和 1 份"生食"米粉的总售价为 16 元。每份"堂食"米粉和"生食"米粉的价格分别是多少元？

1. 如何列二元一次方程组？

2. 如何列一元一次方程？

3. 对比列出的方程组和方程，你能发现它们之间的关系吗？

概念 将未知数的个数由多化少、逐一解决的思想，叫作消元思想。

练习 1 把下列方程改写成用含 x 的式子表示 y 的形式。

（1）$3x + y = 2$；（2）$2x + 4y = 1$；（3）$2x - 3y = 4$。

三、探究 2

1. 用代入消元法解方程组：$\begin{cases} x - y = 3, & ① \\ 3x - 8y = 14。 & ② \end{cases}$

归纳 1 代入法解二元一次方程组的主要步骤

练习 2 用代入消元法解下列方程组：

（1）$\begin{cases} 2y - x = 3, \\ x = y + 1; \end{cases}$ （2）$\begin{cases} 2x + 3y = 8, \\ 3x - y = 1。 \end{cases}$

2. 根据市场调查，某种消毒液的大瓶装（500 g）和小瓶装（250 g）两种产品的销售数量（按瓶计算）比为 2 : 5。某厂每天生产这种消毒液 22.5 t，这些消毒液应该分装大、小瓶两种产品各多少瓶？

（1）题中有哪些未知量？

（2）题中包含哪些等量关系？

（3）如何列二元一次方程组？

（4）你能用代入消元法解这个方程组吗？

归纳 2 解决实际问题的基本思路

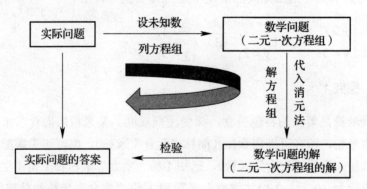

四、达标测评

1. 把 $3x - y = 4$ 化成用含 x 的式子表示 y 的形式：＿＿＿＿＿＿。

2. 用代入法解方程组 $\begin{cases} 3x + 4y = 2, & ① \\ 2x - y = 5 & ② \end{cases}$ 使得代入后化简比较容易的变形是（　　）。

A. 由①，得 $y = \dfrac{2-3x}{4}$　　　　　B. 由②，得 $x = \dfrac{y+5}{2}$

C. 由①，得 $x = \dfrac{2-4y}{3}$　　　　　D. 由②，得 $y = 2x-5$

3. 用代入法解下列方程组：$\begin{cases} 2x+5y=21, & ① \\ x+3y=8。 & ② \end{cases}$

4. 有 48 支队 520 名运动员参加篮球、排球比赛，其中每支篮球队 10 人，每支排球队 12 人，每名运动员只能参加一项比赛。篮球、排球队各有多少支参赛？

五、布置作业

（1）必做题：课本 P 93 第 1、2 题，课本 P 97 第 2 题。
（2）选做题：课本 P 93 第 3、4 题。

第四节　"代入消元——解二元一次方程组"课例评析（一）

"代入法解二元一次方程组"是选自人教版《义务教育课程标准实验教科书数学七年级下册》第八章"二元一次方程组"中的第二节内容，这节课的主要内容是用代入法解二元一次方程组，是在学生学习了一元一次方程后，又一次运用数学建模思想的教学，是培养学生分析问题和解决问题能力的重要内容，也是为学生之后学习三元一次方程组、函数奠定基础。通过解决实际问题时二元一次方程组的应用，进一步增强学生学数学、用数学的意识，使其体会学数学的价值和意义。

一、巧用生活知识，创设情境

创造数学教学情境之美。关于教学情境设计问题，我以前认为对于初中的数学教学来说似乎是多余的，后来随着教学心得体会的不断加深，发现好的情境设置可以让学生走进生活学数学，会使他们尝到探索奥妙的乐趣，从而萌发对数学知识的渴求、对数学学习的极大兴趣。本堂课陈老师巧用綦江本地特色美食扶欢米粉，以学生所熟悉的扶欢米粉为背景创设情景，引入主题，激发了学生的学习热情。师生根据未知数的不同设法列出一元一次方程和二元一次方程组，并对比二元一次方程组和一元一次方程，发现它们之间的关系，得出消元思想和代入消元法（简称代入法），使学生体会到数学就在身边，感受到数学的趣味和作用，从而对数学产生亲切感。陈老师把教学情境生活化，增强了学生的感受。数学来源于生活，数学教学就要从学生已有的生活经验出发，让学生亲身经历，将生活中的实际问题抽象成数学模型进行探索。心理学研究表明：学习内容和学生熟悉的生活实际越贴近，学生自觉接纳知识的程度越高。让学生亲身体验生活中的数学之美，增加学生的直接经验，不仅有利于解决创设情境中的数学问题，而且能让学生了解到数学不再是简单的数学，而是富有情感、贴近生活、具有活力的一门学科。

二、回归教材，以生为本

回归教材最重要的是读懂教材，读懂教材是有效教学的基础。而教材内容呈螺旋上升，因此要了解教材的整体结构及前后联系，同时，理解编排的意图，把教材内化为自己的东西，才能在课堂教学中做到深入浅出。陈老师在读懂教材的基础上，能够有效结合学生熟悉的当地特色美食扶欢米粉的生活题材，对教材提供的例题素材进行了合理替换。在不改变教材中数学系统知识的前提下，用学生所熟悉的素材换掉教材中的素材，恰到好处地引出消元法的概念，以及如何用代入消元法解二元一次方程组，非常有效地把学生和课堂融合起来。

其实，回归教材，不是"以本为本"。回归教材，不管是替换教材例题素材，还是整合教材练习题，都是"以生为本"。以学生的发展为本，我们就要以提高学生的学习兴趣的宗旨，培养学生的思维能力，减轻学生的学习负担。

三、实用习题，拓展训练

陈老师能够在有限的教学时间里合理处理完教材上的所有内容，并引导学生解决教材中的每一个问题，因此本节课教学效果也非常好。教材是学生在学校获得系统知识进行学习的主要材料，我们应教会学生如何有效地使用它们，以发挥它们的最大作用，让知识真正地落地生根。

陈老师从知识的整体性出发，把相关数学知识设计成有联系的题组，让学生进行比较练习，通过题组练习把学生的认知结构与教材的知识结构有机地结合起来，既减轻了学生的学习负担，又培养了学生"善辨""善思"的能力。教材里的练习题给了我们一个方向，因此，陈老师教学时对于学生掌握得好的内容进行了适当删减，对于学生的易错内容补充了相应练习题，增强了本节课中学生的获得感。

第五节 "代入消元——解二元一次方程组"课例感悟（一）

中学数学课堂教学活动是由一系列的细节构成的，数学教师只有充分把握课堂教学中的各种细节，才能真正提高教学效果和教学质量。在新课程改革的推动下，我们也应越来越关注教学细节，因为教学细节与其他教学要素联系密切。要落实新课程理念，实现新课程目标，提高课堂效果，就必须充分优化处理教学细节。下面我将以消元——解二元一次方程组（代入法）教学课题为例谈谈我的上课感想。

一、重视课前准备

我觉得一堂精彩有效的课堂应首先以精心的课前准备为前提，课堂教学质量的好坏首先取决于教师在课前能否进行有效的课堂教学设计。备课的时候，我根据班级学生的实际情况和教学重难点，对教材内容进行增减、置换、调整等创造性的再加工。挖掘生活实例，从学生熟悉的当地美食扶欢米粉入手，创设情景，引入主题。其次，我在了解学生学情的基础上，关注当前学生的数学学习能力，了解学生的兴趣点，先通过复习回忆二元一次方程概念及其解法帮助学生理解重难点。把学生已有的知识与新知识点连接起来。最后，在设计练习的环节，根据学生的水平，准备不同层次的练习题，让不同的学生得到不同发展，让每一位学生在课堂上都能收获满满。

二、关注课堂上学生的参与度

学生是学习的主体，是学习活动的主要参与者。在教学中，我深刻认识到这一点，所以注重引导学生主动参与学习。首先，我尊重学生的错误，保护学生的自尊心，在教学中遇到学生回答出错时，我不会直接说"你的回答是错的"，而是用和蔼的态度鼓励学生并肯定他的表现，指导学生互帮互助，帮助该同学纠正错误、示范正确的解法。其次，我使用富有激情的语言，营造有趣、轻松的课堂氛围，提高学生的学习积极性，让每一位学生都参与其中。简单的题目采用积极举手口头表达的方式，计算训练部分我抽查部分学生，请他们在黑板上写出计算过程，对于比较棘手的问题，则采用小组合作交流的形式，让小组成员共同探讨并展示他们的成果。总之，我的课堂形式丰富多样，题目设置有梯度，能够很好地兼顾潜力生和优生的学习需要，让所有学生参与进来，并让他们成为课堂的主人。

三、预期效果诊断与改进

需要优化课堂提问是我上了本堂课后最大的感悟。提问与回答是课堂教学过程中的重要环节，既传达了教师意图，又反馈了学生学习情况。数学课堂上，教师一般通过提问，引导学生积极思考、主动探索，增强学生发现问题和解决问题的能力。我在这堂课上提问的很多细节还有待精练，其中包括问题设计、问题的对象选择、问题次数针对性等。如果下次再上这堂课，我想做三点改进。一是问题应情景化。尽量将问题与学生现实生活情景结合起来。发掘学生生活中的数学问题，这不仅有利于学生理解数学知识，也能促进学生以数学思维认识世界、形成科学态度。二是要把握问题的次数与时机。数学课堂中，问题的次数并非越多越好，问题要因时而提，可以在课堂引入阶段，能引发学生的兴趣和好奇心，可以在学生遇到难题思维受阻时，也可以是在过渡到下一个知识点时；等等。同时，提问后要给学生留出充分思考的时间。三是把握问题的难易度与提问对象，对数学成绩较好的学生提难度较大的问题，对基础差一点儿的同学提简单的问题。这样学生的自信心会更高，学习的主动性更强。俗话说"细节决定成败"，在教学过程中，我们要想课堂出彩，必定要注重教学细节，只有慎重对待每一个教学细节，才能构建出美丽的教学课堂。

第六节 "代入消元——解二元一次方程组"教学设计（二）

【教学目标】

1. 知识与技能

（1）会用代入消元法解简单的二元一次方程组；

（2）初步体会解二元一次方程组的思想是"消元"；

（3）在探究代入消元法的过程中体会化归思想。

2. 情感与态度

（1）通过观察、操作、转化、归纳、类比、推理获得数学知识，体验数学活动充满着探索性和创造性，体验探索成功的快乐；

（2）在独立思考的基础上，积极参与对数学问题的讨论，敢于发表自己的观点，能从交流中获益。

【教学重点】

用代入法解简单的二元一次方程组。

【教学难点】

从"二元"向"一元"的转化，消元思想。

【教学方法】

引导探究法。

【教学用具】

笔，纸，多媒体课件，实物投影。

【教学过程】

一、设置疑问，复习旧知

1. 问题（1）：什么是二元一次方程？

问题（2）：什么是二元一次方程组？

问题（3）：什么是二元一次方程的解？

2. 把下列方程写成用含 x 的式子表示 y 的形式。

（1）$2x - y = 3$　　　　　　　（2）$3x + y - 1 = 0$

（用 x 表示 y，即把含 x 的项和常数项移到方程的右边，含 y 的项移到方程的左边，将 y 的系数化为 1）

3. 你能把上面两个方程写成用含 y 的式子表示 x 的形式吗？（请同学板演，教师巡视并指导、讲评）

二、探究新知（回顾引例）

篮球联赛中，每场比赛都要分出胜负，每队胜一场得 2 分，负一场得 1 分。某队在 22 场比赛中得到 40 分，那么这个队胜负场数分别是多少？

解法一：设这个队胜了 x 场，则负了 $(22 - x)$ 场，由题意得 $2x + (22 - x) = 40$

问：（1）观察问题中的一元一次方程怎么解？

$$2x + (22 - x) = 40$$
$$2x - x = 40 - 22$$
$$x = 18$$

则负了 $22 - 18 = 4$ 场。

解法二：设这个队胜了 x 场，负了 y 场。

$$\begin{cases} x+y=22, & ① \\ 2x+y=40。 & ② \end{cases}$$

（2）我们可以把方程②中的 y 替换为含 x 的式子吗？怎么换？

由①得 $y=22-x$，用 $22-x$ 替换方程②中的 y，即把 $y=22-x$ 代入方程②。即

$$\begin{cases} y=22-x, & ③ \\ 2x+y=40。 & ② \end{cases}$$ 转化为 $\quad 2x+(22-x)=40$

解得 $x=18$，$y=4$。

所以方程组 $\begin{cases} x+y=22, \\ 2x+y=40 \end{cases}$ 的解是 $\begin{cases} x=18, \\ y=4。 \end{cases}$

（3）这时，二元一次方程组转换成了什么方程？这个方程可以解吗？可以求哪个未知数的值？问题解决了吗？

二元一次方程组转换为一元一次方程，可以求出 x 的值，还需求 y 的值。

（4）另一个未知数 y 的值如何求？

结论：将未知数的个数由多化少，逐一解决的思想，叫作消元思想。

（5）上述过程中，我们是如何消元的？

代入消元法（简称代入法）：把二元一次方程组的一个方程中的一个未知数用含另一个未知数的式子表示出来，再代入另一个方程，实现消元，进而求得这个二元一次方程组的解。

三、应用巩固，深化提高

1. 例题精析，规范格式用代入法解二元一次方程组 $\begin{cases} x-y=3, & ① \\ 3x-8y=14。 & ② \end{cases}$

解：由①，得 $x=3+y$ ③（变形）

把③代入②，得 $3(3+y)-8y=14$（代入）

（1）问：把③代入①，可以吗？

解得 $y=-1$。（求解）

把 $y=-1$ 代入③，得 $x=3+(-1)$（回代）

解得 $x=2$。

（2）问：能把 $y=-1$ 代入①或②吗？

所以这个方程组的解为 $\begin{cases} x = 2, \\ y = -1。\end{cases}$ （写解）

（3）问：解这个方程组消的是哪个未知数？可以消另一个未知数来解这个方程组吗？

2. 用代入法解二元一次方程组的步骤

第一步：在已知方程组的两个方程中选择一个适当的方程，将它的某个未知数用含有另一个未知数的代数式表示出来。（变）

第二步：把此代数式代入没有变形的一个方程中，可得一个一元一次方程。（代）

第三步：解这个一元一次方程，得到一个未知数的值。（解）

第四步：回代，求出另一个未知数的值。（回代）

第五步：把这个方程组的解表示出来。（写解）

第六步：检验（口算或在草稿纸上进行笔算），即把求得的解代入每一个方程看是否成立。（检验）

3. 变式练习，巩固新知

（1）把方程 $-x + 4y = -15$ 用含 y 的代数式表示 x 为（　　　）。

　　A. $-x = 4y - 15$ 　　　　　　　B. $x = -15 + 4y$

　　C. $x = 4y + 15$ 　　　　　　　D. $x = -4y + 15$

（2）将 $y = -2x - 4$ 代入 $3x - y = 5$ 可得（　　　）。

　　A. $3x - (2x + 4) = 5$ 　　　　　B. $3x - (-2x - 4) = 5$

　　C. $3x + 2x - 4 = 5$ 　　　　　　D. $3x - 2x + 4 = 5$

（3）用代入法解方程组 $\begin{cases} x + 3y = 8, &① \\ 2x + 5y = 21 &② \end{cases}$，较为简便的方法是（　　　）。

　　A. 先把①变形　　　　　　　　　　B. 先把②变形

　　C. 可先把①变形，也可先把②变形　　D. 把①、②同时变形

（4）用代入法解下列方程组

①$\begin{cases} y = 2x - 3, \\ 2x + 2y = 8; \end{cases}$ 　　　　②$\begin{cases} 2x - y = 5, \\ 3x + 4y = 2; \end{cases}$

③$\begin{cases} 2y - 3x = 1, \\ x = y - 1; \end{cases}$ 　　　　④$\begin{cases} 3x - 2y = 19, \\ 2x + y = 1。 \end{cases}$

（请同学板演，教师巡视指导，做完后讲评）

四、评价反思，概括总结

用代入法解二元一次方程组。

（1）基本思路：二元一次方程组消元变为一元一次方程。

（2）一般步骤：变形→代入→求解→回代→写解检验。

（3）变形技巧：选择系数比较简单的方程进行变形。

五、布置作业，形成技能

（1）必做题：课本 P93 第 1、2 题，P97 第 2 题。

（2）选做题：课本 P93 第 3、4 题。

六、板书设计

8.2.1　用代入法解二元一次方程组

一、复习回顾（课前热身）

二、探究问题（回顾引例）得出消元思想和代入消元法

三、例题精析，规范格式（用代入法解二元一次方程组）

$$\begin{cases} x - y = 3, & \text{①} \\ 3x - 8y = 14。 & \text{②} \end{cases}$$

四、评价反思，概括总结

第七节　"代入消元——解二元一次方程组"导学案（二）

>体会解二元一次方程组的"消元思想"。

>会用代入法解二元一次方程组。

一、复习

问题（1）什么是二元一次方程？

问题（2）什么是二元一次方程组？

问题（3）什么是二元一次方程的解？

问题（4）什么是二元一次方程组的解？

二、课前热身

1.（1）把下列方程写成用含 x 的式子表示 y 的形式。

①$2x-y=3$　　　　　　　②$3x+y-1=0$

（2）你能把下面两个方程写成用含 y 的式子表示 x 的形式吗？

①$2x-y=3$　　　　　　　②$3x+y-1=0$

2. 篮球联赛中，每场比赛都要分出胜负，每队胜一场得 2 分，负一场得 1 分。某队在 22 场比赛中得到 40 分，那么这个队胜负场数分别是多少？

解法一：设这个队胜了 x 场，则负了 $(22-x)$ 场，由题意得……

解法二：设这个队胜了 x 场，负了 y 场，由题意得……

结论：将未知数的个数由多化少，逐一解决的思想，叫作＿＿＿＿＿＿＿＿。

代入消元法（简称代入法）：把二元一次方程组的一个方程的一个未知数用含另一个未知数的式子表示出来，再代入另一个方程，实现消元，进而求得这个二元一次方程组的解。

三、例题展示

解方程组：$\begin{cases} x-y=3, \\ 3x-8y=14。 \end{cases}$

总结：解二元一次方程组的步骤

四、巩固练习

练习一：

解下列二元一次方程组：

（1）$\begin{cases} y=2x-3, \\ 3x+2y=8。 \end{cases}$　　　　　　（2）$\begin{cases} 2x-y=5, \\ 3x+4y=2。 \end{cases}$

练习二：

1. 把方程 $-x+4y=-15$ 用含 y 的代数式表示 x 为（　　　）。

A.$-x=4y-15$　　　　　　B.$x=-15+4y$

C.$x=4y+15$　　　　　　D.$x=-4y+15$

2. 将 $y=-2x-4$ 代入 $3x-y=5$ 可得（　　　）。

A.$3x-(2x+4)=5$　　　　　　B.$3x-(-2x-4)=5$

C. $3x + 2x - 4 = 5$ 　　　　　　　D. $3x - 2x + 4 = 5$

3. 用代入法解方程组 $\begin{cases} 2x + 5y = 21, & ① \\ x + 3y = 8。 & ② \end{cases}$，较为简便的方法是（　　）。

　A. 先把①变形

　B. 先把②变形

　C. 可先把①变形，也可先把②变形

　D. 把①、②同时变形

4. 用代入法解下列方程组：

（1）$\begin{cases} 2y - 3x = 1, \\ x = y - 1。 \end{cases}$ 　　　　（2）$\begin{cases} 3x - 2y = 19, \\ 2x + y = 1。 \end{cases}$

五、布置作业

（1）必做题：课本 P93 第 1、2 题，P97 第 2 题。

（2）选做题：课本 P93 第 3、4 题。

第八节 "代入消元——解二元一次方程组" 课例评析（二）

　　本节课是人教版数学七年级下册第八章第二节第一课时的内容。在此之前，学生已经学习了二元一次方程组的概念，用代入消元法解二元一次方程组是解二元一次方程组的基本方法之一。这一堂课经历 "课前热身→探究问题→例题精析→变式练习→小结提升" 五个环节，最终实现教学目标。它体现了教师对课程标准、教材、学生的学情的精准把握，该教学既凸显学生的主体作用，又强调教师的主导作用，其亮点如下。

一、取材真实，研究有价值的数学

　　理论联系实际，创设情境，激发学生的学习兴趣。教师首先播放了美国男子篮球职业联赛（NBA）中的图片，然后以此为背景提出篮球赛中有关胜负积分和场数的相关数学问题，进而自然地引入本节课。情景取材于学生鲜活的生活素材，真实可信的原生态数据，让学生切实感受到数学应用的广泛性。课堂上，虽无刻意地提问 "为什么要学这节课"，却在问题情境之中让学生触摸到了学习数学的必要性，从而激发了学生强烈的求知欲。

二、利用资源，在"学生错例资源"中学习

数学学习需要做题，但是光做题还不够，还必须对出现的错误进行有效反思，这样才能达到对知识的更深的理解。学生的错误是一种真实的、有价值的课程资源，它是一面镜子。本节课，教师通过学生的错误，发现了学生所学知识的不足，进而指导学生的学习方法和策略。学生在学习过程中出现的种种错误，教师是难以预测的，本节课也不例外，但是该教师能够灵活处理，从而生成有效的教学资源，引领学生探究，课堂教学因"错误"而精彩。本节课采取"在错例中学习"的方式，错例贯穿始终：选取学生的真实、典型错例，暴露重要错例；在独立思考与交流探究中，认识剖析错例，主动避免错例发生；在实践操作中，感受思维方法的有效性，强化运算能力。化零为整，帮助学生真正提升运算、探究和归纳整理能力，实现核心素养的发展。让学生的学习错误成为教学的巨大财富，让"错误"美丽起来，高效展开课堂教学。

三、点燃思维，培养有思想的学生

数学课堂，需关注学生思维的发展。本节课目的是讲解用代入消元法解二元一次方程组，教师并没有单刀直入说方法，而是利用例题，先由方法一列一元一次方程求解，再由方法二列二元一次方程组求解，提出问题：这个二元一次方程组如何解呢？由于前面一元一次方程的铺垫，学生自然想到了消去一个未知数进行求解，让学生切实感受到何为"消元"。从本节课的设计到实际课堂生成，我们可以看出教师的设计用意，尽管相关"规则"应该在先，但是教师却故意将之置后，不过，开放并不代表随意，这一切都是为了让学生体会"消元"这一思想，这种设计用开放的问题触发学生的深度思考，并且鼓励学生充分表达自己的想法，为的就是培养有思想的人。

当然，没有最好，只有更好。课堂上应体现学生是学习的主体，无论哪节课，教师都应面向全体学生，尊重差异，让全体学生参与、体验成功。成功是学生的权利，帮助学生成功是教师的义务。让尽量多的不同层次的学生参与进来，极大地提高了学生的学习积极性，取得了很好的课堂效果，从而展现了一堂完美的课。教师不仅仅是知识的传授者，还是教学活动的组织者、引导者、合作者。教师还可进一步思考：学生究竟需要怎样的指导？在课堂上，是不是还可进一步放手？相信只要不断地思考与实践，就能让课堂走向

更加理想的状态。

第九节 "代入消元——解二元一次方程组" 课例感悟（二）

一、数学本质与目标定位

本节课主要学习二元一次方程组的解法——代入消元法，让学生首先感受消元思想，会用代入法解简单的二元一次方程组，掌握代入消元法的一般步骤。它既是对解一元一次方程的延伸与拓展，又是为以后学习一次函数和二次函数奠定的知识基础。而整个学习过程中消元思想起着非常重要的作用，消元思想体现了数学学习中"化未知为已知"的化归思想，这种数学思想会一直伴随着学生今后数学的学习。因此"消元——解二元一次方程组"是初中代数的一个重要内容。本节课将重点研究如何用代入法解简单的二元一次方程组的问题，并在这个过程中让学生体会消元的思想。

根据教材内容的地位、作用，教学的重难点；考虑到学生已有的知识与能力、心理特征；结合新课改理念，特制定如下教学目标。

（1）知识目标：了解解二元一次方程组的"消元"思想，体会学习数学中的"化未知为已知""化复杂为简单"的化归思想；了解代入法的概念，掌握用代入法解二元一次方程组的基本步骤；会用代入法求二元一次方程组的解。

（2）能力目标：培养学生动手操作、探索、观察、分析、获得数学思想的能力；培养学生独立获取知识和解决问题的能力。

（3）情感目标：让学生了解二元一次方程组的"消元"思想，从初步理解化"未知"为"已知"和化复杂问题为简单问题的化归思想中，享受学习数学的兴趣、提高学习数学的信心；培养学生合作交流、自主探索的良好习惯。

二、教学诊断分析

本节课的设计遵循由浅入深、循序渐进的原则，引导学生观察未知数的系数，并强调注意系数是 1 的未知数，针对这个未知数进行等式变换，然后代入另一个方程。在这个教学过程中，学生的学习难点就是当未知数的系数不是 1 的情况，所以我在开课前就复习等式变换的知识点：用含有一个字母的代数式表示另一个字母，引导学生熟练进行等式变换，而教师往往在这个过程中忽略训练的深度和广度，要引起注意，把握训练尺度。另外，这是一节方法课，学生不仅要知道怎么做，更要知道怎么写。由于年龄特征，学生会感到很困难，也不容易做到步步有据。因此教师的示范引领就显得很重要，所以我在课上进行了解题步骤的板书演示，给予学生书写格式、解题思路的正确示范。

三、教法特点以及预期效果分析

本节课的教学方法是引导发现与练习法相结合。

（一）由教材内容的特点确立引导发现、典例示范的教学主线

这节课我主要通过以下四个步骤完成：第一，从问题入手，由学生列方程求解，要求学生列一元一次方程和二元一次方程组两种。引导学生对比一元一次方程与二元一次方程组，根据相同的等量关系所列的方程，发现谁代换了谁，从而探索归纳出用代入消元法解二元一次方程组的方法；第二，师生共同用代入法解一道二元一次方程组的题，目的是让学生了解二元一次方程组的过程，同时规范每一步的书写要求；第三，由学生独立用代入法求解一道二元一次方程组的题，由学生板演，目的在于发现学生在求解过程中可能出现的问题，从而进一步强调用代入消元法解二元一次方程组的步骤及注意点；第四，由学生独立练习，达到完全掌握用代入法解二元一次方程组的目的。通过以上步骤，让学生更易理解消元思想，进一步熟练掌握利用代入法解二元一次方程组，从而提高探究性学习效率，培养其观察比较能力。

（二）发挥学生的主体作用，使其充分参与探究知识的过程

在对二元一次方程组的解法探究上，我利用引例的篮球胜负分问题引入，让学生列出一元一次方程和二元一次方程组后，思考方程和方程组的区别与联系。如何解方程组呢？让学生讨论交流。我深入到学生的讨论之中，引导学生从方程组与一元一次方程的结构或未知数表示数量关系的角度观察，学生通过对比观察发现二者的联系，解出二元一次方程组，突破了难点。展示给学生讨论的问题建立在学生现有知识水平的基础上，让学生在探究中体会了化归思想。同时大多数学生感知到代入消元法是解二元一次方程组的一种方法，消元化归的数学思想蕴含在方法中，方法是有形的，思想是无形的。

（三）给学生创造合作交流的课堂平台

由于本节课的内容是纯计算问题。学习解方程组的方法，似乎没什么可让学生交流的机会，但是作为教师的我尽可能地给学生创造交流机会。例如

让学生到黑板前，在黑板上纠错评判其他学生的题目。由此让我感受到：学生在学习的过程中，需要不断地启发，但启发的人不一定一直都是老师，而且学生的思路有可能比老师的更好！因此，在教学过程中一定要有意识地多为学生创造这种合作交流的学习机会。

第十节　教研简讯

教研简讯

綦江区教育科学研究所　　　　　　　　二〇二一年四月十七日

专家引领　主题互动　服务教学

为深入学习贯彻习近平新时代中国特色社会主义思想、中共中央办公厅国务院办公厅《关于进一步减轻义务教育阶段学生作业负担和校外培训负担的意见》等文件精神。全面落实乡村振兴、"双减"等工作部署，促进义务教育优质均衡发展；推动全区初中"强课提质"行动实践；切实加强城区初中学校教学教研工作指导，提

图 3-1　全体教师合影

高初中教研基地建设水平，促进初中教育优质均衡发展；发挥学科教研员、名师和骨干教师的示范引领作用，有效促进初中教师专业能力的持续提升。2021 年 4 月 14 日，綦江区 2020—2021 学年初中教学常规督查暨主题巡回送教活动在扶欢中学顺利开展。初中数学组在綦江区教科所副所长古爱华带领下，区教科所陈松林老师、区教科所蔡长发老师、基教科冯平木老师、教学指导组成员，以及南州中学、古南中学送课教师、责任区领导、兄弟学校教师齐聚扶欢中学（见图 3-1），进行此次"主题互动式"巡回送教活动。

一、课堂展示与观摩

上午 8:00 开始，语文、数学、英语、物理 4 个学科分别由扶欢中学教师和区级优秀教师进行同课异构课堂展示（见图 3-2），各学科组教师进行观摩学习。数学学科由扶欢中学陈小刚老师和古南中学丁宗梅老师开展同课异构"七年级'消元——解二元一次方程组（代入法）'"。陈小刚老师在课堂引入上选取了扶欢当地的美食

图 3-2　同课异构课堂

（扶欢米粉）作为背景，激发了学生的学习热情。师生根据不同未知数的设法列出一元一次方程和二元一次方程组，并对比二元一次方程组和一元一次方程，发现它们的关系，得出消元思想和代入消元法（简称代入法）。他注重概念的剖析，使学生体会到数学就在身边，感受到数学的趣味和美，对数学产生亲切感。陈小刚老师在数学教学中重视以学生为主体，创设情境，引导学生主动参与学习过程、探索数学问题，从而培养学生运用所学的知识，解决实际问题的能力。真正体现了数学知识源于生活，并最终服务于生活的思想。

图 3-3　丁宗梅老师授课场景

丁宗梅老师（见图 3-3）在课堂上由篮球赛为情境引入，同样体现数学知识源于生活，而最终服务于生活的思想。这节课是解二元一次方程组的第一课时，学生对此内容的学习存在着困难，首先，丁老师则重视基础知识，先讲解什么是代入消元法，并在黑板上规范书写解题步骤，这起到了很好的示范作用。努力使学生做到懂一题，知一类，举一反三；其次，丁老师还注重数学学习思维活动的过程，"学会思考"是自己"悟"出来的、自己"学"出来的，同时还把思考问题的方法和策略用到新情境问题中，较好地完成了本节课的教学任务。

二、互动评课与微专题讲座

10:50 开始，活动分语文、数学、英语、物理学科进行"主题互动"教学研讨，各组老师就各自的观课感受进行了交流（见图 3-4）。古南中学何锡梅老师在题为《浅谈初中数学解题的规范性》中的发言中提到，学生解题的不规范主要体现在审题、语言叙述、解答过程不规范。有效培养学生解题规范的方法有以下几方面。

（1）正确认识规范化解题的好处。为了培养学生养成规范化解题的良好习惯，先让他们充分认识规范化解题的优势是前提。

（2）教师在平时教学中必须有正确示范。教师要加强自己的示范作用，纠正教学中板书的随意性。在教学上重视讲清思路、渗透方法，重视展示知识的探索过程和方法。

图 3-4　互动评课与微专题讲座

（3）培养学生规范答题习惯，改掉学生粗心大意、潦草作答的习惯。因此教师在平时就应重视培养学生细心做事的态度。

（4）加强检查，及时督促。教师对布置的练习要及时检查，对于不规范的情况要督促学生及时改正。

三、座谈交流总结

区教科所副所长古爱华，区教研员陈松林、蔡长发，基教科冯平木，学区领导朱达勇、曾志等同志全程参与了本次主题巡回送教活动（见图 3-5），陈松林老师则结合今天的听评课以及查阅学生练习册的情况，对初中数学组提出三点宝贵意见：一是加强校本教研，寻找学生的兴趣点、兴奋点，调动学生的学习热情；二是创设情景，

图 3-5　座谈交流总结

教学内容要与生活结合，平时要收集教学素材；三是布置作业要精

准，让课堂教学具有科学性、有效性、针对性。

　　蔡长发、冯平木、朱达勇、曾志等同志在通过多种方式督查了学校的教学常规工作后指出，好课堂的后面一定有一个好老师。没有好老师，就没有好学生，就没有好课堂。因此，教师要在教学观念上不断更新，做好学生成长引领人的角色。教学要春风化雨，能舒展名师风采。本次活动在"双减"背景下优化了课堂教学质量，推进了"高效课堂"建设，实现了教育资源共享，增进了教师之间的交流。

　　本次教学常规督查暨主题互动式巡回送教活动对一线教师的教育教学有触动、有提升，为学校教师带来了新的教学理念、新的教学方法，通过城乡教师之间的交流、研讨，为山区学校的校本教研提供了新思路，有效促进了教师的专业发展，为提高学校教育教学质量起到了良好的推动作用。

第四章　立足教材专题　解决复习问题

第一节　召开部分初中数学中心组成员及骨干教师
专题研讨会的通知

各相关中学：

为深入学习贯彻习近平新时代中国特色社会主义思想，全面落实《中共中央 国务院关于全面深化新时代教师队伍建设改革的意见》《关于加强和改进新时代基础教育教研工作的意见》等文件精神，进一步推动"数学文化融入初中数学教学的案例研究"课题的发展，充分发挥骨干教师的引领作用，经研究决定，召开"部分初中数学中心组成员及骨干教师专题研讨会"，现将有关事宜通知如下。

一、时间

2021 年 6 月 3 日（星期四）

二、地点

古南中学集智楼 408（录播室）

三、参加教师

（1）綦江中学七年级数学教师；古南中学七年级数学教师。

（2）初中数学中心组成员：徐朝波（东溪中学）、甘奎（綦江中学）、张代强（三角中学）、代其（古南中学）、徐俊（永新中学）、代永全（隆盛中学）。

（3）"数学文化融入初中数学教学的案例研究"课题组成员：何泓瑾（綦江中学）。

四、活动主题

初中数学课堂教学设计的有效性分析及青年教师如何在教学中落实数学核心素养。

五、活动内容

（1）同课异构（见表 4-1）

表 4-1　同课异构执教教师及课题

序号	班级	执教教师	课题
1	七（19）	甘奎（綦江中学）	微专题：新定义阅读理解题
2	七（20）	欧钉辛（永新中学）	微专题：新定义阅读理解题

（2）课例研讨：新定义阅读理解题策略分析。

（3）专题讲座：初中数学课堂教学设计的有效性分析及青年教师如何在教学中落实数学核心素养。（主讲人：陈松林）

（4）总结发言：古南中学副校长魏小刚。

（5）数学文化融入初中数学教学的案例研究课题相关工作安排。

六、其他事项

（1）请各参会教师带上《义务教育数学课程标准》《重庆市 2020 年初中学业水平暨高中招生考试数学试题（B 卷）》文件资料，准时参会。

（2）注意往返交通安全，遵守交通、住宿等规范，自觉遵守疫情防控相关规定，进入古南中学服从安保人员管理。若自驾车辆前往，请将车停在划定的停车位上。

所有参会教师回原单位按规定报销差旅费。

重庆市綦江区教育科学研究所

2021 年 5 月 31 日

第二节 "'整除型' 阅读理解题" 教学设计（一）

【教学目标】

1. 知识与技能

读懂定义，把握多位数表示并准确列式，会用分离法表示含有字母的自然数并巧妙分离，掌握抓限制、缩范围的枚举方法。

2. 过程与目标

通过理解、转化、枚举、归纳获得数学知识，体验数学活动充满着探索性和创造性，进一步发展学生理解问题、解决问题的能力。让学生体会转化和分类讨论的数学思想。

3. 情感与态度

在独立思考的基础上，积极参与对数学问题的讨论，敢于发表自己的观点，能从交流中获益，体验探索成功的快乐。

【教学重点】

掌握 "整除型" 阅读理解题的解题方法和步骤。

【教学难点】

用分离法表示含有字母的自然数并巧妙分离。

【教学方法】

问题探究式。

【教学用具】

多媒体课件，投影仪。

【教学过程】

一、"汗水" 青春，问题引入

上课引语：同学们，老师从你们的眼中看到了一个词：青春。今天，老师就给同学们分享一下老师眼中的青春，老师特别喜欢打篮球，因此，青春的第一个关键词是：汗水。我们一起来看看关于篮球比赛的问题。

1. 一场篮球比赛，两队得分均为整数（80＜甲队得分＜90，70＜乙队得分＜80），设甲队得分数的个位数字为 a，乙队得分数的个位数字为 b。如何表示两队的得分数？

思考：

（1）这段文字讲了几个新定义？

（学生回答，教师归纳新定义并勾画板书："双子数""双 11 数"）

（2）每个新定义分别满足哪几个条件，用笔一一勾画出来。

（设计意图：通过用笔勾画的方式，让学生能更高效地阅读题目，理解题意，抓住题干中的关键信息）

（3）计算 3636 的"双 11 数"F（3636）=＿＿＿＿＿。

答案：$F(3636) = \dfrac{2 \times 3636 + 2 \times 6363}{1111} = 18$。

（4）证明：对于任意"双子数"m，$F(m)$ 都能被 2 整除。

解：设任意"双子数"$m = \overline{abab}$，则 $m' = \overline{baba}$（$1 \leqslant a$、$b \leqslant a$，且 a、b 均为整数）

因为 $m = \overline{abab} = 1010a + 101b$，$m' = \overline{baba} = 1010b + 101a$，

所以 $F(m) = \dfrac{2m + 2m'}{1111} = \dfrac{2(1010a + 101b + 1010b + 101a)}{1111}$

$\qquad\qquad = \dfrac{2(1111a + 1111b)}{1111} = 2(a+b)$。

因为 a、b 均为整数，

所以 $a+b$ 为整数，

所以 $2(a+b)$ 能被 2 整除，

所以对于任意"双子数"m，$F(m)$ 都能被 2 整除。

（设计意图：通过用字母表示数，让学生能用十进制的方法表示"任意数"，进一步解决整除问题）

（5）已知一个"双子数"$P = \overline{abab}$（其中 $1 \leqslant a < b \leqslant 9$，且 a，b 均为整数），若 P 的"双 11 数"$F(P)$ 能被 7 整除，求 P 的值。

解：由题意得，$F(P) = 2(a+b)$

因为 $F(P)$ 能被 7 整除

所以 $2(a+b)$ 能被 7 整除

又因为 2 不能被 7 整除

回到第 1 题的问题：

甲队：$\overline{8a}=$ ＿＿＿＋＿＿＿　　　乙队：$\overline{7b}=$ ＿＿＿＋＿＿＿

两队总得分：$\overline{8a}+\overline{7b}=$ ＿＿＿＿＿＿＿＿＿＿＿。

答案：80　a　70　b　150+a+b

2. 如果 $2a+b=7$（$1\leqslant a$，$b\leqslant 9$，且 a、b 均为整数），用枚举法写出所有 a 和 b 的对应值。

答案：$\begin{cases}a=1,\\b=5;\end{cases}\begin{cases}a=2,\\b=3;\end{cases}\begin{cases}a=3,\\b=1.\end{cases}$

（设计意图：以"青春"为主题拉近与学生之间的距离，用篮球故事复习十进制表示多位数的方法和枚举法，调动学生的学习热情，为这节课的学习定好基调）

二、"分享"青春，巩固旧知

我们知道，一个假分数可以写成一个整数与一个真分数的和。比如 $\dfrac{17}{3}=\dfrac{15+2}{3}=\dfrac{15}{3}+\dfrac{2}{3}=5+\dfrac{2}{3}$。类比这种方法，可以将 $\dfrac{17a+7}{3}$ 写成 $\dfrac{15a+2a+6+1}{3}=\dfrac{15a}{3}+\dfrac{2a}{3}+\dfrac{6}{3}+\dfrac{1}{3}=5a+2+\dfrac{2a+1}{3}$，则 $\dfrac{19a+8b}{5}$ 可以写成＿＿＿＿＿＿＿＿。

答案：$3a+b+\dfrac{4a+3b}{5}$ 或 $4a+2b-\dfrac{a+2b}{5}$。

（设计意图：以"分享"为桥梁，类比假分数化为整数与真分数的和，让学生掌握分离的数学方法，比较字母系数的大小，考虑什么情况下"分加"，什么情况下"分减"，突破重难点，为后面的学习作铺垫）

三、"探索"青春，学习新知

若一个四位自然数满足个位数字与百位数字相同，十位数字与千位数字相同，我们称这个四位自然数为"双子数"。将"双子数" m 的百位、千位上的数字交换位置，个位、十位上的数字交换位置，得到一个新的双子数 m'。

记 $F(m)=\dfrac{2m+2m'}{1111}$ 为"双子数" m 的"双 11 数"。例如：双子数 $m=1212$，则 $m'=2121$，1212 的"双 11 数" $F(1212)=\dfrac{2\times1212+2\times2121}{1111}=6$。

所以 $a+b$ 只能被 7 整除，

因为 $1 \leq a < b \leq 9$，且 a、b 均为整数，

所以 $3 \leq a+b \leq 17$。

所以 $a+b=7$ 或 14 时，能被 7 整除。

① $a+b=7$ 时，$\begin{cases} a=1, \\ b=6; \end{cases} \begin{cases} a=2, \\ b=5; \end{cases} \begin{cases} a=3, \\ b=4。 \end{cases}$

② $a+b=14$ 时，$\begin{cases} a=5, \\ b=9; \end{cases} \begin{cases} a=6, \\ b=8。 \end{cases}$

综上所述，P 的值为 1616，2525，3434，5959，6868。

（设计意图：由第 4 题的结论，学生可轻松表示出 $F(P)=2(a+b)$，接下来就是讨论 $2(a+b)$ 能被 7 整除的问题，通过先独立思考，再小组合作的形式，进一步巩固学生对整除型问题的掌握，让学生体会枚举法的应用）

四、趁热打铁，当堂训练

1. 变式练习

若将上题中 "$\dfrac{2(a+b)}{7}$ 为整数" 改为 "$\dfrac{105a+96b}{7}$ 为整数"（其中 $1 \leq a < b \leq 9$，且 a、b 均为整数），求所有满足条件的 a、b 的值。

第一步，分离：$\dfrac{105a+96b}{7} = \dfrac{7 \times 15a + 7 \times 13b + 5b}{7} = 15a + 13b + \dfrac{5b}{7}$；

第二步，转化：$5b$ 能被 7 整除即可得出，b 被 7 整除即可；

第三步，范围：$1 \leq b \leq 9$，且 b 为整数；

第四步，枚举：$b=7$ 时，能被 7 整除；

第五步，归纳：枚举出所有满足条件的 a、b 的值，最后下结论。

（设计意图：通过改变字母的系数，让学生运用分离的方法使分子上字母的系数变小，进而缩小列举、分类讨论的范围，体会化繁为简的思想）

2. 拓展提高

若 "$\dfrac{111a+110b}{7}$ 为整数"（其中 $1 \leq a < b \leq 9$，且 a、b 均为整数），求所有满足条件的 a、b 的值。

第一步，分离（分加）：$\dfrac{105a+6a+105b+5b}{7} = 15a+15b+\dfrac{6a+5b}{7}$；

第二步，再分离（分减）：

$$15a+15b+\frac{6a+5b}{7}=15a+15b+\frac{7a-a+7b-2b}{7}=16a+16b-\frac{a+2b}{7};$$

第三步，转化：$a+2b$ 能被 7 整除即可；

第四步，范围：$5\leqslant a+2b\leqslant26$，且 a、b 均为整数；

第五步，枚举：$a+2b=7$，14，21 时，能被 7 整除；

第六步，归纳：枚举出所有满足条件的 a、b 的值，最后下结论。

（设计意图：通过改变字母的系数，让学生体会当分离后的分子上的字母系数大小接近分母时，可运用"分减"的分离方法对分子进行再分离，进而达到缩小列举、分类讨论的范围的目的，进一步将问题简单化）

五、"收获"青春，总结提升

通过本节课的学习，你收获了什么？

（学生畅所欲言，从各个方面谈自己的感悟、收获，教师依次从两种方法、两种思想、两种能力、一种态度进行提炼，分别是枚举和分离的数学方法，转化和分类讨论的数学思想，阅读理解和数学运算能力及严谨的学习态度）

（设计意图：通过学生分享这节课的收获，总结本节课所运用的数学方法、思想，巩固学习成果）

六、"前行"青春，课后练习

我们把形如 $\overline{aaa1}$（$1\leqslant a\leqslant9$，且 a 为整数）的四位正整数叫作"三拖一"数，例如：2221，3331 是"三拖一"数。

(1) 最小的"三拖一"数为_____；最大的"三拖一"数为_____。

(2) 请证明任意"三拖一"数不能被 3 整除。

(3) 一个"三拖一"数与 50 的和的 2 倍与另一个小于 5000 不同的"三拖一"数与 75 的和的 3 倍的和正好能被 13 整除，求这两个"三拖一"数。

（设计意图：通过把历年真题作为课后练习，进一步巩固本节课的知识，达到学以致用的效果）

七、板书设计

"整除型"阅读理解题

一、多位数表示：$\overline{abc}=100a+10b+c$

二、分离法$\begin{cases}分加\\分减\end{cases}$

三、定义：双子数 $m=\overline{abab}$（其中 $1\leqslant a<b\leqslant9$，且 a、b 均为整数）

双 11 数 $F(m)=\dfrac{2m+2m'}{1111}$

四、解题过程

第三节　"'整除型'阅读理解题"导学案（一）

【学习目标】

（1）读懂定义，把握多位数表示并准确列式。

（2）会用分离法表示含有字母的自然数并巧妙分离。

（3）掌握抓限制、缩范围的枚举法，体会转化和分类讨论的数学思想。

【学习重点】

掌握"整除型"阅读理解题的解题方法和步骤。

【学习难点】

用分离法表示含有字母的自然数并巧妙分离。

一、"汗水"青春，问题引入

上课引语：同学们，老师从你们的眼中看到了一个词：青春。今天，老师就给同学们分享一下老师眼中的青春，老师特别喜欢打篮球，因此，青春的第一个关键词是：汗水。我们一起来看看关于篮球比赛的问题：

1. 一场篮球比赛，两队得分均为整数（80＜甲队得分＜90，70＜乙队得分＜80），设甲队得分数的个位数字为 a，乙队得分数的个位数字为 b。如何表示两队的得分数？

甲队：$\overline{8a}=$＿＿＿＿＋＿＿＿＿　乙队：$\overline{7b}=$＿＿＿＿＋＿＿＿＿

两队总得分：$\overline{8a}+\overline{7b}=$＿＿＿＿＿＿＿＿＿＿＿＿＿＿＿＿。

2. 如果 $2a+b=7$（$1\leqslant a$，$b\leqslant 9$，且 a、b 均为整数），用枚举法写出所有 a 和 b 的对应值。

二、"分享"青春，巩固旧知

我们知道，一个假分数可以写成一个整数与一个真分数的和。比如 $\dfrac{17}{3}=$

$\dfrac{15+2}{3}=\dfrac{15}{3}+\dfrac{2}{3}=5+\dfrac{2}{3}$。类比这种方法，可以将 $\dfrac{17a+7}{3}$ 写成 $\dfrac{15a+2a+6+1}{3}=$

$\dfrac{15a}{3}+\dfrac{2a}{3}+\dfrac{6}{3}+\dfrac{1}{3}=5a+2+\dfrac{2a+1}{3}$，则 $\dfrac{19a+8b}{5}$ 可以写成＿＿＿＿＿＿＿＿＿＿。

三、"探索"青春，学习新知

若一个四位自然数满足个位数字与百位数字相同，十位数字与千位数字相同，我们称这个四位自然数为"双子数"。将"双子数" m 的百位、千位上的数字交换位置，个位、十位上的数字交换位置，得到一个新的双子数 m'。

记 $F(m)=\dfrac{2m+2m'}{1111}$ 为"双子数" m 的"双 11 数"。例如：双子数 $m=1212$，

则 $m'=2121$，1212 的"双 11 数" $F(1212)=\dfrac{2\times1212+2\times2121}{1111}=6$。

思考：

（1）这段文字讲了几个新定义？

（2）每个新定义分别满足哪几个条件，用笔一一勾画出来。

（3）计算 3636 的"双 11 数" $F(3636)=$＿＿＿＿＿＿。

（4）证明：对于任意"双子数" m，$F(m)$ 都能被 2 整除。

（5）已知一个"双子数" $P=\overline{abab}$（其中 $1\leqslant a<b\leqslant 9$，且 a、b 均为整数），若 P 的"双 11 数" $F(P)$ 能被 7 整除，求 P 的值。

四、趁热打铁，当堂训练

1. 变式练习

若将上题中" $\dfrac{2(a+b)}{7}$ 为整数"改为" $\dfrac{105a+96b}{7}$ 为整数"（其中 $1\leqslant a<$

$b \leq 9$，且 a、b 均为整数），求所有满足条件的 a、b 的值。

2. 拓展提高

若 "$\dfrac{111a + 110b}{7}$ 为整数"（其中 $1 \leq a < b \leq 9$，且 a、b 均为整数），求所有满足条件的 a、b 的值。

五、"收获"青春，总结提升

通过本节课的学习，你收获了什么？

六、"前行"青春，课后练习

我们把形如 $\overline{aaa1}$（$1 \leq a \leq 9$，且 a 为整数）的四位正整数叫作"三拖一"数，例如：2221、3331 是"三拖一"数。

（1）最小的"三拖一"数为_____；最大的"三拖一"数为_____。

（2）请证明任意"三拖一"数不能被 3 整除。

（3）一个"三拖一"数与 50 的和的 2 倍与另一个小于 5000 不同的"三拖一"数与 75 的和的 3 倍的和正好能被 13 整除，求这两个"三拖一"数。

第四节　"'整除型'阅读理解题"课例评析（一）

近几年，全国各省市的中考试卷上频频出现一种新的题型：阅读理解题。这些试题不再囿于教材的内容及方法，以新颖别致的取材、富有层次和创造性的设问独树一帜。在解答阅读理解题时，往往需要先阅读比较多的文字，要求学生对文字、符号、图形和式子进行概括分析，对所提供的材料进行观察、实验、猜想、调整，就其本质进行归纳、加工提炼，然后作出解答。在阅读题所提供的材料中，常常会出现新的概念和方法。因此，不仅要求学生具备较强的阅读理解能力，理解这些新的概念和方法，而且还要求学生具备一定的归纳推理、抽象思维、文字概括、书面表达、自学和应用等诸多方面的能力，从而灵活运用这些新的概念和方法去分析、解决一些简单的问题。阅读理解题的增加符合学生的认知规律，能够帮助学生实现从模仿到创造的思维提升，给能力强、善于观察、善于思考的学生创造了施展才华的机会。本节课是一节专题课，是对中考题中的"整除型"阅读理解题的进一步复习，帮助学生掌握解决该种阅读材料题的方法，其亮点如下。

一、突出问题导向，关注学生需求，合理设计教学

美国心理学家奥苏伯尔曾说，影响学习的唯一最重要的因素，就是学习者已经知道了什么，要探明这一点，并应据此进行教学。本节课正是基于此，当学习的内容是结构雷同或是类型相同时，教师抓住此特点，利用知识间的迁移规律进行教学，就可以化难为易、化繁为简，使学生学得轻松，能更有效地调动学生的积极性。本堂课用篮球故事复习十进制表示多位数的方法和枚举法，让学生掌握分离的数学方法，比较字母系数的大小，考虑什么情况下"分加"，什么情况下"分减"，突破重难点，为后面的学习做铺垫。教师为典型例题设置了由易到难的 5 个小题，给学生"搭台阶"，降低解题难度，引导学生掌握这类题的解决方法；又设置变式和提高让学生进一步巩固如何分离分子这一核心要点，进而达到缩小列举、分类讨论范围的目的，进一步将问题简单化。在教学过程中教师详细了解学生的具体问题和需要获得帮助的方式，借助对一道具体题目的完整分析过程——"引导思路，形成方法""组织知识，明晰方法""矫正错误，提升思维"，帮助学生理清解题思路，获得分析问题的一般方法，提升逻辑推理素养，进而发展自主学习能力。通过课后作业，有效延展学习，既巩固了方法，又进一步提升了认识。纵观课前、课上、课后，浑然一体，结构严谨。

二、指导评价恰当，学生活动有效

教师充分关注学生的最近发展区，给予学生充分活动的时间和空间，学生活动衔接紧密，既有缜密的独立思考，又有适时的小组合作，更有精彩的交流发言，学习活动丰富多样，注意关注不同层次学生的实际收获。对于学生学习的关键环节，教师着重引导学生对活动成果进行评价、归纳和反思，提升思维品质，促进发现问题、提出问题、分析问题、解决问题能力的发展。

三、创新复习方式，直指核心素养

本节课摆脱了"题型+技巧""题海"式的解题训练，使学生积极参与正确解题思路的探究，以情境分析的方式寻求学生的论证起点，以推理依据的明晰确保推理的正确，以思维链条的方式外显个体的思维过程，形成重论据、有条理、合乎逻辑地思考问题的习惯，使学生不仅知其然，而且知其所以然，促进了其逻辑推理素养的形成。让学生对"整除型"阅读理解题复习课的学

习有兴趣、有激情，学习效果良好。

这节课教师在充分理解数学、尊重学生、运用技术的基础上，精准分析学情，直面学生存在的真实问题，充分关注学生原有认知基础和认知规律，引导学生主动思考、积极提问、合作探究，直到解决真实的问题，进而帮助学生积累解决阅读材料题的思维经验，发展逻辑推理素养，是对阅读材料题复习课教学的积极思考和有益实践。

第五节　"'整除型'阅读理解题"课例感悟Ⅰ（一）

一、数学本质与目标定位

中考数学的阅读理解题能较好地考查学生阅读理解与日常生活体验的能力，同时又能考查学生获取信息后的抽象概括能力、建模能力、决策判断能力，因而一直是近年来乃至今后全国各地中考命题的热点。这类题贴近实际，可以引导学生关心社会，对促进中学数学教学改革，强化学生的数学应用意识，优化学生的思维品质，提高学生的数学思维能力，培养学生的个性品质都具有重要意义。本节课着重解决"整除型"阅读理解题，加强学生对新概念、新术语的理解能力，对问题的探究能力，掌握这类题的解题方法，从而激发学生勇于探索的精神，敢于拿下这类题的分数。

根据本节内容的地位、作用，教学的重难点，考虑到学生已有的知识与能力、心理特征，结合新课改理念，特制定如下教学目标：

（1）知识与技能：读懂定义，把握多位数表示并准确列式，会用分离法表示含有字母的自然数并巧妙分离，掌握抓限制、缩范围的枚举方法。

（2）过程与目标：通过理解、转化、枚举、归纳获得数学知识，体验数学活动充满着探索性和创造性，进一步发展学生理解问题、解决问题的能力，让学生体会转化和分类讨论的数学思想。

（3）情感与态度：在独立思考的基础上，积极参与对数学问题的讨论，敢于发表自己的观点，能从交流中获益，体验探索成功的快乐。

二、教学诊断分析

"整除型"阅读理解题属于概念迁移型阅读理解题，表面给出的是一个学生没有学习过的新定义，实则与学生学习过的数学知识有着千丝万缕的联系，是书本知识的拓宽与延伸，是学习过的知识的重组与构建，学生需要调动原有知识，并进行类比、联想、归纳、迁移，形成科学的思维策略进行解题。它侧重考查学生对数学的基本概念、基本运算、基本法则、基本公式等的理解。这节课的例题一方面考查学生对"整除型"阅读理解题的解题能力，另一方面考查学生的阅读理解和分析的能力，以及学生对知识的拓展、迁移、类比和转化能力。根据题目中所给出的定义，运用我们日常学习定义的方法，类比运算，尤其要注意"边做边总结"，最终将"新问题"转化为"旧问题"。

三、教法特点以及预期效果分析

本节课的教学方法是引导探究法。

（一）大胆借鉴，进行教学方法的再创造

教师在课堂教学时应关注学生的发展，要给予学生自主探索的机会，要充分调动学生学会用数学语言说理，发展其合情推理能力。为了达到这个目的，我大胆地借鉴国外先进的教学方法，创设开放型课堂教学，鼓励学生用不同的方法去解决问题。例如，就本堂课的教学难点：用分离法表示含有字母的自然数并巧妙分离。我引导学生采用两种方式进行分离—分加和分减，练习的方式由易到难，通过改变字母的系数，让学生运用分离的方法使分子上字母的系数变小，进而缩小列举、分类讨论的范围，体会化繁为简的思想。这样的效果十分明显，特别是有些后进生表现得尤其出众。

根据合作式课堂教学的尊重、信任和共享的特性，自然地保证教学内容的完成，且让每一位同学投入更多的关注和周密思考，这样先进的教学方法，我们何尝不拿来一用？只有大胆地借鉴和引进这些先进的理念，我们才能真正实现人人学有价值的数学，人人都能获得必需的数学。

（二）给思维一个空间，让其循序渐进

教学中问题的坡度设置是十分关键的。坡度过小，不值得优等生去思考，学生的思维活跃不起来；坡度过大，导致思维卡壳，学生的思维活动不能深入进行而流于形式。经过反复地比较与实践，同时精心设置问题的坡度，使学生步步深入，并探究出规律。在典型例题讲解前，我先带领学生复习十进制表示多位数的方法和枚举法，让学生掌握分离的数学方法，比较字母系数的大小，考虑什么情况下"分加"、什么情况下"分减"，突破重难点，为后面的学习做铺垫，对于典型例题设置了几个有坡度的小问题。学生的思维是循序渐进的，设置问题坡度的目的是既让优等生吃得饱，还得让学困生吃得

了。课堂上应注意上课节奏，尽量让学困生跟上老师的步伐，多给学生练习的时间，这样学生的思维就会逐渐活跃，成绩就会逐步提高。

人们的生活离不开数学，数学知识来源于生活。因此，数学教学中，教师要化难为易、化深奥为通俗，使更多的学生热爱数学、喜欢数学、探索数学，为未来的发展打好数学基础。只要我们教师创造性地教，就能唤起学生创造性地学，教与学就能碰撞出创造性的火花，我们的学生就能萌发创新意识，就会富有创新能力，我们的教育就能培养出新时代所需要的创新人才。

第六节　"'整除型'阅读理解题"课例感悟Ⅱ（一）

一、数学本质与目标定位

阅读理解类题是近几年中考出现的新题型，通过阅读，学习新的知识，感悟数学思想和方法，形成科学的思维方式与思维策略。它能较好地体现知识的形成过程，解决数学问题的猜想与探索过程，要求正确掌握命题，对其本质做描述性的回答或进行判断概况及迁移发展。"整除型"阅读理解题属于纯文型阅读理解题，要求学生把握多位数表示并准确列式，在阅读过程中不仅要注意新的概念或定义，还要注意各个关键数据以及它们的内在联系，将"整除"二字转化为数学公式，达到转化问题的目的，从而进一步解决实际问题。本节课着重培养学生阅读题目的理解能力，提炼信息的概括能力，规范作答的书写能力。

根据本节内容的地位、作用，教学的重难点，考虑到学生已有的知识与能力、心理特征，结合新课改理念，特制定如下教学目标。

（1）知识与技能：读懂定义，把握多位数表示并准确列式，会用分离法表示含有字母的自然数并巧妙分离，掌握抓限制、缩范围的枚举方法。

（2）过程与目标：通过理解、转化、类比、枚举、归纳获得数学知识，体验数学活动充满着探索性和创造性，进一步发展学生理解问题、解决问题的能力，让学生体会转化和分类讨论的数学思想。

（3）情感与态度：在独立思考的基础上，积极参与对数学问题的讨论，敢于发表自己的观点，从交流中获益，体验探索成功的快乐。

二、学习基础及今后的作用

"整除型"阅读理解题以小学乘除法的运算、整除的概念与判断为基础。另外，学生进入初中阶段，已具备一定的阅读理解能力和归纳总结能力，能对文字信息进行简单的处理和转化。

"整除型"阅读理解题作为一种综合考查学生阅读能力、数学基础水平、知识应用能力和数学学习能力的题型，在中考中出现的频率越来越高。掌握"整除型"阅读理解题解题技巧，有助于培养学生的数学思维能力，提高"整除型"阅读理解题的解题效率，从而帮助学生树立对这一类型题目的解题信心。此外，转化、类比、枚举、归纳、分类讨论等数学方法和数学思想也是初中阶段代数学习中非常重要的方法与思想。同时，通过这节课的学习，可以发展学生的创新意识与探索能力。

三、教学诊断分析

本节课以"青春"为主线，将篮球故事引入课堂，让学生感到亲切自然，拉近了教师与学生的距离，使学生的课堂注意力得以集中，激发了学生浓厚的学习兴趣。课上可先复习用十进制的方法表示多位数和枚举法，这部分大多数学生比较容易掌握。但是对于七年级学生来说，分离法相对陌生，不易理解，因此在教学时，教师要用一个假分数可化为一个整数与一个真分数的和的形式，类比得出"分离法"，同时，当字母系数的大小接近分母时，可直接对比"分加"和"分减"，哪一个更加简化，这是本节课的一个难点，更是亮点。在自主探索"整除型"阅读理解问题的过程中，题干里有大量的文字信息，对于其中的新定义或关键信息，如何让学生找得又快又准呢？这就要求教师引导学生边看边勾画题干。学生掌握了解题的方法与技巧，但由于年龄特征，部分学生没有及时将其系统化，在解题过程中，提炼信息困难，抓不住关键语句；在分离、枚举和分类讨论时，基础运算易出错。这充分说明，要掌握好阅读理解这类题型，不仅要求教师"一题一结"，即对每个知识板块进行及时的小结和提炼，还需要学生具备较强的阅读理解能力和细心的计算能力，因此学生之间的交流表达和协作意识显得尤为重要。

四、教法特点以及预期效果分析

本节课的教学方法是问题探究式。

（一）由课题内容确立活力青春、层层递进的教学主线

"整除型"阅读理解题属于纯文型阅读理解题，文字信息多，新定义的概念抽象，数据关系复杂，学生一开始会觉得无从下手。以青春的主题引入，给枯燥的文字阅读注入了热血和活力，激发了学生的学习兴趣，能使他们快速融入课堂，提高了学习效率。同时，本节课先复习学生易掌握的多位数的表示方法、枚举法，然后通过类比假分数可化为一个整数和一个真分数的形式，引导出分离法，再进行"整除型"阅读理解题的探究，学生依次经历掌握知识、运用知识、解决问题三个学习环节，内容设计层层递进，教学主线自然流畅，使学生经历知识形成的过程，也符合学生认知发展的特点。

（二）由学生的特点确立问题引导、主动探究的学习方式

问题是思维的出发点，有问题才能去主动探究。七年级的学生自我意识开始发展，他们有了一定的评价能力，也开始注意塑造自己的形象，希望得到老师和同学的好评，对初中生活充满美好愿望，在学习和纪律方面会认真努力，力争给老师和同学留下一个好印象。因此在整个教学活动中，我始终用启发、引导的方式，以问题为载体，调动学生的好奇心，鼓励他们大胆猜想，勇于探究。在学习到分离法的时候，让学生观察分离后字母系数的大小，自主比较什么情况下"分加"更简化，什么情况下"分减"更简化，并说明自己的观点，突破重难点，为后面的分类讨论、缩小枚举范围做好铺垫，对于典型例题的设置，在原问题的基础上，教师增加了几个有坡度的小问题，给学生的思维一个缓冲的空间。这样循序渐进、自然而然地过渡到实际问题上，既降低了题目的难度，增强了学生的解题信心；也充分发挥了学生的主体作用，培养了学生自主探究意识。

第七节　"'整除型'阅读理解题"教学设计（二）

【教学目标】

1. 知识与技能

学会审题，能够将题意准确地转化为数学语言，在解题中理解解决"整除型"阅读理解题的基本步骤和其中运用的基本思想方法。

2. 过程与目标

通过猜想、推理、交流等数学活动进一步发展学生的简单推理能力和演绎思维能力，使他们能有条理地、清晰地阐述自己的观点。

3. 情感与态度

（1）通过引导探究学习，增强学生发现问题、解决问题的意识。

（2）培养学生反思的习惯，培养理性思维。

【教学重点】

学会审题，能够将题意准确地转化为数学语言。

【教学难点】

掌握"整除型"阅读理解题的解题方法和步骤。

【教学方法】

引导探究法。

【教学用具】

多媒体课件，投影仪。

【教学过程】

一、复习引入

1. 对于一个三位数 "345" 各个数位中 "3" 的意义、"4" 的意义、"5" 的意义分别是什么？

2. 对于一个百位数字为 a、十位数字为 b、个位数字为 c 的三位数应该怎样表示？

3. 如果 m 能被 n 整除，那么 $\dfrac{m}{n}$ 的值有什么特点？

4. 同向不等式相加法则

如果 $x \leq m \leq y$，$p \leq n \leq q$，那么＿＿＿$\leq m + n \leq$＿＿＿。

小试牛刀：已知 $2 \leq a \leq 5$，$-1 \leq b \leq 3$。完成下列问题。

（1）＿＿＿$\leq a + b \leq$＿＿＿　　　（2）＿＿＿$\leq 2a + b \leq$＿＿＿

（3）＿＿＿$\leq a - 2b \leq$＿＿＿

（设计意图：通过复习让学生知道怎么用字母表示十进制的数，怎样刻画一个数能被另一个数整除，能够进行简单的求解，为讲例题做铺垫）

二、典例讲解

如果把一个自然数各数位上的数字从最高位到个位依次排列的一串数与从个位到最高位依次排列的一串数完全相同，那么我们称这样的自然数为"和谐数"。例如，自然数 64746 从高位到个位排出的一串数字为：6、4、7、

4、6，从个位到最高位排出的一串数字为：6、4、7、4、6，所以 64746 是"和谐数"，再如 33、181、212、4664 等都是"和谐数"。

思考：

（1）直接写出 3 个四位"和谐数"。

（通过引导同学读题，让同学们理解"和谐数"）

（2）猜想任意一个四位"和谐数"能否被 11 整除，并说明理由。

（引导同学们怎样表示一般的"和谐数"，什么叫作能被 11 整除）

解：任意一个四位"和谐数"能被 11 整除，理由如下：

设这个四位和谐数为 $\overline{abba}$，$1 \leq a \leq 9$，$0 \leq b \leq 9$，且 a、b 都为整数

$$\frac{\overline{abba}}{11} = \frac{1000a + 100b + 10b + a}{11} = \frac{1001a + 110b}{11} = 91a + 10b$$

因为 a、b 为整数，所以 $91a + 10b$ 为整数，

所以任意一个四位"和谐数"能被 11 整除。

（3）已知一个三位"和谐数"与十位数字 3 倍的差能被 11 整除，求出这个三位"和谐数"。

解：设这个三位和谐数为 $\overline{mnm}$，$1 \leq m \leq 9$，$0 \leq n \leq 9$，且 m、n 为整数。

$$\frac{\overline{mnm} - 3n}{11} = \frac{100m + 10n + m - 3n}{11}$$

$$= \frac{101m + 7n}{11}$$

$$= 9m + n + \frac{2m - 4n}{11}$$

$$= 9m + n + \frac{2(m - 2n)}{11}$$

因为三位"和谐数"与十位数字 3 倍的差能被 11 整除，

所以 $9m + n + \frac{2(m - 2n)}{11}$ 为整数，

因为 m、n 为整数，

所以 $9m + n$ 为整数，

所以 $\dfrac{2(m-2n)}{11}$ 为整数即可，

即 $m-2n$ 能被 11 整除，

因为 $1\leqslant m\leqslant 9$，$0\leqslant n\leqslant 9$，且 m、n 为整数，

所以 $-17\leqslant m-2n\leqslant 9$，且 $m-2n$ 为整数，

所以 $m-2n$ 为 -11 或 0。

当 $m-2n=-11$ 时，$\begin{cases}m=1,\\n=6;\end{cases}\begin{cases}m=3,\\n=7;\end{cases}\begin{cases}m=5,\\n=8;\end{cases}\begin{cases}m=7,\\n=9。\end{cases}$

当 $m-2n=0$ 时，$\begin{cases}m=2,\\n=1;\end{cases}\begin{cases}m=4,\\n=2;\end{cases}\begin{cases}m=6,\\n=3;\end{cases}\begin{cases}m=8,\\n=4。\end{cases}$

所以这个和谐数可能为：161、373、585、797、212、424、636、848。

（设计意图：通过本题的讲解，让学生学会整除型阅读理解题的审题方法，学会对整除类题型的证明方法，掌握整除类的存在性问题一般解题步骤和解题方法，理解分类讨论思想和枚举法，理解并应用系数分离的变化过程并应用）

三、变式练习

在上题的基础上完成本题。已知五位"和谐数"，百位数字是十位数字与个位数字的和，若这个五位和谐数的后三位表示的数与千位数字 4 倍之和能被 7 整除，求出这个五位和谐数。

（设计意图：让学生类比上题的解题过程解决本题，让学生巩固知识，以便完全掌握）

四、提炼小结

通过本节课的学习，你收获了什么？解题的步骤主要有哪些？

（1）阅读问题中的整除问题（证明整除）

①设；②列；③化；④说明。

（2）阅读问题中的整除问题（已知整除求数）

①设；②列；③化；④变形；⑤列方程；⑥求解；⑦回代。

五、课后练习

我们把形如 $\overline{aaa1}$（$1 \leq a \leq 9$，且 a 为整数）的四位正整数叫作"三拖一"数，例如，2221、3331 是"三拖一"数。

（1）最小的"三拖一"数为_____；最大的"三拖一"数为_____；

（2）请证明任意"三拖一"数不能被 3 整除；

（3）一个"三拖一"数与 50 的和的 2 倍与另一个小于 5000 不同的"三拖一"数与 75 的和的 3 倍的和正好能被 13 整除，求这两个"三拖一"数。

（设计意图：通过把历年真题作为课后练习，进一步巩固本节课的知识，达到学以致用的效果）

六、板书设计

"整除型"阅读理解题

一、多位数表示：$\overline{abc} = 100a + 10b + c$

二、$\dfrac{101m + 7n}{11} = 9m + n + \dfrac{2m - 4n}{11} = 9m + n + \dfrac{2(m - 2n)}{11}$

三、解不定方程的方法：枚举法

四、解题过程

第八节 "'整除型'阅读理解题"导学案（二）

【学习目标】

（1）学会审题，能够将题意准确地转化为数学语言。

（2）掌握"整除型"阅读理解题的解题方法基本步骤。

（3）掌握分离法、枚举法，体会转化和分类讨论的数学思想。

【学习重点】

学会审题，能够将题意准确地转化为数学语言。

【学习难点】

掌握"整除型"阅读理解题的解题方法和步骤。

一、复习引入

1. 对于一个三位数 "345" 各个数位中 "3" "4" "5" 分别表示什么意义?

2. 对于一个百位数字为 a、十位数字为 b、个位数字为 c 的三位数应该怎样表示?

3. 如果 m 能被 n 整除，那么 $\dfrac{m}{n}$ 的值有什么特点?

4. 同向不等式相加法则

如果 $x \leq m \leq y$，$p \leq n \leq q$，那么_____$\leq m+n \leq$_____。

小试牛刀：已知 $2 \leq a \leq 5$，$-1 \leq b \leq 3$，完成下列问题:

(1) _____$\leq a+b \leq$_____   (2) _____$\leq 2a+b \leq$_____

(3) _____$\leq a-2b \leq$_____

二、典例讲解

如果把一个自然数各数位上的数字从最高位到个位依次排列的一串数与从个位到最高位依次排列的一串数完全相同，那么我们称这样的自然数为 "和谐数"。例如，自然数 64746 从高位到个位排出的一串数字为：6、4、7、4、6，从个位到最高位排出的一串数字为：6、4、7、4、6，所以 64746 是 "和谐数"；再如：33、181、212、4664 等都是 "和谐数"。

思考：

(1) 直接写出 3 个四位 "和谐数"；

(2) 猜想任意一个四位 "和谐数" 能否被 11 整除，并说明理由；

(3) 已知一个三位 "和谐数" 与十位数字 3 倍的差能被 11 整除，求出这个三位 "和谐数"。

三、变式练习

在上题的基础上完成本题。已知五位 "和谐数"，百位数字是十位数字与个位数字的和，若这个五位和谐数的后三位表示的数与千位数字 4 倍之和能被 7 整除，求出这个五位和谐数。

四、提炼小结

通过本节课的学习，你收获了什么? 解题的步骤主要有哪些?

五、课后练习

我们把形如 $\overline{aaa1}$（$1 \leqslant a \leqslant 9$，且 a 为整数）的四位正整数叫作"三拖一"数，例如，2221、3331 是"三拖一"数。

（1）最小的"三拖一"数为＿＿＿＿＿；最大的"三拖一"数为＿＿＿＿＿；

（2）请证明任意"三拖一"数不能被 3 整除；

（3）一个"三拖一"数与 50 的和的 2 倍与另一个小于 5000 不同的"三拖一"数与 75 的和的 3 倍的和正好能被 13 整除，求这两个"三拖一"数。

第九节　"'整除型'阅读理解题"课例评析（二）

阅读理解题是重庆中考必考题，是中考数学的一个热点和难点问题，阅读理解类试题的形式通常是先给出一段文字，让学生通过阅读理解领会其中的知识内容、方法要点，并能加以应用，最终解决提出的问题。这类型的特点是题目篇幅较长，信息量较大，各种关系错综复杂，不易梳理。因此，教师有必要作为专题课来引导学生进行分析，总结解题策略。听了甘老师这堂课，有如下三个亮点值得我们学习。

一、师生互动环节引人入胜，氛围融洽

甘老师在教学中，根据学生的心理发展特点，把枯燥的课堂教学变得生动有趣，从而培养了学生学习数学的兴趣，激发了他们的求知欲。在听课过程中，我更加深刻地体会到数学教师教学方法的与众不同，我感受到甘老师和学生之间是如此的默契……看到甘老师精心设计的每一个教学环节：板书、图片、内容等。不难看出他的工作态度与热情，这都值得我们每个人去学习，甘老师的课堂上几乎没有不认真听讲的孩子，因为他们都深深地被甘老师的课所吸引着。

二、在探究中体验感悟和思考，让学生享受数学的乐趣

新课改强调，教师要让学生由"学会"变为"会学"，变"要我学"为"我要学"。甘老师在教学过程中成了学生学习的帮助者、合作者、引导者。每一个教学环节，他只做恰如其分的点拨，并未一问一答地大包大揽。他创设自

由和谐的学习氛围，把学习的主动权真正交给学生，指导学生学会学习，提高学生的学习能力，促进学生对学习方法的掌握。甘老师在讲解时，由浅入深，由易到难，一步一步引导学生自己思考，让学生感受到学习数学的乐趣。这样的引导也提醒我们在教学中要善于引导学生进行有效的教学。

三、注重小组合作的实效性

甘老师的这节课，注重了小组合作的实效性。学生通过明确分工、协调配合，对学习内容进行充分的实践和探究，让学生自己找出答案或规律，培养了学生的合作探究能力，体现了探索性的教学过程。甘老师让学生充分参与到课堂中来，从而切实感受到数学课的魅力，同时，他还正确处理好了合作学习与自主探究的关系。在小组合作学习板块，他留给学生足够的时间和广泛的空间，这样一来，学生对问题的理解才能深入、到位，这充分体现了"教师以学生为主体，学生是学习的主人，教师是学习的组织者、引导者和合作者"的教学理念。

第十节 "'整除型'阅读理解题"课例感悟（二）

中共中央、国务院印发的《深化新时代教育评价改革总体方案》提到深化考试招生制度改革。稳步推进中考改革，构建引导学生德、智、体、美、劳全面发展的考试内容体系，改变相对固化的试题形式，增强试题开放性，减少死记硬背和"机械刷题"现象。初中数学中考中的"整除型"阅读理解型试题不仅考查基础知识、基本技能，还注重考查分析问题、解决问题的能力。该类试题具有探究性、开放性、综合性，是考查学生理解能力的一个重点，更是一个难点。所以我们教师也应加大力度给学生进行专题讲解，帮助学生走出困境。我讲解本堂课后有如下反思和感悟。

一、注重试题的层次性

由于这堂课内容难、时间紧，因此我课前精心制定好教学计划，精心选编典型例题。教学中我充分照顾到不同层次的学生，让人人在课堂中有所得。我注意到变式教学也是教学中的一种重要方法，所以我将典型的例题由浅入深、层层推进，充分照顾到不同层次的学生。

二、注重习惯的培养

学生的解题习惯是在日常教学中长期积累起来的，所以教学时更要注意培养学生的良好解题习惯。

首先，我在教学过程中加强教师的示范作用，在解题策略方面，我强调一定要讲究数学方法和思想的运用，要做到合规合理。对于问题究竟该如何解答，我认真地学习《评分标准》并将其在教学中体现出来：呈现给学生的解答过程应该是完整的、规范的。其次，我注重落实学生的"过手"，习惯是练出来的。在教学中我给学生留有充分的时间进行计算。在学生解决问题的过程中做到"三静"，即静读、静思、静做，尽量减少对学生的干扰，培养他们解决问题的良好习惯。同时，对于解决问题中的一些好的做法，我有意识地去总结、归纳。比如，在解决文字比较多的阅读理解题时，利用"圈、点、勾、画"突出重点，帮助学生读懂题意。

三、教学诊断分析

但对于本堂课我也有很多需要改进的地方，具体如下：

1. 对近年数学试题的研究不够

数学考试是一个系统性的工程，每年的试题编制都是传承与创新。加强对近几年试题的研究，理清核心知识的考法，重点知识的呈现，这对教学是有十分重要的意义的。以后我在备课活动中要对考点、考题、考法进行系统梳理，并在教学中加以体现。

2. 教学细节有待改进

一是对于学生出错的地方未能及时准确地纠正，教师发现了学生知识的薄弱点，就应该及时总结出学生错误的原因并加以强调。二是提问环节有待改进，语言不够准确、精简，提问走形式。三是我的教学语言不够幽默、风趣。教师的教学语言也是至关重要的，要有准确的数学专业用语。四是教师要有及时的课堂评价，应随时关注学生的情感，通过表扬来调动学生学习的积极性。

第十一节　教研简讯

教研简讯

綦江区教育科学研究所　　　　　　　　二〇二一年六月七日

风格迥异显教艺　交流互鉴促发展

　　为深入学习贯彻习近平新时代中国特色社会主义思想，全面落实《中共中央 国务院关于全面深化新时代教师队伍建设改革的意见》《教育部关于加强和改进新时代基础教育教研工作的意见》等文件精神，进一步推动 "数学文化融入初中数学教学的案例研究" 课题的发展，充分发挥骨干教师的引领作用，经研究决定，2021 年 6 月 3 日，綦江中学七年级数学教师、古南中学全体数学教师、綦江初中数学部分中心组成员、"数学文化融入初中数学教学的案例研究" 课题组成员等 50 人在古南中学成功进行联合教研活动（见图 4-1），本次教研活动对微专题 "'整除型'阅读理解题" 的教学策略进行了详细的分析与总结。

（a）　　　　　　　　　　　　　　（b）

图 4-1　数学课听课场景

　　本次联合教研首先进行了以 "微专题：'整除型'阅读理解题" 为课题的同课异构，其次进行了 "'整除型'阅读理解题的教学策略分析" 的课例研讨，最后以 "初中数学课堂教学设计的有效性分析及青年教师如何在教学中落实数学核心素养"专题讲座结束。

一、课堂展示——风格迥异

　　第一堂课由綦江中学甘奎老师执教（见图 4-2），他从复习关联知识入手，拓展了同向不等式的相加法则。甘老师采用自己的原创题作为典例，向学生系统地讲解了整除型阅读理解题的解决方法和策略，用漂亮的板书给学生进行了示范引领，规范了学生的书写。以巧妙设置变式训练的形式对例题进行了有效的拓展，让学生对刚学到的方法进行实践和巩固，在教学中注重学生的深度思考，真正达到懂一题会一类。本堂课结构清晰，教学思路明晰，过程流畅，整堂课精彩且极具示范意义。

图 4-2　甘奎老师课堂

　　第二堂课由永新中学的欧钉辛老师进行同课异构（见图 4-3）。欧老师以"青春"为主线进行了教学设计。以青春之我，篮球之热，自然地引入本节课，分别以汗水、分享、探索、收获、前行，这五个关于青春的关键词为线索，将本堂课的重要知识点巧妙串联，从巩固多位数的表示和枚举法的运用出发，重点讲解了分离法中"分加""分减"这两种数学方法的联系与区别，强调整除型阅读理解题的解题策略是先读懂题意，勾画定义，再用数学方法书写定义，正确表示。最后根据问题条件，确定范围，分类讨论，得出答案，化繁为简的数学思想渗透在整个解题思路中，既照顾了学困生的理解盲区，又满足了优生的学习兴趣。合作讨论探新知，精讲导学用新知，变式练习固新知，小结评学理新知。整堂课结构严谨，环环相扣，过渡自然，充分展现了欧老师青春的活力和数学的魅力。

图 4-3 欧钉辛老师课堂

二、切磋研讨——互学互鉴

两位授课教师在研讨时阐述了执教感悟与反思，参会教师进行了热烈的交流发言，一致认为上课教师准备充分，课件设计精美，教态自然大方，整堂课井然有序，数学思维条理清晰，由表及里，由浅入深，给学生巧搭台阶，帮助学生分析问题，解决问题，夏荣老师（见图4-4）、杨相赐老师（见图4-5）对两节课进行了点评。

图 4-4 夏荣老师点评

图 4-5 杨相赐老师点评

两位教师备课充分，知识储备充足，创设了有效的教学情境，让学生自然地进入专题复习。对于阅读材料题，先要进行"文字的信息加工"，抓关键字、框重点，再去解决问题，两位老师都归纳了这类题的解题步骤，强调了哪些地方该详写，哪些地方该省略。以一题为典例，总结归纳出解决这类题的策略，一题一提炼，建立起了解决这类题的数学模型，教学过程渗透数学思想方法，如"转化思想""类比思想""由特殊到一般"等。

本节课为专题课，重在教方法，分解问题，教学还应给予学生充分的时间思考练习，在此基础上教师再讲解，让学生去做，引导学生内化，不固定学生的思维，才能真正把学生的主体作用发挥出来。

三、专题讲座——总结升华

初中数学教研员陈松林老师（见图4-6）进行了"初中数学课堂教学设计的有效性分析及青年教师如何在教学中落实数学核心素养"的专题讲座，以重庆市近两年中考新定义阅读理解题为例，系统地进行了讲解分析，总结了新定义阅读理解试题的解题步骤——设、列、分、求、定、宣六步走战略，让参会老师收获颇丰。

图4-6　陈松林老师点评

在"数学文化融入初中数学教学的案例研究"课题阶段性总结会中，教研员陈老师要求课题组成员认真总结前期经验，在数学课堂中要不断融入数学文化的元素。他要求下学期每位课题组成员都要上一节数学文化融入课堂的展示课，并对课题后期工作做了详细的分工布置，每位课题组成员要按计划收集初中数学教材文化素材、近三年中考试题的数学文化题，要收集成册，以服务于一线教学。

此次强强联合的同课异构教研为老师们提供了一个相互切磋、取长补短、共同提高的学习平台，进一步更新了老师们的教育理念，优化了各校数学教师的教学能力，为全区打造了一个精品微专题，对突破教学难点进行了有效的尝试。相信通过这种教学方法与模式的交流与探讨，一定会涌现出更多更加高效的数学课堂。

第五章 专家打造中考专题 提升复习能力

第一节 关于召开初中数学中心组成员及骨干教师
专题研讨会实施方案

为深入学习贯彻习近平新时代中国特色社会主义思想，全面落实《中共中央 国务院关于全面深化新时代教师队伍建设改革的意见》《教育部关于加强和改进新时代基础教育教研工作的意见》等文件精神，进一步推动"数学文化融入初中数学教学的案例研究""微课与初中数学线上线下教学深度融合的运用分析"两个课题的开展，充分发挥骨干教师的引领作用，经研究决定，召开"初中数学中心组成员及骨干教师专题研讨会"，现将有关事宜通知如下。

一、会议组织机构

主办单位：重庆市綦江区教育科学研究所

承办单位：重庆市綦江区綦江中学

二、会议前期工作安排

（一）提前准备好现场展示的两堂课例

由綦江区教科所优选綦江中学九年级数学教师何弘瑾准备好微专题："二次函数中特殊四边形的存在性问题"课例，綦江区古南中学教师敖春兰准备相同课例。请上述两位教师提前准备好教学设计、导学案等教学资料，并由綦江中学和古南中学数学教研组于正式会议前至少进行一次试讲打磨。

綦江区教科所、綦江中学提前一周准备好上课班级，安排好上课地点、相关设备；安排好接待人员，提前一天布置好会场。

（二）参会人员

（1）綦江中学初中数学教师，古南中学九年级数学教师及部分骨干老师。

（2）綦江区初中数学中心组成员。

（3）近三年新入职的初中数学教师。

（4）"数学文化融入初中数学教学的案例研究""微课与初中数学线上线下教学深度融合的运用分析"课题组成员。

（三）会议报到时间地点

2021 年 11 月 30 日上午 8:00—8:30 在綦江中学高二教学楼底楼的录播室报到。

（四）正式会议时间

2021 年 11 月 30 日（星期二），会期一天。

（五）会议流程

（1）课例研讨：二次函数中特殊四边形的存在性问题。

（2）专题讲座：初中数学试卷评讲课的有效性研讨及青年教师如何在教学中落实数学核心素养。（主讲人：陈松林）

（3）总结发言：綦江中学副校长邹晓松。

（4）"数学文化融入初中数学教学的案例研究""微课与初中数学线上线下教学深度融合的运用分析"课题小结及后期工作安排。

重庆市綦江区教育科学研究所

2021 年 11 月 18 日

第二节　"二次函数中平行四边形的存在性问题"教学设计

【教学目标】

1. 知识与技能

（1）能够根据点的平移规律从几何角度探讨平行四边形的存在性问题，并求出相应点的坐标。

（2）能够利用平行四边形顶点坐标的数量关系从代数角度探讨平行四边形的存在性问题，并求出相应点的坐标。

2. 过程与方法

在平面内已知三点坐标的条件下,经历画图确定出第四点的位置及坐标,使之与原来三点构成平行四边形。讨论总结出对应点的坐标平移规律及对应点坐标的数量关系。学生经历"画—找—思"得到解决二次函数中平行四边形存在性问题的基本方法——对点法,并能运用此方法求解平行四边形存在性问题。

3. 情感与态度

在探索问题的过程中体验从特殊到一般的数学归纳推理过程,以及从一般到特殊的数学规律运用过程,感知数学思想方法的乐趣。

【教学重点】

掌握解决二次函数背景下平行四边形存在性问题的基本方法:对点法。

【教学难点】

正确利用对点法求解二次函数背景下平行四边形的存在性问题。

【教学方法】

引导探究法。

【教学用具】

多媒体课件,实物投影。

【教学过程】

一、以旧悟新,探求新知

1. 画一画

平面内找到一点 P 使得 A、B、C、P 四点为平行四边形。

解析:如图 5-1,连接三点,平移线段 BC 使点 C 到点 A 得到 P_1,平移线段 AC 使点 A 到点 B 得到 P_2,平移线段 AB 使点 B 到点 C 得到 P_3。

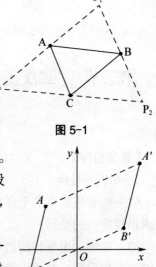

图 5-1

2. 如图 5-2,平面内,线段 AB 平移得到线段 $A'B'$,若已知点 A $(-2, 2)$,B $(-3, -1)$,B' $(3, 1)$,则点 A' 的坐标是 <u>(4, 4)</u>。

解析:根据同一线段上的点平移路径相同这一规律。因为点 B 向右平移 6 个单位长度,再向上平移 2 个单位长度得到点 B',则点 A 到点 A' 的平移路

图 5-2

径一样。因为点平移时，其横坐标右加左减，纵坐标上加下减，得出点 A' 的坐标是（4，4）。

（设计意图：通过线段平移后点的求解为铺垫，让学生感知平行四边形 4 个点的坐标关系，明确平行四边形可以看作由线段平移得来）

3. 利用平面直角坐标系中点平移后坐标的变化规律，探究 $\square ABCD$ 的 4 个顶点 A（x_A，y_A），B（x_B，y_B），C（x_C，y_C），D（x_D，y_D）坐标之间的数量关系。

解析：如图 5-3，点 A 的对应点是点 D，所以点 A 到点 D 的平移路径和点 B 到点 C 的路径一样。于是就可以得到 $x_A - x_D = x_B - x_C$，$y_A - y_D = y_B - y_C$，同时引导学生使用加法更简便，于是就可以得到本节课的重点：对点法。即平行四边形对角线两端点的横坐标、纵坐标之和分别相等。

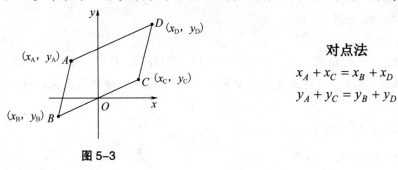

对点法

$$x_A + x_C = x_B + x_D$$
$$y_A + y_C = y_B + y_D$$

图 5-3

二、典例分析：三定一动型

例 1 如图 5-4，已知平面直角坐标中，A（-1，0），B（1，-2），C（3，1），点 D 是平面内一动点，若以点 A、B、C、D 为顶点的四边形是平行四边形，则点 D 的坐标是什么？

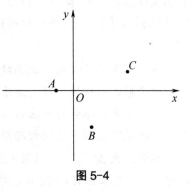

图 5-4

解析：平面内知三点确定第四点，这样的点在平面直角坐标系中有 3 个，即点 D 分别在与点 A、B、C 相对的位置。此时，我们固定点 A，让点 A 分别与点 B、C、D 相对，根据平行四边形对点坐标的数量关系建立方程组，即可求出点 D 的坐标。

解：

（1）当点 A 与点 B 相对时

$$\begin{cases} x_A + x_B = x_C + x_D, \\ y_A + y_B = y_C + y_D \end{cases}$$

$\therefore -1 + 1 = 3 + x_D$, $0 + (-2) = 1 + y_D$

$\therefore x_D = -3$, $y_D = -3$

$\therefore D_1(-3, -3)$

（2）当点 A 与点 C 相对时

$$\begin{cases} x_A + x_C = x_B + x_D, \\ y_A + y_C = y_B + y_D \end{cases}$$

$\therefore -1 + 3 = 1 + x_D$, $0 + 1 = -2 + y_D$

$\therefore x_D = 1$, $y_D = 3$

$\therefore D_2(1, 3)$

（3）当点 A 与点 D 相对时

$$\begin{cases} x_A + x_D = x_B + x_C, \\ y_A + y_D = y_B + y_C \end{cases}$$

$\therefore -1 + x_D = 1 + 3$, $0 + y_D = -2 + 1$

$\therefore x_D = 5$, $y_D = -1$

$\therefore D_3(5, -1)$

综上，这样的点 D 有 3 个，即 $D_1(-3, -3)$、$D_2(1, 3)$、$D_3(5, -1)$。

（设计意图：通过老师讲解及板书示范，让学生掌握对点法公式及其运用）

练一练

1. 如图 5-5，抛物线 $y = -x^2 + x + 2$ 与 x 轴的交点为 A、B，与 y 轴的交点为 C，点 M 是平面内一点，判断有几个位置能使以点 M、A、B、C 为顶点的四边形是平行四边形。请确定对应的点 M 坐标。

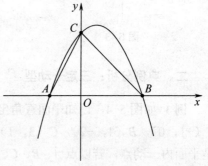

图 5-5

解析：本题是讨论二次函数背景下平行四边形的存在性问题。方法与例 1 一样，可让学生体会对点法的具体运用，同时理解此类问题可通过列方程组解决，体现了数学上的化归思想。

答案：点 M 有 3 个位置能使以点 M、A、B、C 为顶点的四边形是平行四边形，可先求出 $A(-1, 0)$，$B(2, 0)$，$C(0, 2)$；设点 M 坐标为 (x, y)，让点 M 分别与点 A、B、C 相对，列出方程组可以解出点 M 的 3 个坐标分别是 $(3, 2)$、$(-3, 2)$、$(1, -2)$。

三、典例分析：两定两动型

例 2 如图 5-6，抛物线 $y = -\dfrac{1}{4}x^2 + x$

与 x 轴相交于点 B（4，0），点 Q 在抛物
线的对称轴上；点 P 在抛物线上，且以点
O、B、Q、P 为顶点的四边形是平行四边形，
写出相应的点 P 的坐标。

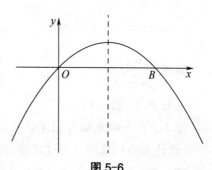

图 5-6

解析：此题有两个动点，可以利用两
个未知数设出点 P、Q 坐标，用方程的思
想去解决，并且我们会发现点 Q 其实可以不用求解。像点 Q 这种可以先求出
横坐标（或纵坐标）的点我们把它称作半动点；而点 P 横坐标与纵坐标都不
知道，我们把它称为全动点。这种有两个定点，两个动点的平行四边形的存
在性问题我们称作"两定两动"型。虽然点 P 的横纵坐标都不知道，但是点
P 在抛物线上，它的横坐标、纵坐标之间有对应的函数关系。所以我们在设
未知数时需要有技巧，设点 P 的横坐标为未知数，则纵坐标可用自变量为这
个未知数的对应二次函数式表示。用对点法建立方程组，分类讨论就可以解
决此类题目。

解：因为 $y = -\dfrac{1}{4}x^2 + x$，

所以对称轴为直线 $x = 2$。

因为点 Q 在对称轴上，

所以设点 Q 的坐标为（2，m）。

因为点 P 在抛物线上，

所以设点 P 的坐标为 $\left(n, -\dfrac{1}{4}n^2 + n\right)$ 且 O（0，0），B（4，0）。

（1）点 O 与点 B 相对时

$$\begin{cases} 0 + 4 = n + 2, \\ 0 + 0 = -\dfrac{1}{4}n^2 + n + m。 \end{cases}$$

解得 $\begin{cases} n = 2, \\ m = -1。 \end{cases}$

此时 P_1（2，1）。

（2）点 O 与点 P 相对时

$$\begin{cases} 0 + n = 4 + 2, \\ 0 + m = -\dfrac{1}{4}n^2 + n + 0。 \end{cases}$$

解得 $\begin{cases} n = 6, \\ m = -3。 \end{cases}$

此时 P_1（6，-3）。

（3）点 O 与点 Q 相对时

$$\begin{cases} 0+2=4+n, \\ 0+m=0+(-\dfrac{1}{4}n^2+n)。 \end{cases}$$

解得 $\begin{cases} n=2, \\ m=-3。 \end{cases}$

此时 P_3（-2，-3）

综上，P 点的坐标 P_1（2，1），P_2（6，-3），P_3（-2，-3）。

（设计意图：让学生通过观察，动手练习，熟练掌握"对点法"）

练一练

2. 如图 5-7，在平面直角坐标系中，抛物线 $y=0.5x^2+x-4$ 与 y 轴相交于点 B（0，-4），点 P 是抛物线上的动点，点 Q 是直线 $y=-x$ 上的动点，判断点 Q 有几个位置能使以点 P、Q、B、O 为顶点的四边形为平行四边形，写出相应的点 Q 的坐标。

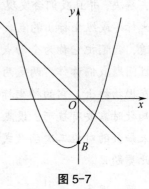

图 5-7

设计意图：此题特殊之处是动点 Q 出现在解析式已知的直线上，我们设出点 Q、点 P 坐标。其解法和例 2 不大一样，要先利用对点法建立横坐标的方程，求出两个未知数之间的关系，再把这个关系代入纵坐标建立的方程求解。

解题过程要注意对结果的取舍。可让学生进一步感受"两定两动"型的具体求解过程，加深对"对点法"的理解和掌握。

答案：Q_1（-4，4），Q_2（4，-4），Q_3（$-2+2\sqrt{5}$，$2-2\sqrt{5}$），Q_4（$-2-2\sqrt{5}$，$2+2\sqrt{5}$）

四、拓展应用，深化提高

利用中点坐标公式分析。

1. 如图 5-8，已知点 A（-2，1），B（4，3），则线段 AB 的中点 P 的坐标是 <u>（1，2）</u>。

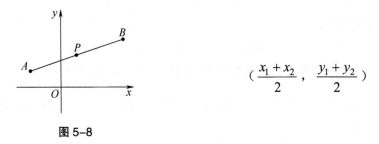

$$\left(\frac{x_1 + x_2}{2},\ \frac{y_1 + y_2}{2}\right)$$

图 5-8

2. 如图 5-9，在平面直角坐标系中，$\square ABCD$ 的顶点 $A(x_A,\ y_A)$，$B(x_B,\ y_B)$，$C(x_C,\ y_C)$，$D(x_D,\ y_D)$，已知其中 3 个顶点的坐标，如何确定第四个顶点的坐标？

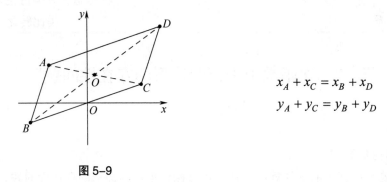

$$x_A + x_C = x_B + x_D$$
$$y_A + y_C = y_B + y_D$$

图 5-9

答案：利用对点法，点 A 固定，按点 A 对点 B、点 A 对点 C、点 A 对点 D 进行分类讨论。建立方程组并求解，确定第四点坐标。

五、评价反思，概括总结

这节课学生通过自己动手操作，自己发现，自己推导，得到了解决二次函数中平行四形存在性问题的方法：对点法。学生总结收获。

答案：

（1）一种方法：对点法。

（2）两个类型：三定一动，两定两动。

（3）三种思想：数形结合、分类讨论、类比转化。

六、布置作业，形成技能

（1）必做题：练习 3

（2）探究题：探究二次函数中特殊平行四边形菱形的存在性问题。

七、板书设计

> ### §专题：二次函数中平行四边形的存在性问题
>
> 一、对点法：在平行四边形中，两组相对顶点的横坐标之和相等，纵坐标之和也相等。
>
>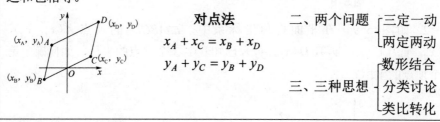
>
> **对点法**
>
> $$x_A + x_C = x_B + x_D$$
> $$y_A + y_C = y_B + y_D$$
>
> 二、两个问题 ┌三定一动
> 　　　　　　└两定两动
>
> 三、三种思想 ┌数形结合
> 　　　　　　├分类讨论
> 　　　　　　└类比转化

第三节　"二次函数中平行四边形的存在性问题"
导学案

【学习目标】

（1）能够根据点的平移规律从几何角度探讨平行四边形的存在性问题，并求出相应点的坐标。

（2）能够利用平行四边形顶点坐标的数量关系从代数角度探讨平行四边形的存在性问题，并求出相应点的坐标。

【学习重点】

掌握解决二次函数背景下平行四边形存在性问题的基本方法：对点法。

【学习难点】

正确利用对点法解决二次函数背景下平行四边形的存在性问题。

一、以旧悟新，探求新知

1. 画一画

平面内找到一点 P 使得 A、B、C、P 四点组成的四边形为平行四边形。

A.　　　　　　　　　　　B.

C.

2. 如图 5-2'平面内，线段 AB 平移得到线段 $A'B'$，若已知点 A（-2，2），B（-3，-1），B'（3，1），则点 A'的坐标是＿＿＿＿＿。

3. 如图 5-3'，利用坐标系中的平移规律，探究 $\square ABCD$ 的 4 个顶点 $A(x_A, y_A)$，$B(x_B, y_B)$，$C(x_C, y_C)$，$D(x_D, y_D)$ 坐标之间的关系。

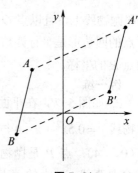

图 5-2'

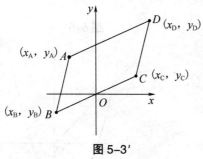

图 5-3'

二、典例分析：三定一动

例1 如图 5-4'，已知平面直角坐标中，A（-1，0），B（1，-2），C（3，1），点 D 是平面内一动点，若以点 A、B、C、D 为顶点的四边形是平行四边形，则点 D 的坐标是＿＿＿＿＿＿＿。

练一练

1. 如图 5-5'，已知抛物线 $y = -x^2 + x + 2$ 与 x 轴的交点为点 A、B，与 y 轴的交点为点 C，点 M 是平面内一点，判断有几个位置能使以点 M、A、B、C 为顶点的四边形为平行四边形，请确定对应点 M 的坐标。

三、典型例分析：两定两动

例2 如图 5-6'，在平面直角坐标中，抛物线 $y = -\dfrac{1}{4}x^2 + x$ 与 x 轴相交于点 B（4，0），点 Q 在抛物线的对称轴上，点

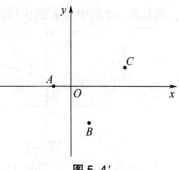

图 5-4'

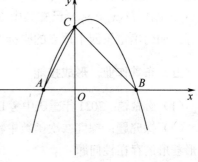

图 5-5'

P 在抛物线上，且以点 O、B、Q、P 为顶点的四边形是平行四边形，写出相应的点 P 的坐标。

练一练

2. 如图 5-7'，在平面直角坐标中，抛物线 $y = 0.5x^2 + x - 4$ 与 y 轴相交于点 B（0，-4），点 P 是抛物线上的动点，点 Q 是直线 $y=x$ 上的动点，判断点 Q 有几个位置能使以点 P、Q、B、O 为顶点的四边形为平行四边形，写出相应的点 Q 的坐标。

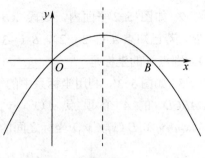

图 5-6'

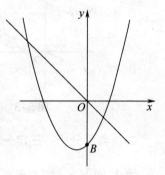

图 5-7'

四、拓展应用，深化提高

利用中点坐标公式分析。

1. 如图 5-8'，已知点 A（-2，1），B（4，3），则线段 AB 的中点 P 的坐标是＿＿＿＿＿＿。

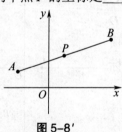

图 5-8'

2. 如图 5-9'，在平面直角坐标系中，$\square ABCD$ 的顶点为 $A(x_A, y_A)$，$B(x_B, y_B)$，$C(x_C, y_C)$，$D(x_D, y_D)$，已知其中 3 个顶点的坐标，如何确定第四个顶点的坐标？

五、布置作业，形成技能

（1）必做题：2021 年重庆中考 B 卷第 25 题

（2）探究题：探究二次函数中特殊平行四边形菱形的存在性问题

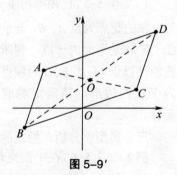

图 5-9'

第四节 "二次函数中平行四边形的存在性问题" 课例评析

二次函数动点问题是重庆近年来中考的热点问题，其与平行四边形相结合的这类问题不仅涉及的知识点多，而且能将几何知识和代数知识紧密结合起来考查。动态问题包含点动、线动及面动引起的一系列数学问题。而动点问题成为"重中之重"，解决这类问题的关键是"动中求静"。通过例题，弄明白哪些点能形成平行四边形，同时，要在找点的过程中做到不重不漏，用"对点法"解决"三定一动""两定两动"问题，做好计算推理的过程。让学生明确在变化中找到不变是解决数学"动点"探究题的基本思路。"动点型问题"题型繁多、题意创新，考查学生分析问题、解决问题的能力。本节课有以下三个亮点。

一、数学思想方法渗透到位

数学思想方法是数学学科的精髓，是数学素养的重要内容之一，在数学教学和探究活动中始终体现着这些数学思想方法，动点问题也不例外。因此，在数学教学中应特别注重这些思想方法的渗透，因为只有让学生充分掌握领会这种思维，他们才能更有效地运用所学知识，形成求解动点问题的能力。本节课主要体现了方程思想、数形结合思想、分类讨论思想。

在方程思想的渗透方面，教师把大多数动点问题都转化为方程形式，然后利用方程来求解。

在数形结合思想的渗透方面，教师将动点问题中所研究的量的几何特征与数量特征紧密结合。以"形"直观地表达数，以"数"精确地研究形。华罗庚曾说，数缺形时少直觉，形缺数时难入微。通过深入的观察、联想，由形思数，由数想形，利用图形的直观诱发直觉。教学时，教师对例题的讲解给学生展示了每种情况的图形，并要求学生画出图形再解决问题。

在分类讨论思想的渗透方面，动点问题是中考的热点，常作为压轴题出现，难度较大，往往会出现多种情况或多个结果，这时就需要分类讨论。从学生的课堂参与以及练习反馈情况来看，学生学会了如何分类讨论平行四边形的存在性问题，并知道用对点法来求解，这节课达到了非常好的效果。

二、教学目标落实到位

1. 知识目标

理解和掌握由动点产生的平行四边形问题中所涉及的平行四边形的性质、二次函数的性质、方程等数学知识。从"三定一动""两定两动"两个方面去讲解知识。根据点的平移规律求坐标（几何的角度）和利用平行四边形的顶点坐标关系（代数的角度）求坐标，把代数与几何知识紧密连接在一起。

2. 能力目标

经历由动点产生的平行四边形的作图过程，明确"动中求静"的解题策略，学生自己动手操作，培养学生的动手能力和归纳能力。

3. 情感态度价值观目标

在画一画环节,教师引导学生自己画图找到满足题意的平行四边形的点,这个环节的设计,通过学生自己画图找平行四边形激发学生的学习热情,学生通过分类讨论作图思考本节课的讲解内容,培养学生观察、思考、归纳的良好思维习惯。

三、信息技术利用到位

教师能够合理应用几何画板,利用几何画板动态画图,让学生体会点在运动过程中,图形会跟着发生变化。在变化的过程中抓住某一瞬间,化"动"为"静",使其构成平行四边形,再利用所学知识解决问题。通过几何画板的动态演示能够清晰地让学生去分析平行四边形的存在性问题,既形象又直观。在动点运动演示形成平行四边形的过程中,分析透彻,做到了不重不漏,用"对点法"解决"三定一动""两定两动"问题,计算推理过程规范、严谨。让学生明确在变化中找到不变是解决数学"动点"探究题的基本思路。

第五节　"二次函数中平行四边形的存在性问题"
课例感悟 I

本节课是在已经进行过一轮复习，也适当做了一些往年的中考试卷的情况下开展的一次专题复习,对于基础知识,学生掌握得比较扎实,但对于综合性的题目,却感觉困难,特别是动点问题。对于这类问题存在以下三种情况。第一、这类问题难度较大,考试时,一部分学生放弃作答。第二、部分学生对动点问题从根本上不理解，勉强照猫画虎，写了不少但得不到分。第三、学生对动点问题有一定认识，对分类能进行简单尝试，但不完整。

针对以上情况，希望通过本节课的教学能达到以下效果：一方面，帮助学生树立信心，让学生明白所谓的综合题都是由诸多小知识点组成的，所谓的动态问题可以变为静态问题来解决；另一方面，通过例题讲解让学生掌握这类题目的解题策略。

一、教学特色

（一）有感情地诵读开场白来创设问题情境，激发学生学习兴趣

数学内容比较枯燥，一直是学生厌学数学的重要原因。良好的开端是成功的一半，如何在上课伊始就能抓住学生的心？于是教师诵读出这样一段话"数学因运动而充满活力，数学因变化而精彩纷呈……"，直白的表述，让学生真真切切地明白本节课的目标。让学生带着已有的知识、经验与困惑，参与课堂活动，充分地激发了他们学习的兴趣和欲望，课堂气氛活跃，学生的感受也比较深刻。

（二）尊重学生的主体地位，倡导多元化的数学学习方式

新课程标准指出，有效的教学活动是学生学与教师教的统一，学生是学习的主体，学生学习应当是一个生动活泼、主动和富有个性的过程。认真听讲、积极思考、动手实践、自主探索、合作交流等都是学习数学的重要方式。本堂课教师始终秉承这一理念，不失时机地让学生主动参与、积极展示。

（三）明确目标，找准措施

本节课的教学是在学生经过第一轮复习后进行的，教师在发现学生对动点问题几乎无从下手的情况下，开始反思如何突破这类问题，使学生再遇到时能得心应手。动点问题涉及等腰三角形、直角三角形、三角形相似、四边形存在性等类型，这些都需分类讨论，分小专题复习效果更好。教师在教学时应引导学生把动态问题变为静态问题来解决，抓住变化中的"不变量"，并从特殊位置的点着手确定自变量取值范围，对基本图形进行充分的分析，画出符合条件的草图，从而分散难点，降低难度，将复杂问题简单化。

二、教学效果诊断与反思

通过本节专题——二次函数中平行四边形存在性问题的探讨，大部分学生已经学会了如何处理这类问题，收到了预期的效果但仍有许多不足之处。

　　课堂上虽然以学生为主体，但教师还是讲得过多。动点问题在中考试卷中都是压轴题，所以关注优生的学习情况比较多，忽略了边缘生。教师不够热情，语言不够丰富，感染力不足。

　　总之，今后该教师应继续发挥自己的优点，时时反思，让课堂精彩，让学生乐于学习数学。

第六节　"二次函数中平行四边形的存在性问题"课例感悟 II

　　以二次函数为载体的平行四边形存在性问题是近年重庆中考压轴题的热点。其图形复杂、知识覆盖面广、综合性强。对学生分析问题和解决问题的能力要求高。对这类题，如果从几何的角度去思考，作图比较抽象，对学生的空间想象能力要求高。若考虑不周，很容易漏解。有时即便我们画出了图象，怎样求解动点也是很困难的事情。为此，执教本课的教师通过对此类题型的研究，总结出这种二次函数背景下平行四边形存在性的动点求解的代数方法。化难为易，课堂效率大大提高。听完本课，收获以下三点感悟。

一、充分备课，设计流畅

　　二次函数中平行四边形的存在性问题是重庆中考数学的压轴题之一，准备这一堂专题复习课，教师得下功夫。本课知识的难度系数不小，怎样将难度降低，让学生学得透彻，教师首先从教学设计上做足了准备。

　　第一个板块是画平行四边形，教师首先通过平面内确定的三个点，让学生找第四个点使之构成平行四边形。其目的是让学生明白，这样的点不止一个。那又怎样将这些点不重不漏找全呢？教师先通过画图找点做知识上的铺垫，画图过程反映出平行四边形是通过平移边得到的，引出平移的知识点，顺理成章地回顾坐标系中点平移的坐标变化规律。通过学生的思考发现点平移的路径，从而发现通过线段的平移得到的平行四边形，对应点的平移路径相同，以此来确定对应点的坐标。最后引导学生发现平行四边形四个顶点的坐标关系。

　　若 $\square ABCD$ 的顶点为点 $A(x_A,\ y_A)$，$B(x_B,\ y_B)$，$C(x_C,\ y_C)$，$D(x_D,\ y_D)$，

则这四个顶点坐标之间的关系是 $x_A + x_C = x_B + x_D$，$y_A + y_C = y_B + y_D$，即平行四边形对角线两端点的横坐标、纵坐标之和分别相等。

教师把这种方法称为对点法。为何称为对点法，因为我们总结出的是平行四边形对角线上两对端点坐标存在的数量关系。点如何对？在画平行四边形的时候我们就已经做了铺垫，平行四边形的顶点顺序若没有明确给出，就会出现某一点和其余点分别构成对角线端点的情况，因此要对所有情况进行分类讨论。

第二个板块是怎样熟练地运用对点法。首先通过三个定点、一个动点探究平行四边形的存在性问题，归纳为三定一动型。已知三个定点的坐标，可设出抛物线上第四个顶点的坐标，运用平行四边形顶点坐标的数量关系，列方程（组）求解。这种题型由于三个定点构成的三条线段中哪条为对角线不确定，通常要以这三条线段分别为对角线进行分类，分三种情况讨论。其次是通过两个定点、两个动点探究平行四边形的存在性问题，归纳为两定两动型。这种题型有点特殊，通常一个动点在抛物线上，另一个动点在 x 轴（y 轴）或对称轴或某一直线上。设出抛物线上的动点坐标，另一个动点若在 x 轴上，那么它的纵坐标为 0，可用平行四边形顶点的纵坐标公式确定两个未知数之间关系；若在 y 轴上，那么它的横坐标为 0，可用平行四边形顶点的横坐标公式确定两个未知数之间关系；最后解出方程组得到点的坐标。若点在其他直线上，则这个点的横纵坐标间存在着确定的函数关系，设出点的坐标，亦可参照上述方法解决，体现出数学的化归思想。

上述两个类型，都可以先固定一个点，让它和其他三点轮流相对构成对角线（余下两点自然相对），分三种情况建立方程组求解。这是体现数学分类讨论思想的典型题型。

二、学生掌握，课堂才精彩

学生是课堂的主体，学生精彩，课堂才精彩。教师的精心设计是为学生搭好知识的台阶，让他们一步一个台阶爬上知识的高峰。本节课所有的问题让学生自己回答，所有的探究让学生自己探究，所有的方法让学生自己总结，所有的数学思想让学生自己领悟。整堂课学生兴趣浓厚，参与度高，教学目标达成好。在教学中教师只做引路人，仅在例题精讲时做必要的点播和示范板书，充分发挥了学生的主体作用。

三、方法归纳，专题专研

解决二次函数中平行四边形的存在性问题，要做到合理有序分类：无论是 "三定一动"，还是 "两定两动"，统统把抛物线上的动点作为第四个动点，其余三个作为定点。分别以这三个定点构成的三条线段作对角线为切入点，分三种情况讨论，然后运用平行四边形顶点坐标公式转化为方程（组）求解。这种解法，不必画出平行四边形草图，只要从对角线入手进行合理分类，有序组合，就不会漏解。此方法条理清楚，而且适用范围广。其本质是用代数的方法解决几何问题，充分体现出了数学的分类讨论思想、化归思想、数形结合思想。

通过本节课总结出的方法，在解决了二次函数中的平行四边形的存在性问题后，还可以把知识迁移到解决二次函数中的矩形、菱形、正方形的存在性问题中。这种数学方法的融会贯通是本节课最美丽精彩之处。

本堂课还展示了以专题授课解决特定问题的教学方法，是提升中考复习有效性的重要思路，值得推广。

第七节 "二次函数中特殊四边形的存在性问题" 教学设计

【教学目标】

1. 知识与技能

掌握对角线法在二次函数中特殊四边形存在性问题的运用。

2. 过程与方法

经历探索验证数学结论，让学生对知识的迁移能力、运用能力和分析能力得到有效的提高。

3. 情感与态度

在探索问题的过程中体验数学化归及分类讨论的思想，培养细致严密的数学素养。通过自主探索规律以及利用此规律解决问题，让学生体验成功，进一步激发他们的学习兴趣。

【教学重点】

（1）掌握在二次函数中求平行四边形动点坐标的方法：对角线法。

（2）理解二次函数中平行四边形动点坐标的求解方法。

【教学难点】

对角线法的熟练运用及数学运算能力的培养。

【教学方法】

引导探究法。

【教学用具】

几何画板，多媒体课件，实物投影。

【教学过程】

一、复习旧知，巩固方法

1. 如图 5-10，$\square ABCD$ 的顶点坐标分别为 $A(x_1, y_1)$，$B(x_2, y_2)$，$C(x_3, y_3)$，$D(x_4, y_4)$，则这 4 个顶点坐标之间的数量关系是什么？

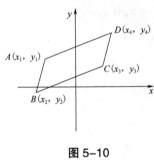

图 5-10

$$\begin{cases} x_1 + x_3 = x_2 + x_4 \\ y_1 + y_3 = y_2 + y_4 \end{cases} \text{平移}$$

$$\begin{cases} x_1 - x_2 = x_4 - x_3 \\ y_1 - y_2 = y_4 - y_3 \end{cases} \text{中点坐标公式}$$

$$\begin{cases} \dfrac{x_1 + x_3}{2} = \dfrac{x_2 + x_4}{2} \\ \dfrac{y_1 + y_3}{2} = \dfrac{y_2 + y_4}{2} \end{cases}$$

（设计意图：回顾、牢记相关知识点，为本节课的后续学习打下基础）

2. 如图 5-11，已知在平行四边形 $ABCD$ 中，点 $A(-2, 2)$，$B(-3, -1)$，$C(3, 1)$，则点 D 的坐标是 (4, 4)。

解析：此题很明显 AC、BD 是对角线，所以就可以直接用对角线法。

解：（1）因为 AC 是对角线，

$$\begin{cases} x_A + x_C = x_B + x_D, \\ y_A + y_C = y_B + y_D。 \end{cases}$$

所以 $\begin{cases} -2 + 3 = -3 + x_D, \\ 2 + 1 = 1 + y_D。 \end{cases}$

所以 $\begin{cases} x_D = 4, \\ y_D = 4。 \end{cases}$

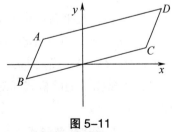

图 5-11

所以 $D_1(4,4)$。

（设计意图：通过一个简单的题目让学生运用对角线法解决平面直角坐标系中平行四边形的存在性问题，为后续学习做铺垫）

3. 将第2题中的"平行四边形 $ABCD$"改为"以点 A、B、C、D 为顶点的四边形是平行四边形"，其余条件不变，如图 5-12，求点 D 的坐标。

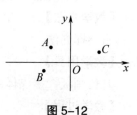

图 5-12

解析：此题为变式，让学生思考与第一题有什么不一样的地方。学生会大胆地去思考猜想，教师用几何画板展示这样的平行四边形除了第一题中的那一个，还有另外两个，具体的求解方式如下：

解：（2）AB 是对角线？　　　　（3）AD 是对角线

$$\begin{cases} x_A + x_B = x_C + x_D, \\ y_A + y_B = y_C + y_D。 \end{cases} \qquad \begin{cases} x_A + x_D = x_B + x_C, \\ y_A + y_D = y_B + y_C。 \end{cases}$$

所以 $\begin{cases} -2+(-3)=3+x_D, \\ 2+(-1)=1+y_D。 \end{cases}$ 　所以 $\begin{cases} -2+x_D=-3+3, \\ 2+y_D=-1+1。 \end{cases}$

所以 $\begin{cases} x_D=-8, \\ y_D=0。 \end{cases}$ 　　所以 $\begin{cases} x_D=2, \\ y_D=-2。 \end{cases}$

所以 $D_2(-8,0)$　　　　所以 $D_3(2,-2)$

（设计意图：通过一题多变锻炼学生的思维，同时也体现了分类讨论的数学思想）

二、一题多变，思维拓展

如图 5-13，在平面直角坐标系中，抛物线与 x 轴交于 A、B 两点（点 A 在点 B 的左侧），与 y 轴交于点 C，$OA=OC=3$，顶点为 D。

（1）求抛物线的解析式、对称轴及顶点 D 的坐标。

答案：抛物线的解析式：$y=x^2+2x-3$，

对称轴直线：$x=-1$，$D(-1,-4)$。

（2）在坐标平面内有一点 N，若四边形 $BACN$

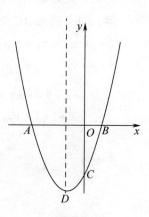

图 5-13

是平行四边形，求点 N 的坐标。

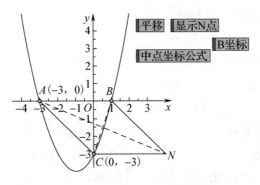

答案：$N(4, -3)$

（设计意图：此题是将平行四边形与二次函数结合，依然用第一题的对角线法，目的是让学生理解二次函数背景下对角线法的运用）

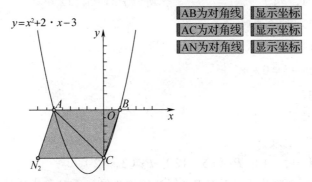

变式 1 将上面例题（2）中的"四边形 $BACN$ 是平行四边形"改为"以 B、A、C、N 为顶点的四边形是平行四边形"，求点 N 的坐标。

解析：在复习时已经求解过此类型的题目，用对角线法解决 3 个定点一个动点的情况，若平行四边形的顺序不给定的情况下，需要分类讨论。这样的一种题型可以简述为"三定一动型"，解题时需用到方程思想。

答案：$N(4, -3)$ 或 $N(-4, -3)$ 或 $N(-2, 3)$。

（设计意图：让学生理解分类讨论的必要性和分类讨论的方法）

变式 2 在对称轴上有一点 Q，在抛物线上有一点 P，若以 A、B、P、Q 为顶点的四边形是平行四边形，求点 P 的坐标。

解析：前两个问题出现的情况都是 3 个定点一个动点，此题变为 2 个定点 2 个动点，那又该怎样去思考呢？是否还可以用对角线法呢？答案是肯定的。

解：因为点 Q 在对称轴上，

所以设 Q 点的坐标为 $(-1, m)$。

又因为 P 点在抛物线上，

所以设 P 点为 $(n, n^2 + 2n - 3)$，

且 $A(-1, 0)$、$B(1, 0)$，

（1）当 AB 是对角线时

$$\begin{cases} -3 + 1 = -1 + n, \\ 0 + 0 = m + n^2 + 2n - 3。 \end{cases}$$

所以 $\begin{cases} n = -1, \\ m = 4。 \end{cases}$

所以 $P_1(-1, -4)$

（2）当 AQ 是对角线时

$$\begin{cases} -3 + (-1) = 1 + n, \\ 0 + m = 0 + n^2 + 2n - 3。 \end{cases}$$

所以 $\begin{cases} n = -5, \\ m = 12。 \end{cases}$

所以 $P_2(-5, 12)$

（3）当 AP 是对角线时

$$\begin{cases} -3 + n = 1 + (-1), \\ 0 + n^2 + 2n - 3 = 0 + m。 \end{cases}$$

所以 $\begin{cases} n = 3, \\ m = 12。 \end{cases}$

所以 $P_3(3, 12)$

综上，$P_1(-1, -4)$，$P_2(-5, 12)$，$P_3(3, 12)$。

（设计意图：此题是两定两动型，解题的方法依然是对角线法结合方程的思想。目的是让学生感受对角线法解决此类问题的广泛性。同时教师采用几何画板直观演示动点的变化过程让学生感受数与形的结合，体现数形结合的思想）

三、应用巩固，深化提高

思考 1 在例题的条件下，在对称轴上有一点 N，在平面内存在点 M，若以点 A、C、M、N 为顶点的四边形是矩形，求点 M 的坐标。

答案：$M_1(2, -1)$，$M_2(-4, -1)$。

思考 2 在对称轴上有一点 Q，在抛物线上有一点 P，若以点 C、D、P、Q 为顶点的四边形是菱形，求点 Q 的坐标。

答案：$Q_1(-1, -2)$，$Q_2(-1, \sqrt{2} - 4)$，$Q_3(-1, -\sqrt{2} - 4)$。

思考 3 在 y 轴上有一点 M，在坐标平面内有一点 N，若以点 A、C、M、N 为顶点的四边形是正方形，求点 N 的坐标。

答案：N_1（3，0），N_2（-3，-3）。

（设计意图：将此题的平行四边形继续变化为菱形、矩形、正方形，我们又应该怎样去思考，还能否用到对角线法？3 个思考问题留给学生课后延伸）

四、评价反思，概括总结

这节课，学生通过自己动手操作，自己发现，自己推导得到了二次函数中特殊四边形存在性问题的求解方法。教师通过几何画板动态验证学生探究的结果，让学生对对角线法的理解更加深刻，学生总结收获。

（1）学会了二次函数中特殊四边形问题可以用对角线法解决。

（2）知道了两种模型：已知三点型，已知两点型。

（3）渗透的数学思想：转化思想、分类讨论思想、数形结合思想、函数与方程思想。

五、布置作业，形成技能

（1）必做题：思考 1、2。

（2）选做题：思考 3。

（3）探究题：探究二次函数中特殊平行四边形（菱形、正方形）的存在性问题。

六、板书设计

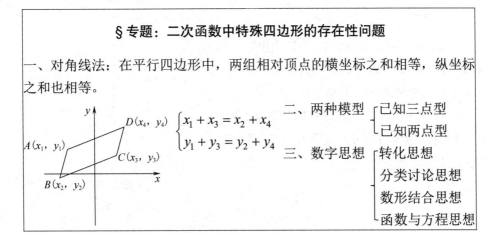

§专题：二次函数中特殊四边形的存在性问题

一、对角线法：在平行四边形中，两组相对顶点的横坐标之和相等，纵坐标之和也相等。

$$\begin{cases} x_1 + x_3 = x_2 + x_4 \\ y_1 + y_3 = y_2 + y_4 \end{cases}$$

二、两种模型 ┤已知三点型　已知两点型

三、数字思想 ┤转化思想　分类讨论思想　数形结合思想　函数与方程思想

第八节 "二次函数中特殊四边形的存在性问题" 导学案

【学习目标】

1. 知识与技能

掌握对角线法在二次函数中特殊四边形存在性问题的运用。

2. 过程与方法

经历探索验证数学结论，让学生对知识的迁移能力、运用能力和分析能力得到有效的提高。

3. 情感与态度

在探索问题的过程中体验数学化归及分类讨论的思想，培养细致严密的数学素养。通过自主探索规律以及利用此规律解决问题，让学生体验成功，激发他们的学习兴趣。

【学习重点】

1. 掌握在二次函数中求平行四边形动点坐标的方法：对角线法。

2. 理解二次函数中平行四边形动点坐标的求解方法。

【学习难点】

对角线法的熟练运用及数学运算能力的培养。

一、复习

1. 如图 5-10′，$\square ABCD$ 的顶点坐标分别为 $A(x_1, y_1)$，$B(x_2, y_2)$，$C(x_3, y_3)$，$D(x_4, y_4)$，则这 4 个顶点坐标之间的关系是什么？

2. 如图 5-11′，已知在平行四边形 $ABCD$ 中，$A(-2, 2)$，$B(-3, -1)$，$C(3, 1)$，则点 D 的坐标是 _____。

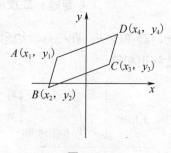

图 5-10′

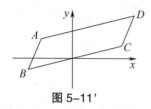

图 5-11′

3. 将 2 题中的"平行四边形 $ABCD$"改为"以点 A、B、C、D 为顶点的四边形是平行四边形",其余条件不变,如图 5-12′求出 D 点的其他坐标。

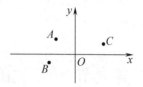

图 5-12′

二、典例探究

如图 5-13′,在平面直角坐标系中,抛物线 $y=x^2+bx+c$ 与 x 轴交于 A、B 两点(点 A 在点 B 的左侧),与 y 轴交于点 C,$OA=OC=3$,顶点为 D,对称轴交 x 轴于点 E。

(1)求抛物线的解析式、对称轴及顶点 D 的坐标。

(2)在坐标平面内有一点 N,若四边形 $BACN$ 是平行四边形,求出点 N 的坐标。

图 5-13′

变式 1 将例题(2)中的"四边形 $BACN$ 是平行四边形"改为"以 B、A、C、N 为顶点的四边形是平行四边形",求出点 N 的坐标。

变式 2 在对称轴上有一点 Q,在抛物线上有一点 P,若以 A、B、P、Q 为顶点的四边形是平行四边形,求出点 P 的坐标。

三、思考题

思考 1 在例题条件下,在对称轴上有一点 N,在平面内存在点 M,若以点 A、C、M、N 为顶点的四边形是矩形,求点 M 的坐标。

思考 2 在例题条件下,在对称轴上有一点 Q,在抛物线上有一点 P,若以点 C、D、P、Q 为顶点的四边形是菱形,求点 Q 的坐标。

思考 3 在例题条件下,在 y 轴上有一点 M,在坐标平面内有一点 N,若以点 A、C、M、N 为顶点的四边形是正方形,求点 N 的坐标。

四、布置作业，形成技能

（1）必做题：思考 1、2。

（2）选做题：思考 3。

（3）探究题：探究二次函数中特殊平行四边形（菱形、正方形）的存在性问题。

第九节 "二次函数中特殊四边形的存在性问题" 课例评析

四边形的存在性问题，指的是在二次函数背景下，动点引起的特殊四边形是否存在及其分类讨论问题。此处特殊四边形主要为平行四边形、矩形、菱形、正方形等。以二次函数为载体的四边形存在性问题是近年中考的热点，尤其是"两定两动"型是近几年各地压轴题中的主打套餐。针对这种类型的题，解题的时候，常规解题方式是先画出平行四边形，然后再结合平行四边形一组对边平行且相等，或者是根据平行四边形对角线互相平分，或者是特殊四边形的特性来解题。因为解题先要把草图画出来，若考虑不周，很容易漏解。为此，本节课中教师借助探究平行四边形顶点、利用中点坐标公式、采用对角线分类的方法来解决这一类题。其亮点有以下三点。

一、紧紧抓住数学知识的内在联系

"数学本质"的内涵之一是"数学知识的内在联系"，教师通过认真钻研教材，准确把握这是一节能力提升课，是渗透数形结合思想的整合课。本节课从提问平行四边形的 4 个顶点坐标有何数量关系引入，通过中点坐标公式得到其关系：在平行四边形中，两组相对顶点的横坐标之和相等，纵坐标之和也相等。抓住学生的兴趣点，将学生置于学习的海洋，感受知识间的内在联系，为本节课教学目标的落实打下了坚实的基础。这样的设计符合学生的年龄特点和认知规律，体现了以学生为主体的学习过程，培养了学生的学习能力。

二、教学过程的有效实施

有效的才是最好的，本节课的有效性主要体现在以下三个方面。

1. 知识点的落实扎实有效

本节课涉及二次函数与特殊平行四边形两个方面知识的内在联系。如何实现知识的正迁移与有效整合？本节课由浅入深，按由数到形，再由形到数的学习路径展开教学活动。通过学生观察、计算、猜想、归纳，将较为抽象的关系简单明了化，从而提升知识的有效性。

2. 学生能力提升的潜移默化

本节课设计思路清晰，不拖泥带水，分三个层次实现目标。一个是已知平行四边形的三个顶点坐标求剩下点的坐标，多角度培养学生解决问题的能力以及强调数形结合思想的运用；二是已知平行四边形的两个顶点坐标求剩下点的坐标；三是将平行四边形推广到矩形、菱形、正方形。在原有代数方法解决问题的基础上进一步从特殊四边形的特殊性质入手解决问题，增加学生解决问题方法的多样性，并逐步形成四边形、函数之间的知识脉络，让学生思维的深度和广度都有所提高。

3. 信息技术与教学有效融合

本节课教师在课堂上运用授课助手软件、几何画板、幻灯片等技术手段，借助于几何画板软件让图形动起来，使比较抽象的思维过程可以直观地展现在学生面前，使课堂教学更加生动高效。

三、以问题为线，突显数学方法和思想

注重学生的主体地位，以利用中点坐标公式的"对角线法"为引线，设计了层层递进的"问题串"。在"求四边形中的点的坐标"这一问题的驱动下，基于学生已有的知识经验，从最特殊的情形：已知平行四边形的三个顶点坐标求剩下一个顶点的坐标入手，利用中点坐标公式采用对角线法解决问题。再到已知两点型，最后由平行四边形推广到矩形、菱形、正方形，学生自然体会整个探究过程。教学过程环环相扣、张弛有度，学生参与度高，课堂气氛活跃，培养了学生观察、猜想的能力，较好地渗透了从特殊到一般、化归与转化、函数与方程、数形结合的数学思想。学生能从本节课积累数学思维经验，潜移默化地形成和发展自己的数学核心素养。

本节课教师设计思路清晰，重点突出，难点突破，板书提纲挈领，教师教态自然，语言准确简洁，有很好的专业素养，注重学生探究能力的培养，

关注知识的发生发展过程，很好地提升了学生数学学科核心素养。

总之，这节课在教师适时、恰当的引导下，通过多媒体教学手段的应用，学生和教师共同的探索、合作交流，达到了预期的教学目标。

第十节 "二次函数中特殊四边形的存在性问题" 课例感悟

一、教学分层递进，核心知识透彻

二次函数中，平行四边形的存在性问题是中考的考点。此考点有两种类型：第一种是已知三点的位置，在坐标平面内找一动点，使这四点构成平行四边形，简称"三定一动"；第二种是已知两个点的位置，在坐标平面内找两个动点，使这四点构成平行四边形，简称"两定两动"。分析该类问题的主要思路分为两种：代数法和几何法。

此处的代数法，也称中点坐标公式法，以运用特殊四边形的性质和平移等相关知识，并结合方程、运用勾股定理为主。

此处的几何法，以运用特殊四边形的性质，构造相似（含全等）为主。该类问题的一般分类标准：按已知对边和对角线分为两大类。

本节课主要从代数的角度出发，利用对角线分类解决问题。针对例题分析在动点运动形成平行四边形过程中的情况，分析透彻，做到了不重不漏，用"对角线法"解决"三定一动""两定两动"问题，讲解计算推理的过程，让学生明确在变化中找到不变的性质是解决"动点"探究题的基本思路。

二、教法特点鲜明，教学效果显著

本节课使用引导探究法展开教学，充分发挥学生主体作用，教学效果极佳。有如下亮点。

（一）善于培育、挖掘题目中知识点和思维的生长点

要寻找知识技能的生长点并让知识技能拓展延伸，以达到思维发散的目的，变式是有效方法之一。即根据题目的特点，进行改编，开展训练。学生通过变式训练，可以将新知识迁移内化，如本例题"变式迁移"的三个变式。

1. 变换视角——培养学生思维的灵活性

回顾已有知识引入中点坐标公式。第 1 题应用几何和代数两种方式解决，第 2 题是对第 1 题的变式，教师将"平行四边形 *ABCD*"改为"以点 *A*、*B*、*C*、*D* 为顶点的四边形是平行四边形"，其余条件不变。这样引导学生从不同角度，不同方面思考，让学生不满足于已有的方法，从而抓住问题的本质：二次函数中平行四边形的存在性问题可以从几何的角度或代数的角度求解，利用中点坐标公式、采用对角线法更为简洁。这样，学生思维的灵活性就得到了较好的锻炼。

2. 变换条件——培养学生思维的严密性和深刻性

思考 1 是对典例探究变式 2 条件的改变，将原来的"平行四边形"变为"矩形"，这样解答说理过程变得简单，但思维过程相对较复杂灵活，能有效区分思维水平不同的学生。一词之变既保持了题目的开放性，又体现了原题的严密性。设置思考 2、3，把原题的平行四边形问题变为菱形、正方形问题，解法本质不变。由以上的过程可以看出，条件的适当变式能有效地培养学生思维的严密性，培养学生思维的深刻性。

3. 变换问题——培养学生思维能力，促进学生理性思维及智力发展

问问题的方式影响着思考的方式和角度，如把一般封闭性的问题变化为开放性的问题，更能激发学生兴趣，启发学生自主探究，有效地培养学生思维能力，促进学生理性思维及智力发展。

（二）有效收控课堂，回归教学目标的落脚点

回归主题，提炼解题方法和数学思想。一节课包含的任务不能太多，当拓展到一定程度后必须回归本节课的具体和主要任务。例题所渗透的知识点和数学思想要引导学生归纳提炼。如本节课设计的"归纳总结，成果提炼"部分。

（三）放手鼓励课外探究，仿真训练暗藏发散点

一堂高效、高质量的课不应该随着下课铃声的敲响而终结，而应该是"止于铃声而余思绕梁"。本节课的知识技能、思维方法等应该在课外得到有效的回味、反思和进一步的探究。所以最后设置的课后作业为完成思考 2、思考 3，探究二次函数中特殊平行四边形（菱形、正方形）的存在性问题，则肩负着这一重任。因此该环节探究题目的选择以及信息反馈都十分重要，不可随意处理，要以课内向课外适度发散为原则精选题目。

本节课实际就是要用代数的方法研究几何问题，加强数形之间的联系，

突出数形结合的思想，而只要是与函数有关的问题，最终都可归结为数形结合的问题。数形结合的思想，其实质是将抽象的数学语言与直观的图象结合起来，关键是代数问题与图形之间的相互转化，它可以使代数问题几何化，几何问题代数化。这启发我们在日常的教学活动中，要积极研究新课程的理念，按照新课程的要求及时渗透数形结合的思想、几何变换的思想，引导学生从不同的角度思考问题,只有这样才能培养学生探索的能力和创新的意识。

第十一节　教研简讯

教研简讯

第一百五十一期（总 2332 期）

綦江区教育科学研究所　　　　　　　　二〇二一年十二月二日

立足中考小专题　解决复习大问题

—— 初中数学中心组成员及骨干教师专题研讨会成功召开

2021 年 11 月 30 日，温煦的阳光照耀着大地，在綦江中学扎扎实实地进行了一次主题为"二次函数中特殊四边形的存在性问题"的联合教研活动。在綦江中学杨秀鹏校长、邹晓松副校长，古南中学郑奇校长的关心指导下，綦江区初中数学教研员陈松林的引领下，綦江中学数学学科组的组织下，綦江区初中数学中心组成员、骨干教师，綦江中学与古南中学全体数学教师以及其他学校部分数学教师 80 余人参与了此次活动（见图 5-14）。

图 5-14　数学老师听课场景

一、培养思维，重视思想

来自古南中学的教师敖春兰与綦江中学的教师何鸿瑾以"二次函数中特殊四边形的存在性问题"为主题，进行了同课异构。

敖老师（见图5-15）基本功强，教学设计能力强，数学思想贯彻强；何老师（见图5-16）紧紧抓住平行四边形的性质，紧密融合信息技术，紧抓数学思想，给所有在场的老师呈现了两节精彩绝伦的课堂。

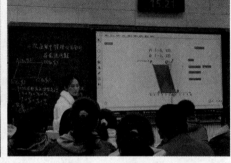

图5-15　敖春兰老师课堂　　　　　图5-16　何弘瑾老师课堂

两位老师教学思路清晰，教学设计有层次。教态自然、亲切。对学生评价合理、恰当，给予学生掌声和赞许的目光，给予学生中肯的评价。教学突出了重难点，抓住了平行四边形相对顶点之间的数量关系，利用分类讨论的思想，对"三定一动"和"两定两动"等基本图形进行了探讨，进行了学生为主体，教师为主导的课堂教学。对学生的数学思维进行了很好的培养，学生明确了解题策略，在解决问题时能够不重不漏，简约清晰地找出动点的所有情况。两位老师在学生的学习活动中都渗透了分类讨论、数形结合、方程、化归等数学思想，都十分重视引导学生多角度思考问题。课后陈松林老师为两位老师颁发证书（见图5-17）。

课后，初中数学中心组成员对本节课进行了点评（见图 5-18）。这两节反复打磨的课，上出了常态课的感觉，展示了教师及教研团队的高水平，展示了綦中莘莘学子的风采。他们一致认为这两节课培养了学生的思维，重视了对学生数学思想的渗透，为解决二次函数中平行四边形的存在性问题，提供了范例，值得反复琢磨学习。

图 5-17　给两位老师颁发证书

　　初中数学中心组成员从这两节课出发，提出了加强计算能力的培养，更加重视数形结合，加强对中考同等难度水平题目的专题研究，以此类题目为契机，提升青年教师专业能力发展等建议，发人深思，引人入胜。

（a）陈松林老师点评

（b）瞿晓强老师点评

（c）徐朝波老师点评

　（d）龚绘老师点评　　　　　　　　　（e）周燕老师点评

　（f）李开铜老师点评　　（g）谢雨珊老师点评　　（h）杨相赐老师点评

图 5-18　中心组成员点评

二、专题讲座，专业引领

　　綦江中学学科主任夏荣老师和綦江区初中数学教研员分别进行了专题微讲座，"信息技术 2.0"和"二次函数中特殊四边形的存在性问题"再一次引发了老师们的思考。

　　夏荣主任（见图 5-19）讲到，信息技术 2.0 与信息技术 1.0 是有本质区别的，信息技术 2.0 的核心在于应用。比如何鸿瑾老师在教学中，多次使用几何画板辅助教学，在学生进行抽象思考的基础上，用几何画板给学生以直观的演示，培养学生几何直观的核心素养。因此，老师们一定要加强对信息技术的研究和应用，研究什么环境下，应采用什么样的信息技术手段。

图 5-19　夏荣老师点评

陈松林老师（见图 5-20）以綦江区九年级学生的数学学业水平考试、重庆市 2021 年中考第 25 题为背景，对两节课进行了点评，对第 25 题的关键问题、教师如何评讲课以及教师的专业发展进行了剖析，提出不少中肯的建议。

图 5-20　陈松林老师点评

第 25 题，学生在思考时，要去掉抛物线的情境，只保留四个点："二次函数中特殊四边形的存在性问题" 比较快捷的思考方式不一定是对点法。教师在评讲试题时，要让学生经历充分的自主思考，可让他们自己对照试卷标准答案、自行纠正、小组讨论、解决一部分问题，教师只讲解某些题目即可，且一定要讲解清楚。

对于青年教师而言，一定要多研究、多学习、多展示，只有老师研究得透彻，才能给学生讲解得清楚。

三、立足全域，牢记使命

活动的最后，綦江中学杨秀鹏校长、古南中学郑奇校长对此次活动给予了高度评价。

郑校长（见图5-21）非常赞同这种教研方式，綦中、古南是一家，这样的教研模式可以拓展老师们的思维。数学教育中，要特别重视思维训练，要因材施教，要让各类学生都对数学产生学习的兴趣。綦中与古南要承担起綦江教育的重任，初中教师要有高中教师的思维，要尽心尽力把学生培养好，牢记教师使命，办綦江老百姓满意的教育。

图 5-21　郑其校点评　　　　　图 5-22　杨秀鹏校长点评

杨校长（见图5-22）站在綦江教育全局的角度，鼓励老师们要与各个学校建立联系，资源共享，各个学科都要学习数学学科经验，进行联合教研。要把初中基础打牢，根基做大，在初中就可以进行理科竞赛培训，学生有了根基，綦江区的教育就能结出更大的硕果。

此次联合教研活动，取得了圆满成功。"道阻且长，行则将至"，綦江区的初中数学教师们将不忘初心、牢记使命，主动钻研，立德树人，为办老百姓满意的教育作出自己的贡献。

第六章　专家齐聚教研　领略数学魅力

第一节　"互联网＋数学之美"市级活动

关于开展领雁工程初中数学教学
展示研讨活动的通知

重庆各主城区、綦江区初中数学创新基地、教研工作坊：

为推动我市领雁工程初中数学创新基地、教研工作坊的相关工作，经研究决定于 2020 年 1 月 3 日（星期五），在重庆市綦江区古南中学（地址：重庆市綦江区古南街道后山路滩子口 159 号）开展我市领雁工程初中数学创新基地、教研工作坊教学展示研讨活动，会期一天。现将会议相关事宜通知如下：

一、组织机构

主办单位：重庆市教育学会中学数学教学专业委员会
承办单位：重庆市綦江区教育科学研究所
　　　　　重庆市綦江区古南中学

二、会议时间

2020 年 1 月 3 日（星期五）全天

三、会议地点

重庆市綦江区古南中学会议室

四、会议内容

（1）课例展示。

（2）课例点评指导及专家讲座。

（3）重庆市綦江区古南中学领雁工程开展情况汇报。

（4）张斌老师布置领雁工程后期工作。

五、注意事项

（1）相关区县的初中数学教研员、各项目组负责人及成员代表参会。

（2）请参会老师于 2020 年 1 月 2 日 16:00—18:00 在綦江区古南中学会议室报到。

六、其他事项

（1）各参会人员保证参会期间教学秩序正常；同时做好自身参会期间的人身、交通、食宿、财物等安全工作。

（2）食宿自理，往返差旅费回原单位报销。

七、会务联系人

綦江教科所：陈松林

古南中学：叶含琪、代其

重庆市教育学会中学数学教学专业委员会

2019 年 12 月 11 日

第二节　"整式的加减（复习）"教学设计

（2019 年 12 月 31 日试讲版）

一、教材分析

（一）地位和作用

本节课是人教版七年级数学第二章"整式的加减"的复习课。本章的主要内容是：单项式、多项式、整式、同类项的概念，用字母列式表示数量关系，合并同类项法则，去括号法则以及整式的加减运算。通过本节课的学习，学生应该熟练掌握整式的加减法运算，为后面学习整式的乘除和因式分解奠定基础。

（二）教学目标分析

1. 知识技能

梳理整式的相关概念，归纳概念之间的区别与联系。

2. 数学思考

进一步体会用字母表示数的意义，体会 "数式通性"，体会蕴含在具体问题中的数学思想和规律。在教与学的过程中，引导学生有条理地思考，培养学生的表达能力。

3. 问题解决

在正确合并同类项、准确运用去括号法则的基础上，培养熟练地进行整式的加减运算能力。

4. 情感态度

让学生在轻松愉快的 "旅途" 中再次领悟整式的相关概念，激发学生学习数学的兴趣，养成认真倾听他人发言的习惯，感受与同伴交流的乐趣。

（三）教学重难点分析

1. 重点

概念之间的内在联系，以及熟练地进行整式的加减运算。

2. 难点

熟练地进行整式的加减运算。

二、学情分析

本节课是在学生已经学习完本章的全部知识后进行的专题复习提高。七年级学生已经具备了初步分析问题和解决问题的能力。在新课改理念的指导下如何调动学生的学习热情，让学生自主学习、合作探究成为课堂教学的主流，是教师需要思考的问题。教师要鼓励学生大胆尝试，敢于发表自己的看法，以从中获得成功的体验。

三、教法分析

教学过程不只是知识的（传）授——（接）受过程，也不是机械地告诉与被告诉的过程，而是一个学习者主动学习的过程。因而考虑到学生的认知水平，以及本节课要让学生再次领悟整式的相关概念以灵活应用所学知识解决问题，因此，教师采用"旅游"的方式激发学生的学习兴趣。采用启发、引导、设疑等教学方法，让学生始终处于主动学习的状态。课堂上教师起主导作用，让学生留有充分的思考时间，使课堂气氛活泼、有新鲜感。

四、学法指导

根据新课程标准理念，学生是学习的主体，教师只是学习的组织者、引导者、合作者。本节课主要通过教师的引导让学生解决现实生活中的实际问题，提高运用所学知识解决实际问题的能力。因此教师要有组织、有目的、有针对性地引导学生加入学习活动中，鼓励学生采用动手实践、自主探索、合作交流的学习方式，培养学生"动手""动脑""动口"的习惯与能力，使学生真正成为学习的主人。

五、教学过程

教学基本流程：观看视频、问题引入——回顾本章知识结构图——知识梳理与典例分析——游后大检测（巩固练习）——谈谈收获——自我评价——布置作业。

六、具体教学过程

（一）观看视频，完成问题

问题：暑假期间，綦江横山花仙谷景区的成人票价是 60 元／张，儿童买半票，甲旅行团有 x（名）成年人和 y（名）儿童；乙旅行团的成人数是甲旅行团的 2 倍，儿童数比甲旅行团的 2 倍少 8 人，这两个旅行团的门票费用总和是多少？

答案：$(180x + 90y - 240)$ 元。

活动设计：抽学生完成分析，列式。

设计意图：通过观察旅游照片，激发学生兴趣，引入本章复习内容。

（二）回顾本章知识结构图

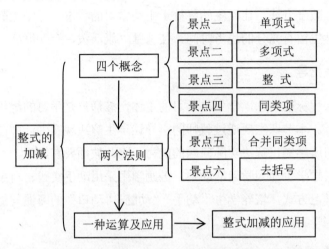

活动设计：学生完成本章的知识梳理，教师介绍本节课以旅游的方式进行学习，分配小组学习任务，每一小组选出一名小导游。

设计意图：通过旅游的方式提高学生的学习兴趣。在旅游中复习单项式、多项式、整式、同类项等概念，让全体学生参与到课堂中来。

（三）知识梳理与典例分析

景点一

1. 你们准备从单项式的（定义）、（系数）、（次数）来介绍单项式。

2.

单项式

定义：由数字或字母的乘积组成的式子，单独的<u>一个数</u>或<u>一个字母</u>也是单项式。

系数：单项式中的<u>数字因数</u>。

次数：单项式中所有字母的指数和。

比一比，看谁是细心小游客

1. 单项式

已知关于 a、b 的单项式 $2a^m b^2$ 次数为 6，则 $m=$ ___4___ 。

变式：

已知关于 a、b 的单项式 $(m-4)a^{|m|}b^2$ 次数为 6，则 $m=$ ___-4___ 。

景点二

1. 你们准备从多项式的（定义）、（项）、（常数项）、（次数）来介绍多项式。

2.

$$
多项式\begin{cases}
定义：几个单项式的和。\\
项：组成多项式的单项式；\\
\quad\ \ 有几项，就叫几项式。\\
常数项：多项式中不含字母的项。\\
次数：多项式中次数最高项的次数。
\end{cases}
$$

比一比，看谁是细心小游客

2. 多项式

多项式 $x^{|m|}-(m-4)x+7$ 是关于 x 的四次三项式，则 m 的值是（C）。

A. 4　　　　　B. -2　　　　　C. -4　　　　　D. 4 或-4

景点三

单项式与多项式合称整式。

景点四

同类项的定义：所含字母相同，并且相同字母的指数也相同。

比一比，看谁是细心小游客

3. 同类项

若 $2y^n x^3$ 与 $-x^m y^2$ 是同类项，则 $m+n=$ ___5___。

变式：

若 $-x^{a+6}y^2$ 与 $3x^4 y^b$ 的和是一个单项式，则 $a^b=$ ___4___。

景点五

合并同类项法则：系数相加，字母和字母的指数不变。

景点六

去括号法则：是"+"不变号，是"-"全变号。

比一比，看谁是细心小游客

4. 去括号：判断下列各式是否正确？

（1）$a-(b-c+d)=a-b-c+d$ 　（×）

（2）$c+2(a-b)=c+2a-b$ 　（×）

活动设计：

（1）学生小组活动，完善导学案中的各组景点知识梳理；

（2）各组小导游代表小组轮流讲解，优化知识体系（尽量脱稿）；

（3）完成知识景点介绍后，每一位学生拿出教师为自己准备的门票，判断单项式、多项式、整式；

（4）教师出示对应的典型例题，规定答题时间、交流方式；

（5）学生自主做题，小组交流讨论答案及做题思路、方法、规律；

（6）小组推选代表展示交流解决问题的思路，教师适时点拨解题技巧和解题方法、规律等。

设计意图：

（1）通过分组当小导游的形式梳理知识，使知识系统化、条理化，让学生能对本章知识有一个清晰的轮廓；

（2）通过门票的设计，激发学生学习兴趣，让学生积极参与到活动中来；

（3）培养学生灵活运用所学知识解决问题的能力。

（四）游后大检测（巩固练习）

1. 先化简，再求值

（1）$2(2x-3y)-（3x+2y+1)$，其中 $x=2$，$y=1$。

（2）$3x^2-\left[7x-(4x-3)-2x^2\right]$，其中 $x=-2$。

2. 拓展提升

计算：已知 $y=x-1$，求 $(x-y)^2+(y-x)+1$ 的值。

活动设计：检测 1，全班共同完成，找两位同学板演。拓展提升，老师根据学生完成情况，引导学生用整体思想解决这一问题。

设计意图：

（1）在准确运用去括号法则的基础上，正确合并同类项，熟练地进行整式加减的运算；

（2）最大限度地调动学生的积极性，引导学生尝试用多种方法解决问题，培养学生灵活运用所学知识解决问题的能力。

（五）谈谈收获

1. 在本节课上我们复习了哪些知识？

（单项式、多项式、整式及同类项概念，合并同类项和去括号法则，整式的化简、求值）

2. 你认为自己解决得最好的问题是什么？

（抽学生作答，答案不唯一）

活动设计：师生共同对本节课的知识进行整理，加深学生对知识的掌握。

设计意图：梳理本节课的知识点，让学生收获成功的喜悦，培养他们数学学习的兴趣。

（六）自我评价

表 6-1　自我评价表

评价项目	评价内容	自我评价		
知识与技能	进一步理解单项式、多项式、整式及同类项概念	笑脸 （非常好）	平脸 （一般）	哭脸 （差）
	进一步熟练掌握整式的加减，即合并同类项和去括号法则	笑脸 （非常好）	平脸 （一般）	哭脸 （差）
	运用整式的化简、求值，解决相关问题	笑脸 （非常好）	平脸 （一般）	哭脸 （差）
过程与方法	回忆所学的知识，打牢基础，讲解典型例题，做练习进行巩固	笑脸 （非常好）	平脸 （一般）	哭脸 （差）
	树立整体思想解决实际问题	笑脸 （非常好）	平脸 （一般）	哭脸 （差）
情感、态度与价值观	增强自己的交流能力	笑脸 （非常好）	平脸 （一般）	哭脸 （差）

活动设计：学生针对自己本节课的表现对自己进行评价（见表 6-1）。

设计意图：让学生体会成功的喜悦，提高学生数学学习的兴趣。

（七）作业布置

（1）必做题：课本 P74，P75 第 1、4、9 题。

（2）选做题：课本 P74，P75 第 2、3、5、6、7、8 题。

活动设计：学生独立完成。

设计意图：让全体学生参与到数学学习中，体验学习的乐趣。

第三节　"整式的加减（复习）"导学案

（2019 年 12 月 31 日试讲版）

【复习目标】

（1）进一步理解单项式、多项式、整式及同类项概念。

（2）熟练进行整式的加减，牢固掌握合并同类项和去括号法则。

（3）运用整式的化简、求值，解决相关问题。

【重点】 同类项与合并同类项。

【难点】 整式的化简与求值。

一、观看视频（花仙谷视频）完成问题

暑假期间，綦江横山花仙谷景区的成人票价是 60 元 / 张，儿童买半票，甲旅行团有 x（名）成年人和 y（名）儿童；乙旅行团的成年人数是甲旅行团的 2 倍，儿童数比甲旅行团的 2 倍少 8 人，这两个旅行团的门票费用总和是多少？

二、熟悉知识体系

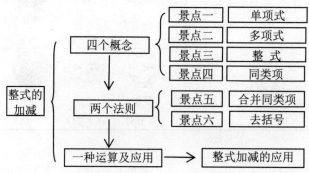

三、知识回顾（我当小导游）

景点一

1. 你们准备从单项式的（　　）、（　　）、（　　）来介绍单项式。

2.

单项式 {
定义：由____或____的____组成的式子。
　　　单独的_____或_____也是单项式。

系数：单项式中的_____。

次数：单项式中_____。
}

景点二

1. 你们准备从多项式的（　　）、（　）、（　　　）、（　　）来介绍多项式。

2.

多项式 {
定义：几个_____。

项：组成多项式的_____；
　　有几项，就叫作_____。

常数项：多项式中_____。

次数：多项式中_____。
}

景点三

_____与_____统称整式。

景点四

同类项的定义：_____相同，并且_____也相同。

景点五

合并同类项法则：____相加，_____不变。

景点六

去括号法则：_____。

四、比一比，看谁是细心小游客

1. 单项式

已知关于 a、b 的单项式 $2a^m b^2$ 次数为 6，则 $m=$_____。

变式 1 已知关于 a、b 的单项式 $(m-4)\,a^{|m|}b^2$ 次数为 6，则 $m=$_____。

2. 多项式

多项式 $x^{|m|}-(m-4)\,x+7$ 是关于 x 的四次三项式，则 m 的值是（   ）。

A. 4   B. -2   C. -4   D. 4 或-4

3. 同类项

若 $2y^n x^3$ 与 $-x^m y^2$ 是同类项，则 $m+n=$____。

变式 2 若 $-x^{a+6}y^2$ 与 $3x^4 y^b$ 的和是一个单项式，则 $a^b=$___。

4. 去括号：判断下列各式是否正确？

（1）$a-(b-c+d)=a-b-c+d$ （   ）

（2）$c+2(a-b)=c+2a-b$ （   ）

五、游后大检测（看谁是最厉害的小游客）

1. 先化简，再求值

（1）$2(2x-3y)-(3x+2y+1)$，其中 $x=2$，$y=-1$。

（2）$3x^2-\left[7x-(4x-3)-2x^2\right]$，其中 $x=-2$。

2. 拓展提升

计算：已知 $y=x-1$，求 $(x-y)^2+(y-x)+1$ 的值。

六、谈谈收获

1. 在本节课上我们复习了哪些知识？

2. 你认为自己解决得最好的问题是什么？

七、自我评价（见表 6-1'）

表 6-1' 自我评价表

评价项目	评价内容	自我评价		
知识与技能	进一步理解单项式、多项式、整式及同类项概念	笑脸 （非常好）	平脸 （一般）	哭脸 （差）

续表

评价项目	评价内容	自我评价		
知识与技能	进一步熟练掌握整式的加减，即合并同类项和去括号法则	笑脸（非常好）	平脸（一般）	哭脸（差）
	运用整式的化简、求值，解决相关问题	笑脸（非常好）	平脸（一般）	哭脸（差）
过程与方法	回忆所学的知识，打牢基础，讲解典型例题，做练习进行巩固	笑脸（非常好）	平脸（一般）	哭脸（差）
	树立整体思想解决实际问题	笑脸（非常好）	平脸（一般）	哭脸（差）
情感、态度与价值观	增强自己的交流能力	笑脸（非常好）	平脸（一般）	哭脸（差）

八、作业

（1）课本第 74～75 页复习题 2 中的第 1、4、9 题。

（2）其他选做。

第四节　"整式的加减（复习）"试讲磨课记录

一、会议地点

綦江区东溪中学会议室

二、会议时间

2019 年 12 月 31 日

三、参会专家

张斌、陈松林、叶含琪、徐朝波、代其

四、打磨建议

（1）视频的播放提到上课前，尽量缩短抽取卡片环节时间，为后面课后巩固节约时间。

（2）花仙谷应用题将"甲旅行团有 x（名）成年人和 y（名）儿童；乙旅行团的成年人数是甲旅行团的 2 倍，儿童数比甲旅行团的 2 倍少 8 人，这两个旅行团的门票费用总和是多少？"修改为：

"暑假期间，綦江横山花仙谷景区的成人票价是 60 元／张，儿童买半票，某旅行团有 x 名儿童，成年人的人数是儿童人数的 2 倍，这个旅行团的门票费用总和是多少？"

（3）导学案上"知识体系"图片模糊，学生看不清，建议重新制作。

（4）导学案景点一

"你们准备从单项式的（　　）、（　　）、（　　）来介绍单项式。"修改为："我们准备从单项式的（　　　）、（　　　）来介绍单项式。"

（5）导学案景点二

①"你们准备从多项式的（　　）、（　　）、（　　）、（　　）来介绍多项式。"修改为："我们准备从多项式的（　　）、（　　）、（　　）来介绍多项式。"

②"定义：几个 ＿＿＿＿＿＿ 。"修改为："定义：几个单项式的 ＿＿＿＿＿＿ 。"

③"项：组成多项式中的 ＿＿＿＿＿＿；有几项，就叫作 ＿＿＿＿＿＿ 。"修改为："项：每个 ＿＿＿＿＿＿ 叫作多项式的项，有几项，就叫作几项式。如：$3x + 2y$ 叫 ＿＿＿＿＿＿ 项式。"

④"常数项：多项式中 ＿＿＿＿＿＿ 。"修改为："常数项：＿＿＿＿＿＿ 叫作常数项。"

⑤"次数：多项式中 ＿＿＿＿＿＿ 。"修改为："多项式里，次数指 ＿＿＿＿＿＿ 。"

（6）导学案景点六

"去括号法则：＿＿＿＿＿＿＿。"修改为："去括号法则：去括号看符号，是"＋"号，＿＿＿＿；是"－"号，＿＿＿＿＿。"

（7）游后大检测（看谁是最厉害的小游客）

1. 先化简，再求值

（1）$4x^2-(3y^2+5x^2)+4(y^2-xy)$，其中 $x=-1$，$y=1$。

2. 拓展提升

计算：

（2）$3x^2-\left[7x-(4x-3)-2x^2\right]$，其中 $x=-2$

修改为：

1. 先化简，再求值

$(2x^3+4xy^2)-2(x^3+2xy^2+y^3)$，其中 $x=2$，$y=1$。

2. 拓展提升

计算：已知 $y=x-1$，求 $(x-y)^2+(y-x)+1$ 的值。

注意：一题多解。

（8）作业设计修改为：

1. 课后巩固

綦江老瀛山是国家 4A 级旅游景区，这里有宏伟壮观的红岩坪丹霞地貌。为了让学生们体验这种奇观，古南中学两名家长决定带领若干名学生去参观。甲旅行社的收费标准为：家长全价，学生 7 折；乙旅行社的收费标准为：不管家长还是学生，20 人以下时（包括 20 人）一律七五折优惠，20 人以上时，20 人以内的部分七五折优惠，超过 20 人的部分六五折优惠，这两家旅行社的全价都是每人 80 元。设学生人数为 x：

（1）当 $x\leqslant18$ 时，选择乙旅行社所需费用为＿＿＿＿＿＿＿＿元。（用含 x 的整式表示）

（2）当 $x>18$ 时，选择乙旅行社所需费用为＿＿＿＿＿＿＿＿元。（用含 x 的整式表示）

（3）当 $x=20$ 时，请你计算选择哪一家旅行社比较合算，并计算出相应费用。

2. 课后提升

点 A 在数轴上对应的数为 a，点 B 对应的数为 b，且 a、b 满足 $|a+4|+(b-3)^2=0$。

（1）如图 6-1：线段 AB 的长为_____。

（2）如图 6-2，若 P 点是 B 点右侧一点，PA 的中点为 M，N 为 PB 的三等分点且靠近 P 点，当 P 在 B 点的右侧运动时，有两个结论：① $PM-\dfrac{3}{4}BN$ 的值不变；② $\dfrac{1}{2}PM+\dfrac{3}{4}BN$ 的值不变，请你判断上述结论是否正确，并说明理由。

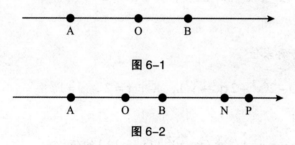

图 6-1

图 6-2

（9）抽学生介绍手中式子时，门票较小，后面的看不清。（改变为抽学生上台展示，或还是使用多媒体投影）

（10）注意从整式的概念强调 $\dfrac{1}{x}$ 不是整式。

（11）广告牌上的字体书写格式不对，建议采用白底红字。

（12）习题编号要有条理，方便学生完成。

第五节 "整式的加减（复习）"教学设计

（2020 年 1 月 3 日正式版）

一、教材分析

（一）地位和作用

本节课是人教版七年级数学第二章 "整式的加减" 的复习课。本章的主要内容是：单项式、多项式、整式、同类项的概念；用字母列式表示数量关系，合并同类项法则，去括号法则以及整式的加减运算。通过本节课的学习，让学生熟练掌握整式的加减法运算，为后面学习整式的乘除和因式分解奠定基础。

（二）教学目标分析

1. 知识技能

梳理整式的相关概念，弄清概念之间的区别与联系。

2. 数学思考

进一步体会用字母表示数的意义，体会"数式通性"，体会蕴含在具体问题中的数学思想和规律。在教与学的过程中，引导学生有条理地思考，培养学生清楚表达思维过程的能力。

3. 问题解决

在正确合并同类项、准确运用去括号法则的基础上，熟练地进行整式的加减运算。

4. 情感态度

让学生在轻松愉快的"旅途"中再次领悟整式的相关概念，激发学生学习兴趣，培养学生倾听他人发言的良好习惯，真正让学生感受与同伴交流的乐趣。

（三）教学重难点分析

1. 重点

掌握概念之间的内在联系，熟练地进行整式的加减运算。

2. 难点

熟练地进行整式的加减运算。

二、学情分析

本节是"整式的加减"章末复习课，七年级学生已经具备了初步分析和解决整式相关问题的能力。本节课在新课改理念的指导下，充分调动学生的学习热情，让学生自主学习、合作探究成为本堂课教学的主要方法。教学中教师鼓励学生大胆尝试，敢于发表自己的看法，从中获得成功的体验。

三、教法分析

教学过程不只是知识的（传）授—（接）受过程，也不是机械地告诉与被告诉的过程，而是一个学习者主动学习的过程。结合学生的认知水平和本节课教学内容，我采用"旅游"的方式激发学生的学习兴趣，采用启发、引导、设疑等教学方法，让学生始终处于主动学习的状态。课堂上教师起主导作用，给学生充分的思考时间，使课堂气氛活泼、有新鲜感。

四、学法指导

根据新课程标准理念，学生是学习的主体，教师是学习的组织者、引导者、合作者。本节课主要通过老师的引导让学生解决现实生活中的实际问题，提高运用所学知识解决实际问题的能力。因此教师要有组织、有目的、有针对性地引导学生深入学习活动中，鼓励学生采用动手实践、自主探索、合作交流的学习方式，培养学生 "动手""动脑""动口" 的习惯与能力，使学生真正成为学习的主人。

五、基本教学过程

观看视频，问题引入——出示本章知识结构图——知识梳理与典例分析——游后大检测（巩固练习）——谈谈收获——自我评价——布置作业。

六、具体教学过程

（一）观看视频，完成问题

出示问题：暑假期间，綦江横山花仙谷景区的成人票价是 60 元 / 张，儿童买半票，某旅行团有 x 名儿童，成年人的人数是儿童人数的 2 倍，这个旅行团的门票费用总和是多少？

答案：$30x + 60 \times 2x = 150x$ （元）。

活动设计：抽学生完成分析，列式。

设计意图：通过观察旅游照片，激发学生兴趣，引入本章复习内容。

（二）回顾本章知识结构图

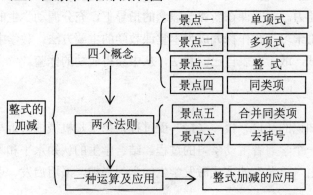

活动设计：学生完成本章知识梳理；教师介绍本节课以旅游的方式进行学习，分配小组学习任务，每一小组选出一名小导游。

设计意图：通过旅游的方式提高学生的学习兴趣。在旅游中复习单项式、多项式、整式、同类项等概念，让全体学生参与到课堂中来。

（三）知识梳理与典例分析

景点一（第一组）

1. 我们准备从单项式的（系数）、（次数）来介绍单项式。

单项式
- 定义：由数字或字母的乘积组成的式子，单独的一个数或一个字母也是单项式。
- 系数：单项式中的数字因数。
- 次数：单项式中所有字母的指数和。

比一比，看谁是细心小游客

1. 单项式

已知关于 a、b 的单项式 $2a^m b^2$ 次数为 6，则 $m=$ ___4___ 。

变式：

已知关于 a、b 的单项式 $(m-4)a^{|m|}b^2$ 次数为 6，则 $m=$ ___-4___ 。

景点二（第二组）

1. 我们准备从多项式的（项）、（常数项）、（次数）来介绍多项式。

2.

多项式
- 定义：几个单项式的和。
- 项：每个单项式叫作多项式的项；有几项，就叫作几项式。如：$2x+3y$ 叫二项式。
- 常数项：不含字母的项叫做常数项。
- 次数：多项式中次数最高项的次数。

比一比，看谁是细心小游客

2. 多项式

多项式 $x^{|m|}-(m-4)x+7$ 是关于 x 的四次三项式，则 m 的值是（C）。

A. 4　　　　B. -2　　　　C. -4　　　　D. 4 或-4

景点三

单项式与多项式统称整式。

景点四

同类项的定义：所含字母相同，并且相同字母的指数也相同的项。

比一比，看谁是细心小游客

3. 同类项

若 $2y^n x^3$ 与 $-x^m y^2$ 是同类项，则 $m+n$ = ＿5＿。

变式：

若 $-x^{a+6} y^2$ 与 $3x^4 y^b$ 的和是一个单项式，则 a^b = ＿4＿。

景点五

合并同类项法则：系数相加，字母和字母的指数不变。

景点六

去括号法则：去括号看符号，是 "+" 号，不变号；是 "－" 号，全变号。

比一比，看谁是细心小游客

4. 去括号

判断下列各式是否正确？

（1）$a-(b-c+d)=a-b-c+d$ 　　（×）

（2）$c+2(a-b)=c+2a-b$ 　　（×）

活动设计：

（1）学生小组活动，完善导学案中的各组景点知识梳理；

（2）各组小导游代表小组轮流讲解知识体系（尽量脱稿）；

（3）完成知识景点介绍后，为每一位学生拿出准备的门票，判断单项式、多项式、整式，抽生上台进行讲解介绍；

（4）教师出示对应的典型例题，规定答题时间、交流方式；

（5）学生自主做题，小组交流讨论答案及做题思路、方法、规律；

（6）学生展示交流解决问题的思路，教师适时点拨解题技巧和解题方法、规律等。

设计意图：

（1）通过分小组当小导游的形式，学生回答完这些问题后，能对本章知识有一个清晰的轮廓；

（2）通过门票的设计，激发学生兴趣，让学生积极参与到活动中来；

（3）培养学生灵活运用所学知识解决问题的能力。

（四）游后大检测

1. 先化简，再求值

$(2x^3 + 4xy^2) - 2(x^3 + 2xy^2 + y^3)$，其中 $x = 2$，$y = 1$。

解：$(2x^3 + 4xy^2) - 2(x^3 + 2xy^2 + y^3)$

$= 2x^3 + 4xy^2 - 2x^3 - 4xy^2 - 2y^3$

$= -2y^3$

当 $x = 2$，$y = -1$ 时，$-2y^3 = -2 \times (-1)^3 = 2$。

2. 拓展提升

计算：已知 $y = x - 1$，求 $(x - y)^2 + (y - x) + 1$ 的值。

答案：1。（方法有多种）

活动设计：

（1）学生独立完成，教师巡视，找一位同学板演，集体订正。

（2）引导学生用整体思想解决这一问题。

设计意图：

（1）在准确运用去括号法则的基础上，正确合并同类项，熟练地进行整式加减运算。

（2）调动学生的积极性，尝试用多种方法解决问题，培养学生灵活运用所学知识解决问题的能力。

（五）谈谈收获

1. 在本节课上，我们复习了哪些知识？

（单项式、多项式、整式及同类项概念，合并同类项和去括号法则，整式的化简、求值）

2. 你认为自己解决得最好的问题是什么？

（抽学生作答，答案不唯一）

活动设计：师生共同对本节课的知识进行整理，加深学生对知识的掌握。

设计意图：梳理本节课的知识点，让学生收获成功的喜悦，培养他们学习数学的兴趣。

（六）自我评价

表 6-1" 自我评价表

评价项目	评价内容	自我评价		
知识与技能	进一步理解单项式、多项式、整式及同类项概念	笑脸（非常好）	平脸（一般）	哭脸（差）
	进一步熟练掌握整式的加减，即合并同类项和去括号法则	笑脸（非常好）	平脸（一般）	哭脸（差）
	运用整式的化简、求值，解决相关问题	笑脸（非常好）	平脸（一般）	哭脸（差）
过程与方法	回忆所学的知识，打牢基础，讲解典型例题，做练习进行巩固	笑脸（非常好）	平脸（一般）	哭脸（差）
	树立整体思想解决实际问题	笑脸（非常好）	平脸（一般）	哭脸（差）
情感、态度与价值观	增强自己的交流能力	笑脸（非常好）	平脸（一般）	哭脸（差）

活动设计：学生针对自己本节课的表现对自己进行评价（见表 6-1"）。

设计意图：让学生体会成功的喜悦，提高学生数学学习的兴趣。

（七）作业布置

1. 课后巩固

綦江老瀛山是国家 4A 级旅游景区，这里有宏伟壮观的红岩坪丹霞地貌。

为了让学生们体验这种奇观,古南中学两名家长决定带领若干名学生去参观,甲旅行社的收费标准为家长全价,学生 7 折;乙旅行社的收费标准为不管家长还是学生,20 人以下时(包括 20 人)一律七五折优惠,20 人以上时,前 20 人以内的部分七五折优惠,超过 20 人的部分六五折优惠。这两家旅行社的全价都是每人 80 元。设学生人数为x:

(1)当 $x \leqslant 18$ 时,选择乙旅行社所需费用为 （60x+120） 元。(用含 x 的整式表示)

(2)当 $x > 18$ 时,选择乙旅行社所需费用为 （52x+264） 元。(用含 x 的整式表示)

(3)当 $x = 20$ 时,请你计算选择哪一家旅行社比较合算,并计算出相应费用。

解:$x = 20$ 时,

甲旅行社费用:$2 \times 80 + 20 \times 80 \times 0.7 = 1280$（元)

乙旅行社费用:$52 \times 20 + 264 = 1304$（元)

$1280 < 1304$,

答:当 $x=20$ 时,选择甲旅行社合算。

2. 课后提升

点 A 在数轴上对应的数为 a,点 B 对应的数为 b,且 a、b 满足 $|a+4| + (b-3)^2 = 0$。

(1)如图 6-1':线段 AB 的长为 7 。

(2)如图 6-2',若 P 点是 B 点右侧一点,PA 的中点为 M,N 为 PB 的三等分点且靠近 P 点。当 P 在 B 的右侧运动时,有两个结论:① $PM - \frac{3}{4}BN$ 的值不变;② $\frac{1}{2}PM + \frac{3}{4}BN$ 的值不变。

请你判断上述结论是否正确,并说明理由。

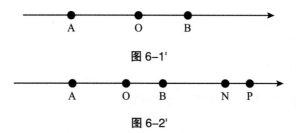

图 6-1'

图 6-2'

解：设 P 点所表示的数为 x（$x>3$），

有 $PM = \frac{1}{2}x + 2$；$BN = \frac{2}{3}(x-3)$，

则 $PM - \frac{3}{4}BN = \frac{1}{2}x + 2 - \frac{3}{4} \times \frac{2}{3}(x-3) = \frac{7}{2}$（不变）

$\frac{1}{2}PM + \frac{3}{4}BN = \frac{1}{2} \times (\frac{1}{2}x + 2) + \frac{3}{4} \times \frac{2}{3} \times (x-3) = \frac{3}{4}x - \frac{1}{2}$

此时 $\frac{1}{2}PM + \frac{3}{4}BN$ 的值随 x 变化而变化。

综上：①正确；②错误。   83136734   237674

活动设计：课后巩固的题目由学生独立完成。课后提升的题目学生课后可交流讨论。

设计意图：

（1）从课前的花仙谷到课后的老瀛山，让学生在熟悉的问题情景中主动学习，体验学习数学的乐趣；

（2）课后提升将线段问题与整式相结合，进一步发展学生整式计算能力和数学思维能力。

第六节 "整式的加减（复习）"导学案

（2020年1月3日正式版）

【学习目标】

（1）进一步理解单项式、多项式、整式及同类项概念。

（2）熟练进行整式的加减计算，牢固掌握合并同类项和去括号法则。

（3）运用整式的化简、求值，解决相关问题。

【学习重点】

同类项与合并同类项。

【学习难点】

整式的化简与求值。

一、观看视频（花仙谷视频）完成问题

暑假期间，綦江横山花仙谷景区的成人票价是 60 元／张，儿童买半票，

某旅行团有 x 名儿童，成年人的人数是儿童人数的 2 倍，这个旅行团的门票费用总和是多少？

二、熟悉知识体系

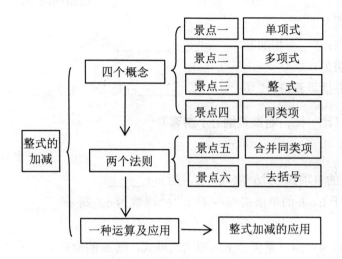

三、知识回顾（我当小导游）

景点一（第一组）

1. 我们准备从单项式的（　　）、（　　）来介绍单项式。

2.

单项式
- 定义：由____或____的____，组成的式子；
  单独的_____或_____也是单项式。
- 系数：单项式中的_____。
- 次数：单项式中所有_____。

景点二（第二组）

1. 我们准备从多项式的（　　）、（　　）、（　　）来介绍多项式。

2.

多项式
- 定义：几个单项式的_____。
- 项：每个_____叫作多项式的项，有几项，就叫作几项式。如：3x+2y 叫____项式。
- 常数项：_____叫作常数项
- 次数：多项式里，次数指_____。

景点三

_____与_____合称整式。

景点四（第三组）

同类项的定义：_____相同，并且_____也相同的项。

景点五（第四组）

合并同类项法则：_____相加减，_____不变。

景点六（第五组）

去括号法则：去括号看符号，是 "+" 号，_____；是 "-" 号，_____。

四、典型示例（比一比，看谁是细心小游客）

1. 单项式

已知关于 a、b 的单项式 $2a^m b^2$ 次数为 6，则 $m=$_____。

变式 1 已知关于 a、b 的单项式 $(m-4) a^{|m|} b^2$ 次数为 6，则 $m=$_____。

2. 多项式

多项式 $x^{|m|} + (m-4) x + 7$ 是关于 x 的四次三项式，则 m 的值是（   ）。

A. 4   B. -2   C. -4   D. 4 或 -4

3. 同类项

若 $2y^n x^3$ 与 $-x^m y^2$ 是同类项，则 $m+n=$_____。

变式 2 若 $-x^{a+6} y^2$ 与 $3x^4 y^b$ 的和是一个单项式，则 $a^b =$___。

4. 去括号：判断下列各式是否正确？

（1）$a-(b-c+d)=a-b-c+d$ （   ）

（2）$c+2(a-b)=c+2a-b$ （   ）

五、游后大检测（看谁是最厉害的小游客）

1. 先化简，再求值

$(2x^3 + 4xy^2) - 2(x^3 + 2xy^2 + y^3)$，其中 $x=2$，$y=-1$。

2. 拓展提升

计算：已知 $y=x-1$，求 $(x-y)^2 + (y-x) + 1$ 的值。

注意：一题多解。

六、谈谈收获

1. 在本节课上，我们回顾了哪些知识？

2. 你认为自己解决得最好的问题是什么？

七、自我评价（见表 6-1‴）

表 6-1‴　自我评价表

评价项目	评价内容	自我评价		
知识与技能	进一步理解单项式、多项式、整式及同类项概念	笑脸（非常好）	平脸（一般）	哭脸（差）
	进一步熟练掌握整式的加减，即合并同类项和去括号法则	笑脸（非常好）	平脸（一般）	哭脸（差）
	运用整式的化简、求值，解决相关问题	笑脸（非常好）	平脸（一般）	哭脸（差）
过程与方法	回忆所学的知识，打牢基础，讲解典型例题，做练习进行巩固	笑脸（非常好）	平脸（一般）	哭脸（差）
	树立整体思想解决实际问题	笑脸（非常好）	平脸（一般）	哭脸（差）
情感、态度与价值观	增强自己的交流能力	笑脸（非常好）	平脸（一般）	哭脸（差）

八、课后练习

1. 课后巩固

綦江老瀛山是国家 4A 级旅游景区，这里有宏伟壮观的红岩坪丹霞地貌。为了让学生们体验这种奇观,古南中学两名家长决定带领若干名学生去参观,甲旅行社的收费标准为：家长全价，学生 7 折；乙旅行社的收费标准为：不管家长还是学生，20 人以下时（包括 20 人）一律七五折优惠，20 人以上时，20 人以内的部分七五折优惠，超过 20 人的部分六五折优惠，这两家旅行社的全价都是每人 80 元。设学生人数为 x：

（1）当 $x \leqslant 18$ 时，选择乙旅行社所需费用为＿＿＿＿＿＿元。（用含 x 的整式表示）

（2）当 $x > 18$ 时，选择乙旅行社所需费用为＿＿＿＿＿＿元。（用含 x 的整式表示）

（3）当 $x = 20$ 时，请你计算选择哪一家旅行社比较合算，并计算出相应费用。

2. 课后提升

点 A 在数轴上对应的数为 a，点 B 对应的数为 b，且 a、b 满足 $|a+4| + (b-3)^2 = 0$。

（1）如图 6-1"：线段 AB 的长为＿＿＿＿＿。

（2）如图 6-2"，若 P 点是 B 点右侧一点，PA 的中点为 M，N 为 PB 的三等分点且靠近 P 点，当 P 点在 B 点的右侧运动时，有两个结论：① $PM - \dfrac{3}{4}BN$ 的值不变；② $\dfrac{1}{2}PM + \dfrac{3}{4}BN$ 的值不变，请你判断上述结论是否正确，并说明理由。

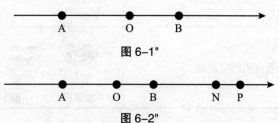

图 6-1"

图 6-2"

第七节　"整式的加减（复习）"课例评析

本节课是人教版七年级数学第二章的复习课,本章的主要内容是单项式、多项式、整式、同类项的概念,用字母列式表示数量关系,合并同类项法则,去括号法则以及整式的加减运算。通过本节课的学习,教师需要让学生熟练掌握整式的加减运算,为后面学习整式的乘除和因式分解奠定基础。本节课教师以概念引导先行、典型例题讲解练习相结合的方式开展教学,主要亮点有以下三点。

一、教学功夫"观"实

教师教态自然、仪表端庄、语言精练,逻辑思维强,有较强的课堂掌控能力。熟练掌握现代信息技术,利用多媒体教学,创设动态活力的知识框图,吸引学生目光,每复习一个问题都链接到一部分习题,题型丰富,变化多样,也成为本节课的一大亮点。设置自我评价环节,让学生体会获得成功的喜悦和快乐。

二、情景创设"激"趣

以绚丽多彩的綦江横山花仙谷风景视频开课,以此创设问题情景,激发学生兴趣,引入本章复习内容。通过旅游的方式增加学生的学习兴趣,在旅游中复习单项式、多项式、整式、同类项等概念,让全体学生参与到课堂中来。从课前的花仙谷到课后的老瀛山,不仅让学生体验到学习的乐趣,感受到数学来源于生活,更让学生对家乡的自豪感油然而生。

三、合作交流"探"用

通过小组合作当小导游的形式让学生回答问题完成对知识的初步梳理,对本章知识有了一个清晰的轮廓。复习由学生在动手、动脑与小组交流、展示中完成,小组合作目的明确、分工合理、时间充分、展示结果有效,学生激情高昂,主体地位突出。教师在恰当的时候提问、点拨,给予学生指导帮助,指导者作用明显,促进了积极情感的生成。

当然,任何好的理念和设计在实际的教学过程中总会留下一些遗憾。这节课也不例外,在"游后大检测"部分的拓展提升中,应该留给学生展示的机会。特别是对 $y = x - 1$ 的处理，应让学生表达更多的方法，真正体现一题多解，激发他们的学习热情；对学生描述不恰当的地方要及时点拨，让学生养成用规范语言表达的习惯。谈收获应从知识、思想、态度多方面进行，让学生在情感上得到进一步升华。

第八节　"整式的加减（复习）"课例感悟

一、数学本质与目标定位

本节课来源于新人教版七年级数学上册第二章"整式的加减"单元复习，是全章知识的综合与应用，是一节复习课，是全章的总结。知识点有四个概念——单项式、多项式、整式、同类项；两个法则——合并同类项、去括号；一种运算及应用——整式的加减运算。整式，是学生学习由数到式的一个过渡，而整式的加减是由数的加减到式的加减的一个过渡，它起到了承上启下的作用，同时，又是以后学习方程和函数的重要工具和基础。

根据教材内容的地位、作用，教学的重难点，考虑学生已有的知识与能力、心理特征，结合新课改理念，特制定如下教学目标。

1. 知识技能

梳理整式的相关概念，归纳概念之间的区别与联系。

2. 数学思考

进一步体会用字母表示数的意义，体会"数式通性"，体会蕴含在具体问题中的数学思想和规律。在教与学的过程中，引导学生有条理地思考，培养学生清楚表达思维过程的能力。

3. 过程方法

在正确合并同类项、准确运用去括号法则的基础上，熟练地进行整式的加减运算。

4. 情感态度

让学生在轻松愉快的"旅途"中再次领悟整式的相关概念，激发学生学习兴趣，使他们养成认真倾听他人发言的良好习惯，真正让学生感受与同伴交流的乐趣。

二、教法特点以及预期效果分析

（一）创新教学设计，激发学生学习兴趣

通过知识框图对本章的主要概念和法则等相关知识进行回顾、梳理，使学生系统地感悟知识，形成良好的认知结构，重新构建完善的"知识链"；通过小组合作进行知识回顾，完成导学案，进一步挖掘学生合作交流的能力和数学表达能力；在解决问题的过程中了解数学的价值，增强"用数学"的信心。

本堂课我以创设去重庆綦江横山花仙谷旅行的情境引入课题，以旅游为主线，将知识分为"四个概念"和"两个法则"这六个景点，将学生分为五个小组（其中整式的概念随机抽学生完成），每组选出一位小导游进行知识点介绍，利用手中"门票"进行知识预检。让学生通过当"小导游"对本章的主要概念和法则相关知识进行回顾、梳理，激发学生学习数学的兴趣。

通过"比一比，谁是细心小游客"和"游后大检测"，对本章的每一个知识点进行巩固提高，综合检查学生掌握知识的情况，加深学生对知识的理解，弥补他们知识和技能上的缺陷，提高他们掌握知识的水平和运用知识的能力。在课堂教学中重视一题多解，对整章题型进行了分类归纳整理。在教学中，调动了学生学习积极性，学生参与度高，并运用自我评价的方式让学生进行反馈。

（二）构建轻松课堂，还给学生学习的机会

学生的注意力始终集中在课堂上，上课单独回答问题的学生人数过半，对回答正确的学生我充分肯定，对回答有误的学生我耐心指导，始终让学生感受到老师的亲切、关爱，师生关系融洽。对学习吃力的学生我挑选简单的问题让他们作答，树立了他们学习数学的自信，让每一位学生学有所获，能力得到了不同程度的提高，为今后的学习打下了坚实的基础。

让学生拥有自主探究的时间和空间，让他们养成独立思考问题的习惯。给他们交流表达的机会，让他们明确说理的方法和技巧。实践表明，给他们充分的活动空间，他们会带给我们很多的惊喜，学生发言踊跃，不时闪现智慧的火花。

通过这次磨课、上课，我深刻地体会到作为一名教师，自己应该多阅读、多钻研、多反思，无论是设计导学案还是上课都要多研究学生的学情，把握住教师主要在于"引导"，学生才是学习的"关键"。只有这样才能达到良好

的教学效果。另外，作为一名教师，自己必须率先垂范，站在更高层面去影响学生，让学生学会思考，使其得到长足的发展。

第九节　"分类讨论思想在线段计算中的运用" 教学设计

一、教材分析

（一）地位和作用

本节课是人教版七年级数学第四章第二节 "直线、射线、线段" 的拓展课。本节课的主要内容是：在直线、线段运动背景下计算线段长度。通过本节课的学习，学生能够正确地进行线段长度运算；发展数形结合、运动变化，分类讨论的数学思想；为提升数学素养，发展高一级数学思维奠定基础。

（二）教学目标分析

1. 知识技能

初步掌握线段计算中分类讨论的一般方法，并能解决简单问题。

2. 数学思考

以分类讨论来探寻线段、直线运动背景下线段的不同存在方式以及对应长度计算方法，体会蕴含在具体问题中的数学思想和规律。在教与学的过程中，引导学生有条理地思考，培养学生思维清晰、计算准确的能力和细致严密的数学素养。

3. 问题解决

经历正确计算不同背景下线段长度的过程，探寻解决此类问题的一般规律，发展学生的数学归纳能力，提高他们的计算能力。

4. 情感态度

让学生在不断思考中探寻线段的存在方式并展开计算，激发学生学习数学的兴趣，增强他们总结反思与合作交流的意识。

（三）教学重难点分析

1. 重点

分类讨论线段、直线、运动三种不同背景下线段的存在性，正确地进行对应线段长度的计算。

2. 难点

运动背景下线段的存在性和长度计算。

二、学情分析

本节课是在学生已经学习直线、射线、线段知识后进行的专题拓展。学生已经掌握了直线、射线、线段、数轴、中点、线段 n 等分点的知识及对应线段长度计算方法，本节课是对这些知识的综合运用，学习过程对学生数学思维有一定要求。教学中要充分调动学生思考的积极性，教师要鼓励学生探寻所有的存在性，使他们敢于发表自己的看法，并从中获得思考的快乐。

三、教法分析

本节课的教学过程不是老师讲、学生听，最后学生练习巩固的程式化过程，而是一个老师提出问题、学生积极思考，合作讨论，不断思辨，最终解决问题的自主学习过程。因此，我采用提问、思辨、合作探究的教学策略设计，采用设疑、讨论、展示等教学方法，充分发挥学生学习的主体地位，留给学生充分的时间去思考、讨论、思辨，使课堂活跃、高效。

四、学法指导

提出问题——学生独立思考——展示思考成果——学生思辨质疑——讨论得出正确结果——方法总结——运用

五、教学基本流程

复习回顾引出课题、目标——学习探究——回顾小结——达标检测——拓展思考——课后作业

六、教学过程

（一）复习回顾

思考（1）点和直线有什么位置关系？

答案：点在直线上，点在直线外。

（2）点在直线上时，这个点和直线上的线段有什么位置关系？

答案：点在线段上，点在线段延长线上，点在线段反向延长线上。

（二）学习探究

问题 1　已知线段 $AB=9$，点 C 是线段 AB 上一点，$BC=5$，则线段 AC 的长度是___4___。

变式 已知线段 AB=9，点 C 是直线 AB 上一点，若 BC=5，则线段 AC 的长度是 <u>4 或 14</u>。

问题2 已知线段 AB=10 cm，点 C 是直线 AB 上一点，BC=6 cm，若 M 是 AB 的中点，N 是 BC 的中点，求线段 MN 的长度。

解：如图 6-3，点 C 在线段 AB 上时，

解：如图 6-3，点 C 在线段 AB 上时，

因为 M 为 AB 的中点，

所以 $BM = \dfrac{1}{2}AB = 10\text{cm} \times \dfrac{1}{2} = 5 \text{ cm}$。

同理，BN = 3 cm。

$MN = BM - BN = 5 \text{ cm} - 3 \text{ cm} = 2 \text{ cm}$。

图 6-3

如图 6-4，点 C 在线段 AB 的延长线上时，

因为 M 为 AB 的中点，

所以 $BM = \dfrac{1}{2}AB = 10\text{cm} \times \dfrac{1}{2} = 5 \text{ cm}$。

同理，BN = 3 cm。

图 6-4

$MN = 3 \text{ cm} + BN = 5 \text{ cm} + 3 \text{ cm} = 8 \text{ cm}$。

综上：MN 长 2 cm 或 8 cm。

问题3 如图 6-5，点 O 为原点，点 A 对应的数为 −10，点 B 对应的数为2。

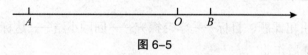

图 6-5

（1）若点 P 在数轴上，且 $PA+PB$=16，P 对应的数为 <u>−12 或 4</u>。

（2）若点 P 从点 A 以 2 个单位长度/秒的速度向右运动， <u>8 或 4</u> 秒后，线段 PB=2OB。

（三）回顾小结

研究了在线段、直线和运动背景下的线段存在性问题和线段长度问题；收获了计算线段长度时首先要分类讨论线段有几种存在形式，然后展开计算（由学生根据自己的收获围绕上述知识展开叙述）。

（四）达标检测

1. 点 C 在直线 AB 上，线段 AB=6，点 D 是 AC 的中点，BC=4，那么 A、D 两点之间的距离是 5 或 1。

2. 已知线段 $AB=12$，在直线 AB 上取一点 P，恰好使 $AP=2PB$，则线段 AP 的长为 <u>24 或 8</u>。

3. 已知线段 $AB=16$ cm，C 是直线 AB 上的一点，且 $AC=10$ cm，D 为 AC 的中点，E 是 BC 的中点，求线段 DE 的长。

解：如图 6-6，点 C 在线段 AB 上时，

$BC = AB - AC = 16$ cm $- 10$ cm $= 6$ cm。

因为 D 为 AC 的中点，

所以 $CD = \dfrac{1}{2}AC = 10$ cm $\times \dfrac{1}{2} = 5$ cm。

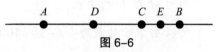

图 6-6

同理，$CE = 3$ cm。

$DE = CE + CD = 3$ cm $+ 5$ cm $= 8$ cm。

如图 6-7，点 C 在线段 BA 的延长线上时，

$BC = AB + AC = 16$ cm $+ 10$ cm $= 26$ cm。

因为 D 为 AC 的中点，

所以 $CD = \dfrac{1}{2}AC = 10$ cm $\times \dfrac{1}{2} = 5$ cm

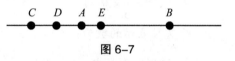

图 6-7

同理，$CE = 13$ cm。

$DE = CE - CD = 13$ cm $- 5$ cm $= 8$cm

综上：DE 长为 8 cm。

（五）拓展思考

已知线段 $AB=9$，点 C、D 是直线 AB 上两动点，$AD=2$，$BC=5$，则线段 CD 的长是 <u>2 或 6 或 12 或 16</u>。

（六）课后作业

如图 6-8，已知点 A、B、C 是数轴上三点，O 为原点。点 C 对应的数为 6，$BC=4$，$AB=12$。

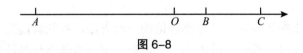

图 6-8

（1）求点 A、B 对应的数。

（2）动点 P、Q 分别同时从 A、C 出发，分别以每秒 6 个单位和 3 个单位的速度沿数轴正方向运动。M 为 AP 的中点，N 在线段 CQ 上，且 $CN = \dfrac{1}{3}CQ$，

设运动时间为 t（$t>0$）。

①求点 M、N 对应的数（用含 t 的式子表示）；②t 为何值时，$OM=2BN$。

答案：

解：（1）因为点 C 对应的数为 6，$BC=4$，

所以点 B 对应的数为 6-4 =2。

同理，点 A 对应的数为 2-12 = -10。

（2）① 根据题意，$AP=6t$，$CQ=3t$，

所以点 P 表示的数为 $-10+6t$，点 Q 表示的数为 $6+3t$，

因为 M 为 AP 的中点，

所以 M 表示的数为 $\frac{1}{2}(-10-10+6t)=3t-10$。

因为 $CN=\frac{1}{3}CQ$，

所以 $CN=\frac{1}{3}\times 3t=t$，

所以 N 表示的数为：$6+t$。

② 根据题意，有：$|3t-10|=2(6+t-2)$，

所以 $3t-10=8+2t$ 或 $3t-10=-8-2t$，

解得 $t=18$ 或 $t=\frac{2}{5}$。

所以 t 为 18 或 $\frac{2}{5}$ 时，$OM=2BN$。

第十节　"分类讨论思想在线段计算中的运用" 导学案

【学习目标】

（1）初步掌握线段计算中分类讨论的一般方法，并能解决简单问题。

（2）经历线段计算分类讨论的探究过程，进一步体会分类讨论、数形结合等数学思想方法，增强总结反思与合作交流的意识。

【学习重点】

分类讨论线段、直线、运动三种不同背景下线段的存在性，正确地进行对应线段长度的计算。

【学习难点】

运动背景下线段的存在性和长度计算。

一、复习回顾

思考 （1）点和直线有什么位置关系？

（2）点在直线上时，这个点和直线上的线段有什么位置关系？

二、学习探究

问题 1 已知线段 $AB=9$，点 C 是线段 AB 上一点，$BC=5$，则线段 AC 的长度是_____。

变式 已知线段 $AB=9$，点 C 是直线 AB 上一点，若 $BC=5$，则线段 AC 的长度是_____。

问题 2 已知线段 $AB=10$ cm，点 C 是直线 AB 上一点，$BC=6$ cm，若 M 是 AB 的中点，N 是 BC 的中点，求线段 MN 的长度。

问题 3 如图 6-5′，点 O 为原点，点 A 对应的数为 -10，点 B 对应的数为 2。

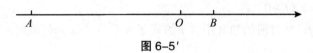

图 6-5′

（1）若点 P 在数轴上，且 $PA+PB=16$，求 P 对应的数为_____。

（2）若点 P 从点 A 以每秒 2 个单位长度的速度向右运动，_____秒后，线段 $PB=2OB$。

三、回顾小结

今天我们研究了什么，收获了什么？

四、达标检测

1. 点 C 在直线 AB 上，线段 $AB=6$，点 D 是 AC 的中点，$BC=4$。那么 A、D 两点之间的距离是_____。

2. 已知线段 $AB=12$，在直线 AB 上取一点 P，恰好使 $AP=2PB$，则线段 AP 的长为_____。

3. 已知线段 $AB=16$ cm，C 是直线 AB 上的一点，且 $AC=10$ cm，D 为 AC 的中点，E 是 BC 的中点，求线段 DE 的长。

五、拓展思考

已知线段 $AB=9$，点 C、D 是直线 AB 上两动点，$AD=2$，$BC=5$，则线段 CD 的长度是_____。

六、课后作业

如图 6-8′，已知点 A、B、C 是数轴上三点，O 为原点。点 C 对应的数为 6，$BC=4$，$AB=12$。

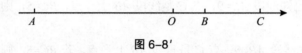

图 6-8′

（1）求点 A、B 对应的数。

（2）动点 P、Q 分别同时从 A、C 出发，分别以每秒 6 个单位和 3 个单位的速度沿数轴正方向运动。M 为 AP 的中点，N 在线段 CQ 上，且 $CN=\dfrac{1}{3}CQ$，设运动时间为 t（$t>0$）。

①求点 M、N 对应的数（用含 t 的式子表示）；②t 为何值时，$OM=2BN$。

第十一节 "分类讨论思想在线段计算中的运用" 课例评析

章节复习课是数学教学的重要组成部分，也是许多老师在教学中比较常用的一类课型，通常我们会觉得复习课的容量应该要大而多，但其实复习课的意义在于让学生加深对知识的理解或者重构知识结构脉络，将零散的知识串成线，形成块；或者通过对易错题的查漏补缺来进行思维的优化和品质的完善，是对学生能力的培养和提升。由此可见，章节复习应突出以点带面、注重思想方法能力的培养。下面我将郑老师的课例 "分类讨论思想在线段计算中的运用" 加以赏析和点评。

一、立意有站位

该教师紧紧围绕两个目标进行：第一，初步掌握线段计算中分类讨论的一般方法，并能解决简单问题。第二，经历线段计算分类讨论的探究过程，进一步体会分类讨论、数形结合等数学思想方法，增强总结反思与合作交流的意识。

该教师精心立意，在学生已有的学习经验上，本堂课针对平时的重难点、易错点，再次巩固加深，显得既实用，又体现了思想方法在数学学习中的重要作用。课堂的本质是学生，所有的学习都要在学生的主观意识上自然而然地自我建构。该堂课紧紧围绕着一个数学思想，让目标更鲜明清晰，由浅入深，老师讲得清楚、讲得透彻，最终达到了使学生活学活用的效果。

二、行文有章法

该教师将相关知识通过四个活动进行串联，明确题之间的内在联系，知识树的主干和枝干。活动1通过复习点与直线的两种位置关系：点在直线上，点在直线外。再进一步强化点在直线上又可以分成点在线段上、线段延长线上以及线段反向延长线上。这既复习了所学知识，又为下面用规范语言来描述位置关系做好了铺垫。活动2及变式练习由浅入深，循序渐进，这让同学们对分类有了更深刻的认识，明白分类原因是点与直线位置关系的不确定。活动3明显加深了难度，七年级学生刚接触几何语言的书写，这是一个难点，同时也是一个重点，这里体现了教学实用性。活动4动点问题是较难的一类题型，但通过前面的铺垫，多数学生能动笔解题，该问题更是通过两个小问的设置，层层递进，推动学生深入学习。总之，教师对整个单元知识理解深刻，做到"站得高，看得远"，教师注重所学知识的关联性，环环相扣，循序渐进，最终达到令人满意的教学效果。

三、举措有干货

该教师善于引导学生关注审题，促进理解。波利亚在《怎样解题：数学思维的新方法》中提出解决问题的过程一般包括四个阶段：理解题意、制定计划、执行计划、回顾解答。其中理解题意即审题，是整个解决问题过程的第一步，我们需要明确审题不是读题，需要教师引导学生获得审题方法。该教师通过以下方法达到良好的教学效果：一是用不同颜色的笔区分和勾画重点，二是巧用对比凸显重要性。数学是一门"咬文嚼字"的学科，只言片语的不同往往会带来问题本质的区别，比如把题目中的线段改为直线。中学生的思维相对比较狭窄，很可能因为思维定式导致错误。因此，我们可以将上面形式相似的问题组成题组，通过读一读，引导学生在比较中理解题意，在比较中体会审题的重要性。

数学课堂是学生学习的主阵地，也是学生数学思维驰骋的舞台。教师是学生学习的引导者，要把课堂的主阵地还给学生，让学生学会思考、学会学习、勇于发表自己的见解，让所有的学生都参与到学习中来。这就需要教师打磨课堂教学细节，实现从传递知识走向渗透研究方法的高品质教学的转变。

第十二节　"分类讨论思想在线段计算中的运用" 课例感悟

一、注重知识点整合，使数学思维更全面

我最开始的选题就来得不简单，上课内容为七年级上册复习课（人教版），并且要求我自己确定具体内容，虽说范围广了，选择多了，也收集了很多资料，可是我也迷茫，不知该讲什么内容，我们备课组一致觉得常规章末复习课，就像炒冷锅饭，炒来炒去炒不出新意。相比之下我们就初定专题复习，以学生易错题为出发点，可是具体上什么专题？这也是一个问题。一开始集思广益，我们发现七年级的内容并不多，不像九年级那样有各类题型和专题，最终，我们定了关于几何的一个内容——"思想方法专题：线段与角计算中的思想方法"。

在上复习课的时候，我们很容易找到学生易错题、常考题等，所以一不留意就让整堂课显得太满、太杂，而最后的效果往往会大打折扣，所以一定要控制题量。我们通过三个问题串不断的演变、变式，使问题清晰化，层层递进，一步一个台阶，最后走向知识的更高层次。我发现由浅入深设置问题难度，多数同学都能突破，并且会使他们对分类有更深刻的认识，明白分类原因，是点与直线位置关系的不确定。我的每个环节的设计旨在让学生体会到思想方法是数学学习的本质，要学好数学，就得抓住本质，以不变应万变。在这个逐步演练的过程中，学生也体会到数学知识的系统性，思想方法的重要性。通过知识点精简整合，学生的数学思维也得到了锻炼。

二、注重习题开发意识，让发散思维助力数学学习

习题不在多，而在精。题海战术与新课程理念相悖，使付出与回报不对等。如何提高课堂教学效率，这是我要长期思索的问题。宋代教育学家朱熹说过："读书无疑者须教有疑，有疑，却要无疑，到这里方是长进。"所以，对习题的开发和提炼，成为提高课堂教学效率的关键，也是培养学生发散思维的关键。数学学习贵在思考，我希望学生在数学课堂上放飞数学思维，向老师和同学展现数学智慧。所以我在整个教学过程中没有大包大揽，没有强加自己的看法，而是留给学生充足的思考时间和空间，让学生的数学思维在课堂上遨游，在我的引领下向学生渗透数学思想方法，达到"学一题，会一类"的境界，这也正是"由学引思"的精髓所在。

在教学实践中，到处蕴含着丰富的教学资源，教师要善于从课堂的细微变化中抓住学生的闪光点、生长点、连接点，哪怕微乎其微，但这些都是培养学生数学核心素养的好时机，这也会使课堂教学焕发出更大的生命力与活力。

三、教学诊断分析

但对于本堂课我也有需要改进的地方，具体如下：

（一）学生的自主探究式的学习方式有待改进

素质教育的主旨是发挥学生的主体因素，让学生自主获取知识。在整个教学活动中，我没有真正做到：大胆放手地让学生们去动手操作、去体验，使每个学生都积极主动地参与到学习活动中，鼓励他们大胆猜想，勇于探究；引导学生思考，用学过的知识得出自己的结论，交流自己的想法。

（二）信息技术的应用有待提高

对于这种数形结合的题目，如果能够合理应用几何画板，动态展示图形的变化，可以让图形更生动具体，也能帮助学生快速地理解转化过程。在以后的教学中，我要多学习几何画板的应用，提高信息技术的运用能力。

第十三节　重庆市第三期农村中小学领雁工程项目简讯

重庆市 2018 年义务教育教研基地项目简报

第 2020-01 期

重庆市綦江区古南中学初中数学教研基地

2020 年 1 月 3 日

图 6-9　会议现场

　　2020 年 1 月 3 日，重庆市第三期农村中小学 "领雁工程" 初中数学创新基地、教研工作坊展示研讨会（见图 6-9）在綦江区古南中学成功举行。重庆市教科院初中数学教研员张斌老师亲临现场观摩指导。参加本次活动的还有大渡口区数学教研员廖帝学老师及大渡口区部分数学骨干教师、沙坪坝区进修校赵兰老师及沙坪坝实验外国语学校的老师、南岸区数学教研员蒋梅老师及南岸区部分数学骨干教师。另外綦江区教科所数学教研员陈松林老师、綦江区部分学校的初中数学骨干教师也一同前来观摩学习。古南中学党总支书记、校长郑奇同志及其他校级领导一并参与了本次教学研讨活动。

　　此次活动是古南中学数学教研组长叶含琪老师领衔承担的市级课题"互联网＋数学之美"的验收活动。整个活动分为课堂教学展示和教学研讨两部分。

一、课堂展示精彩纷呈

　　第一堂课由綦江区东溪中学的马静老师执教（见图 6-10）。马老师创设去綦江横山花仙谷旅行的情境，知识的呈现通过"旅游""导游""游客"串联起来，激发学生学习数学的兴趣，也让学生感受到数学之美。同时该堂课设计新颖独特，课堂结构清晰紧凑，思路清晰流畅，时间把控较好，为与会教师呈现了一堂精彩的复习示范课。

（a）　　　　　　　　　　　　　　（b）

图 6-10　马静老师课堂

　　第二堂课由来自沙坪坝外国语学校的郑洪艳老师执教（见图 6-11）。郑老师从复习旧知识入手，很快进入课题。郑老师的课堂先把目标呈现给每一位学生，明确本节课的学习任务；然后围绕学习目标，设计学习活动。该堂课结构严谨，环环相扣，过渡自然，充分展现了郑老师扎实的教学功底。

二、教学研讨画龙点睛

　　听完两节课后，全体与会教师移步古南中学多功能会议室，围绕两位老师的课堂展示进行深入的研讨。

（a）　　　　　　　　　　　（b）

图 6-11　郑洪燕老师课堂

綦江区教科所数学教研员陈松林老师对两堂课进行了点评（见图 6-12）：教师教学要注意"回头看"，看教材、看学生，整合教材，用适当的方式提升教材；备课中要学会抓重点，注意教材的延伸性、选题的精准性；课堂教学要重视基本技能的训练，教学中一题多解、一题多变，让学生学会举一反三；教师教学要有主导性，学生出错老师要善于追问，让学生在教师的追问中学得明白。

图 6-12　陈松林老师点评

南岸区数学教研员蒋梅老师的点评（见图 6-12）围绕复习课的作用展开，强调上复习课忌"炒冷饭"。马静老师在教学中重视梳理知识结构，重视基本技能，重视一题多解，学生参与度高，运用自我评价让学生反馈。郑洪艳老师师生距离近，极具亲和力，从特殊到一般，用方程解决问题很好。

图 6-13　蒋梅老师点评

沙坪坝区进修校赵兰老师（见图 6-14）先明确复习课的功能是查漏补缺，建构知识体系，提炼方法，梳理方法；复习教学体现重体系、重方法、重反馈。教学中要借助多元的方式促进知识的生成，突出学生的主体地位，让学生通过自我评价体验收获。我们教师应思考"何为有效的梳理"，是学生自己梳理，还是学生思考后，老师再带领学生共同梳理的问题。

图 6-14　赵兰老师点评

　　廖帝学老师以问题来启发与会的数学老师思考：上复习课需思考题目怎么写？目标怎么分？如何设计主线？如何梳理知识？如何选择练习题？在教学中怎样用有效的方法启发学生？

　　最后，重庆市教科院数学教研员张斌老师（见图 6-15）做了专题讲座。他明确指出，教学应以情景为主题，以提出问题的方式更引人注目。我们面对各种版本的教材要相互借鉴，取人之长，克己之短，例如整式这章的小结，北师大版以问题的形式构建小结，而人教版和华师大版以框图的形式构建小结，作为教师我们应思考到底哪种方式用在复习课上更好。

图 6-15　张斌老师讲座

　　张老师在讲座中特别指出，教师日常教学中应重视的五个字——书、黑、听、范、结。何为"书"？就是重视教材，挖掘教材中的复习题，先回顾教材再进行延伸。所谓"黑"就是发挥黑板的作用，记载和呈现知识的生成。何为"听"？教师要学会倾听学生的回答，并进行理性的点评，数学的结果没有模棱两可的答案，对就是对，错就是错，从而也教会学生明辨是非的道理。做好"范"就要求教师要起到示范作用，如答题的标准格式，教师应先书写，学生再模仿着写。何为"结"？即做好课堂小结，除了学生要总结，教师也要总结。

　　这次教学展示观摩研讨会在古南中学圆满结束，但我们课题组的学习、探索、研究并没有终止，相信在与会专家的引领下，大家的课堂教学和专业成长之路一定行稳致远。

第七章　积淀铸就华章　共赴优秀盛宴

第一节　统领全章，归纳思想，逐步渗透
——以"一元二次方程"章节为例

摘要： 数学思想的学习和掌握是长期的，教师应从一个章节、一个学期、一个学年乃至整个初中学段教材的内容上进行规划，以实现数学思想渗透的连续性和系统性。

关键词： 数学思想；渗透；方程

数学教学不单是为了让学生掌握数学知识，更重要的是让学生感悟、领会知识背后更深层次的数学思想。因此，为实现数学思想渗透的连续性和系统性，教师应从一个章节、一个学期、一个学年乃至整个初中学段教材的内容上做好教学规划。下面笔者以人教版教材"一元二次方程"这一章节为例谈谈对数学思想的教学处理。

一、全章知识结构及蕴含的数学思想

数学思想分布在教材的各个章节。因此，作为教师首先要认真地研究和分析教材，对整套教材中数学思想的分布情况做到心中有数；其次再以章为单位，在分析知识结构的基础上概括、总结出本章所反映的数学思想以及承载它们的数学知识；最后在具体授课活动中，以适当的方式将数学思想表层化，易于学生理解和接受，使学生达到真正意义上的掌握和领会，从而增强学生对数学思想的应用意识。

数学思想蕴含在数学知识形成、发展和应用的过程中，是数学知识和方法在更高层次上的抽象和概括。在实际教学中，教师强调更多的是对数学概念、定理、公式等知识本身的灌输和记忆，容易忽视知识形成，发展过程中

深层次的思维和方法的总结和提炼。应用过程也只是针对某个知识点的一招一式的对应性练习，更强调套路模仿，缺乏解题思维的深入分析，没有揭示方法的实质和规律，没能将解题方法上升到数学思维的高度。教学中应避免这种无数学灵魂的教学。下面笔者结合"一元二次方程"这一章的知识结构图（如图7-1），归纳、总结出本章重要的三种数学思想：模型思想、转化思想、分类讨论思想以及承载这些思想的数学知识。

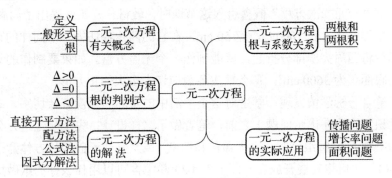

图 7-1　"一元二次方程"章知识结构图

模型思想的建立是学生体会和理解数学与外部世界联系的基本途径，在方程、不等式、函数等内容中体现得最为明显。为了达到根据不同学段的教学内容逐步渗透模型思想的目的，本章中笔者重点设计了"一元二次方程概念"的引入环节，加深学生对模型思想的认识。

分类讨论思想在"一元二次方程"这一章中主要体现在三个方面：（1）根的判别式的讨论和应用（$b^2-4ac>0$，$b^2-4ac=0$，$b^2-4ac<0$）；（2）在已知方程根的情况下求字母系数的值和取值范围；（3）利用一元二次方程解决设计中的用料问题、经营选取最佳方案等问题。因此，笔者在新课教学中利用"一元二次方程根的判别式"向学生渗透分类讨论思想。具体活动中要使学生逐步体会为什么要分类，如何分类，如何确定分类标准。然后在后续求字母系数的值和取值范围和实际应用中反复思考、积累，使学生逐步感悟分类思想的重要性。

转化思想，在问题的解决过程中，我们常常将复杂的问题转化为简单的问题，将陌生的问题转化为熟悉的问题，将难以解决的问题转化为容易解决的问题，将待解决的问题转化为已经解决的问题，等等。在这些问题转化的过程中体现出来的就是转化思想，如在"一元二次方程"这一章，笔者借助"一元二次方程的解法"向学生渗透了转化思想。

除笔者罗列出的这三种数学思想，本章还涉及整体思想（在"根与系数"中进行渗透）、数形结合思想（在"实际应用"中的面积问题中进行渗透）等，教师可根据学生实际掌握情况进行适度渗透。

二、具体教学中数学思想的渗透

（一）模型思想

在把"一元二次方程"概念引入这节课时，教材一开始就提出了问题1：有一个矩形铁皮，长 100 cm，宽 50 cm，在它的四角各切去一个同样的正方形，然后将四周突出部分折起，就能制作一个无盖方盒。如果要制作的无盖方盒的底面积为 3600 cm²，那么铁皮各角应切去多大的正方形？

但笔者分析学情发现，学生对这个生活中的实际问题没有亲切感，缺乏生活意识，因此在出示问题1之前，笔者做了这样设计：先把学生进行分组（每组6~7人），每组分发一个无盖的粉笔盒（或是其他无盖的长方体盒子），提问：（1）如何将其展开放在平面上？（2）粉笔盒可以用什么样的纸做成？学生经过动手操作，将纸盒沿四角竖线剪开，展开放到平面上；然后通过展开图发现：粉笔盒原来是用一张矩形纸在四个角上各剪去一个小正方形制作而成的。让学生弄清楚这一点后再出示教材中的问题1。

以上情境设计，从学生身边最熟悉的粉笔盒的设计入手，构建一元二次方程模型，让学生更真实地感受数学与现实生活的密切联系，感受数学来源于实际生活，并反过来运用课堂中学习到的数学知识解决生活中的问题，进而体会模型思想建立的真正意义。

（二）分类思想

在"一元二次方程根的判别式"概念形成中，笔者以显化问题（引起分类的原因、分类的目的、分类的标准）的形式引导学生体会分类的意义。

在配方得到 $\left(x+\dfrac{b}{2a}\right)^2=\dfrac{b^2-4ac}{4a^2}$ 时，笔者做了如下问题引导：

问题1：出现了什么情况？

方程右边 b^2-4ac 符号的不确定性，导致开方不能直接进行。（引起分类的原因）

问题2：怎么解决？

为解决问题，需要根据 b^2-4ac 可能出现的情况进行分类解决。（分类的

目的）

问题 3：如何分类？

根据开平方的条件，将 $b^2 - 4ac$ 以正数、零、负数三种情况进行分类。（分类的标准）

在回答三个问题的过程中自然生成了一元二次方程根的判别式概念。同时让学生体会分类思想的意义：当研究对象出现不确定现象时，要将研究对象进行同属性归类，然后逐一对每一类属性进行解决，从而达到整体解决的目的。

（三）转化思想

在问题解决过程中，转化思想无处不在，但学生无意发现，教师没有及时总结，使得"让学生在潜移默化中了解、掌握和灵活运用转化思想"这一教学目标不能很好地实现。笔者在"解一元二次方程"这一节刻意安排了下面的环节：

直接开平方法：$(ax+b)^2 = c\,(a \neq 0,\ c \geqslant 0) \xrightarrow{\text{平方根定义，转化成}}$ 两个一元一次方程；

配方法：一元二次方程 $\xrightarrow{\text{配方，转化成}} (ax+b)^2 = c\,(a \neq 0,\ c \geqslant 0)$ $\xrightarrow{\text{开平方，转化成}}$ 两个一元一次方程；

因式分解法：一元二次方程 $\xrightarrow{\text{分解因式，转化成}}$ 两个一元一次方程；

公式法：一元二次方程 $\xrightarrow{\text{配方，转化成}}$ 两个一元一次方程。

（直接开平方法是配方法的特殊情况，公式法的实质也是配方法，只不过应用它解题时省去了配方的过程，直接利用了配方的结论，所以相对于配方法要简单一些）

以上四种解法的分析过程很简单，也就是因为太过简单，少有教师对其重视。实际上，这个环节需要教师的引导，引导学生通过比较、分析各种解法的解题过程，自行提炼、总结，让数学思想的出现自然合理。这四种解法实质上都是运用了转化思想：将待解决的问题（一元二次方程），通过转化，归结为已经解决的问题（一元一次方程）。转化思想也就是不断把"未知"转化为"已知"的过程。让学生在总结、提炼的过程中体会转化思想的作用。

数学思想以知识为载体，要在知识的学习过程中逐步对其进行渗透，对它的学习和掌握需要反复地思考、长时间地积累，因此需要教师在教材体系中找到蕴含重要数学思想的典型知识，再以这个典型知识为核心，重点渗透，在其他知识上围绕这种数学思想进行复习训练、巩固、积累，以达到学以致用的目的。

第二节　因 "趣" 而美，以 "趣" 激美

——从 "线段公理" 看 "互联网 +" 初中数学之美课堂构建

摘要：数学是 "美丽" 的，数学是 "有趣" 的，但数学也 "真难"。教学中切实以 "有趣" 为载体，以内容之趣、情景之趣、设计之趣、互动之趣、挑战之趣挖掘展示数学之美，让学生充分认识美、欣赏美、感受美，从而激发学生努力学好数学，甚至献身数学的美好愿望。

关键词：数学之趣；"互联网 +"；数学之美；课堂构建

2020 年 3 月 14 日，国际数学节，中国科学院院士、中国科学数学与系统科学研究院研究员袁亚湘教授通过网络直播作了题为《数学漫谈》的科普报告。袁院士用图文并茂的方式带领大家品味了数学的 "美丽、真理、有趣、真难、智慧" 五大特点，听后深受启发。

《数学漫谈》指出，数学是美丽的，数学是有趣的。数学之趣在于数、在于数列、在于几何、在于概率、在于极限……凡此种种，初中数学均有涉及。数学大师陈省身也说，数学之趣在于好玩儿。数学的确美丽、有趣而且好玩儿，但数学也 "真难"。教学中如何以 "有趣" 为载体，充分挖掘展示数学之美，让学生认识美、欣赏美、感受美，从而激发学生喜欢数学，热爱数学，让数学不再 "真难"，这是每一位数学教师的职责所在。现就以我执教的公开课 "线段公理" 为例，谈几点体会。

一、以教材内容之趣展示数学之美

古希腊数学家普洛克拉斯说，哪里有数学，哪里就有美！美是数学教材中固有的。教师的责任关键在于挖掘每节内容中美的素材和美点，展现什么是数学之美，并引导学生发现和体味这些美。

"两点之间，线段最短"，短短一句，简练严谨，内涵丰富，这就是 "简洁美"。数学大师陈省身说："数学世界中，简单性和优雅性是压倒一切的。" 所以，"简洁美" 是数学美最突出的表现。在 "线段公理" 课上，首先我以 "大

桥桥面修造""行人横穿马路""行人在草地上抄近道""猫捉老鼠"等情境引
入新知，同时配上视频动画与音乐，让学生在欣赏中思考数学、在享受中探
究数学，感知"两点之间，线段最短"。其次，以自制教具"手拉橡筋"（在
晾衣架的脚底两端绑上一根橡皮筋，两端固定，用 A、B 表示两个端点）让
学生实践操作，向上或向下随意拉橡皮筋，让他们在实践操作中"玩数学"。
从"玩"中再次认识"两点之间，线段最短"这一基本事实。最后，让学生
用自己的语言概括出这个结论。这样，既让学生对知识的理解水到渠成，又
让他们惊叹于数学的"简洁之美"。

知识应用中"弯曲公路改直""壁虎爬桶捉蚊虫""蚂蚁爬台阶吃食物"
等"曲变直"问题、最短路径问题、立体变平面问题，更是"线段公理"公
共课所表现出来的方法之美。"方法美"，是数学中特殊的思维之美；"方法美"
带给学生的将会是无穷无尽的魔力。如果学生能在今后的学习中处处找到简
单、灵活、巧妙的方法，那他们一定会学好数学、喜欢数学、热爱数学甚至
献身数学。

二、以真实情境之趣展现生活之美

人都是感性的，总是对真情实景感兴趣。教师的任务就是要选取与教材
内容紧密相关的真实情境，将知识与实际生活相联系，利用"互联网＋真实
情境"激发学生对数学的兴趣，培养学生的思维能力，让学生真正认识到"数
学来源于生活，生活之中处处有数学"，从而体味数学中蕴含的生活之美。

"两点之间，线段最短"，学生从小就知。教学时，如果教师按照传统方
法直接画图，直接提问，确实很难激起学生的兴趣。为此，我选用"大桥桥
面修造""行人横穿马路""行人在草地上抄近道""猫捉老鼠"等相关情境引
入新课，问题指向明确，情景生动有趣，切合学生心理，一下拉近了实际问
题与数学的距离。

引入之后，顺势过渡到学生动手操作，衔接紧凑，过渡自然。自制教具
"手拉橡筋"由学生亲手实践操作，并思考以下问题：（1）连接两端点 A、B
的若干段橡筋中，哪一段最短？（2）谁能变一个魔术，将橡筋变得比线段
AB 还短？实践活动虽然简单、易于进行，但让学生这样既动手又动脑，在真
实情景中"玩数学"，学生就会觉得数学很有趣，他们的学习情绪就会很高涨，
学习氛围就会很活跃。

例题教学选取学校及周边地标为背景，解决以下问题：（1）在古南中学、

綦江中学两地之间如何建超市，使它到两所中学的距离之和最短？（2）在古南中学、綦江中学两地之间的包南线公路边如何建超市，使它到两所中学的距离之和最短？（3）在古南中学、綦江中学、南州明珠、中医院四地之间如何建超市，使它到这四个地点的距离之和最短？例题解析与新知应用相互交融，由易到难，变式推进。所选情景源于学生生活，情景图片来自网络截图，真实可信，让学生在熟悉的环境下再 "玩数学"，他们就会倍感亲切，兴趣倍增。在问题解决中，诸如 "壁虎爬桶捉蚊虫" "蚂蚁爬台阶吃食物" 等最短路径问题的设置，无一不是学生感兴趣的情景问题。

在真实情境中 "玩数学"，学生一定会积蓄起持久学习的内在动力。整个教学以真实情景贯穿始终，在激发学生兴趣的同时也激起学生的爱美天性，让学生体味数学中所蕴含的生活之美。

三、以多元设计之趣彰显形式之美

内在美之于灵魂，外在美之于形式，两种美的有机融合，才是完美的。挖掘和展示内在之美，是教之必须，重视外在之美，也不容忽视。

首先，课件制作力求精美，字体、字号、颜色、比例、位置、背景等力求协调、灵动、鲜活，使学习材料从外形上就能让学生 "养眼"，最大限度给人以质的美感，感受美的力量，让学生见其 "形" 就有一种想学的冲动。

其次，结合教材自制教具 "手拉橡筋"，增加真情实景，让学生在动手操作的过程中体味 "玩中学" "学中玩" 的美好乐趣。

最后，充分运用 "互联网+" 现代教育技术，几何动画，视频链接，再实时辅以音乐，让学生在音乐的陪伴、在影像的刺激、语言的感染下激发学习兴趣，使他们迸发出创造性的火花。

鲜活的课堂离不开教学资源、教学方式、教学活动、教学评价的多元设计。不断创新教学形式，以学生喜闻乐见的方式呈现课堂，让每堂课都成为一幅流动的山水画，那么学生一定不会厌学。

四、以新型互动之趣营造互动之美

交流碰撞火花，互动产生美感。没有互动的课堂绝不是成功的课堂。当然，"学生思考——小组交流——代表展示" 这种传统的课堂互动模式，有时只是为了互动而互动，不但浪费时间，学生也不感兴趣。要走出这个误区，唯一的办法就是创新互动方式，真正让学生乐趣、乐学、乐受。

　　一是组中建组。为实现深入有效的交流与帮扶，在每个大组中又巧妙结对，组中建组。由学困生在自己组内找一个与自己关系融洽、信得过、乐于助人的"数学高手"当自己的师傅，师徒二人或三人组成一个特殊的数学学习小小组。这样，小组合作，交流更精准、更有效，特别是学困生才更有"趣"。

　　二是建立小组之间相互点名回答问题及相互评价机制。每位同学、每个小组都有点名他人回答问题和对他人进行评价的机会，手握主动权。但更重要的是每位同学、每个小组又有被其他同学点名的可能，也有压力。这种既互相竞争，又相互促进的活动，彻底改变了传统的"师问生答，生讲师评"的呆板模式，既刺激也有趣。

　　三是探讨交流时允许学生下位。可以自由组合，也可以由专家团成员一起研究（班里长期建有数学专家团，由数学成绩最好的 8 人组成，专门研究解决数学中的疑难杂症）。这样，大家志趣相投、互帮互助、自然交流、无拘无束，不需要被刻意调动，其积极性就会很高。

　　"线段公理"公开课从始至终都在不同的互动模式中展开，尤其是在例题与变式、拓展与提升等环节，临时组合、专家团、小小组，学生们讨论非常热烈，问题展示时小组之间更是唇枪舌剑，生生互动酣畅淋漓，课堂长期保持活跃氛围，真正达到了"互动之美，美美照应"的效果。

　　五、以挑战自我之趣升华思维之美

　　苏联国家元首加里宁曾说："数学是锻炼思维的体操。"由此可见，数学之美的最高境界是思维之美。的确，数学的美感，最吸引学生的莫过于成功解题，让他们在不断自我挑战中创造美、升华美。

　　"线段公理"公开课对例题解析、巩固练习、拓展提升等问题的设计始终突出思考性、启迪性，充分体现数学思想方法，让问题的解答适合学生心灵需要，从而使他们产生满足感，让学生在具有创造性、个性化的解题过程中感悟思维之美的特殊魅力。

　　特别是在自我拓展、升华新知环节，结合班级实际，再次出现两个问题，尤其是问题一，比较有挑战性。"圆中直径 $AB=10$，点 C 在圆上（点 C 不与 A、B 重合），则 $AC+BC$ 的值可能是（　　）。A.9　B.10　C.14　D.17"。题中需要多次用到"两点之间，线段最短"，而且还有整体思想。看似简单，但对于七年级学生来说要回答清楚为什么真不容易。对于这样的挑战，学生很感兴趣。通过自由组合探讨，专家团互助，问题得以圆满解决，学生在互动中碰撞出思维的火花，思维之美得以升华。一堂成功的课，始终少不了学生挑战自我、持续兴奋的状态，这让他们在获得成功的喜悦中收官，让他们带着"甜美的味道"离开课堂。

数学因"趣"而美，但数学教学如何以"趣"激美，真正构筑起"有趣、美丽、高效"的数学课堂，从而激发学生努力学好数学，甚至献身数学的美好愿望，这需要我们用心、用智慧进行深层的挖掘与思考。

第三节　"互联网 +"初中数学之美

摘要："互联网 +"其实就是将互联网与行业之间结合起来，但并不是简单的结合，而是利用互联网平台以及信息通信技术让两者进行深度融合，所起到的是 1+1>2 的作用。本文通过互联网的使用，来阐述初中数学中所蕴含的美。

关键词：数学美；互联网；初中数学

数学美是一种抽象并且和谐的艺术美，初中数学中许多的内容都很好地体现出它所蕴含的美。但是有时候很难在课堂上将数学中的美完全体现出来，所以就可以将互联网运用于初中数学当中，把初中数学之美给完美展现出来。那么教师在课堂上就需要合理利用互联网让学生能够深刻认识数学的美，并有意去将抽象的数学变幻为"美"，使学生感受到数学课堂的乐趣。

一、创设真实情境，体现数学中的生活之美

在传统的初中数学教学中，学生都是在教师的讲解中接受数学知识的，这样的学习方式并不利于学生对知识的理解，并且长此以往，学生对数学的学习也会产生惰性，不会去主动进行数学的学习，而且这样的学习方式会使学生缺乏对知识的灵活运用。要提高教学的效率，教师就可以合理地对互联网加以利用，用科技化的方式来进行教学。教师可以利用互联网创设真实的情境，将知识与实际生活相联系，培养学生的思维能力。

如教师在讲解"两点之间线段最短"这个概念的时候，不需要在黑板上画上两点，然后画一根直线和一些曲折的线。教师可以将知识点与实际生活相结合，可以用多媒体播放一些斑马线，以及训练小狗时把球丢掉后狗跑过去捡球的视频等跟两点有关的视频，然后可以问学生这些视频有什么共同点，学生如果不太清楚的话，那就可以给学生讲解：狗是按直线跑过去捡球的，

斑马线的设置也是直线型的。教师通过趣味性的视频并按照生活中的实际情况来对知识点进行讲解，让学生明白数学中所蕴含的生活之美。

互联网当中含有丰富的教学资源，教师将知识与实际生活进行结合，让学生在数学中发现实际生活中的知识，并让学生在实际生活中寻找数学中所蕴含的生活之美，使学生对数学的价值有一个更加深刻的认识，有利于促进学生学习数学的积极性。

二、化抽象为具体，体现数学中的直观之美

多媒体已经逐渐进入初中数学的课堂，传统的教学观念和教法已经不能适应社会发展的要求。多媒体的进入推动了数学教学形式的改革，并对教育的方法以及手段产生了深远的影响。多媒体将数学的抽象知识用投影的方式直观地呈现在学生的眼中，用视觉传达的方式将数学知识烙印在学生的脑海中，让学生感受到数学中所蕴含的直观之美。

如教师在进行二次函数讲解时，简单的语言描述很难将二次函数的特性充分地表达出来，那么，此时就可以借助多媒体，将二次函数的图象在多媒体上映射出来；在讲解平移时就可以列出这三个方程式 $y = x^2$，$y = x^2 + 2$，$y = x^2 - 2$ 然后通过图象以及动态视频的方式让学生更直观地了解 $y = ax^2$ 与 $y = ax^2 + b$ 之间的联系，那么学生对知识的印象也会更加深刻。再比如学习几何图形圆柱体以及圆锥等时，教师只靠语言很难描述清楚，那么教师就可以利用多媒体将几何体进行多角度展示，并对几何体进行分割，从横截面以及内部构造来对几何体进行更清晰的认识，把几何体形状完整地展示在学生的眼前。

教师利用多媒体通过图象以及动态视频的方式将抽象的知识具体化，使学生能够化虚为实，加深对数学知识的认识。教师在进行直观教学时，应该灵活运用，最大限度地将知识具体化，让学生能够更方便地对数学知识进行吸收。互联网把抽象的数学知识变得更为具体，让学生感受到了数学中的直观之美。

三、将数学知识多元化呈现，体现数学中的趣味之美

随着时代的发展，互联网的使用遍及各大领域。在教育中，互联网当中含有丰富的教学资源以及教学方法，并且可以帮助学生从不同的角度看问题，

用不同的方法解疑难，使学生对知识的学习有一个具体的框架。初中数学的教学也是如此，互联网可以使初中数学多元化展示，让学生能够在充满趣味、轻松的课堂上学会数学知识。

如教师在进行函数讲学时，可以先对函数的定义进行简单的讲解，并用视频的方式来表现"函数图象是满足对应函数关系的所有点的轨迹图形"，将函数的枯燥通过视频的方式使其变得更加具有趣味性，使课堂的气氛变得更为轻松愉悦。在讲解"对称"这个概念时，传统的教学中的教学资源有限，但是可以通过互联网的方式用动态图象的方式展现出来，将对称的过程清晰地展示出来，还可以给学生展示一些有趣的数学知识，如心形曲线、笛卡尔叶形线，让学生感受到数学的趣味之美。教师通过互联网将趣味性带入课堂，增强了学生对数学知识的学习兴趣。

四、总结

数学的美是和谐的，也是一种抽象型的艺术美。数学的美在初中的数学课堂上难以体现出来，所以需要通过另外的媒介进行实现，互联网就是一种很好的形式，它将数学中的直观之美、趣味之美、生活之美完美地体现了出来。

第四节　问题驱动，方法引领，深度学习
——初中数学"最短路径问题"教学实录与评析

摘要：问题是数学的心脏，问题是教学的心脏，问题是学生认知的心脏。一位初中数学名师展示了一堂以问题为主线的观摩课，课题是"最短路径问题"，本节课由四个具有层次结构、逻辑关联的实际问题组成。本文对该节课的主要内容进行了实录，并对教研员和专家的点评进行了简述和分析。

关键词：问题驱动；方法引领；最短路径；教学实录

最短路径是生活中经常遇到的问题，最短路径的本质是数学中的最小值问题，而最值问题不仅是初中数学的重点知识，也是高中数学的核心知识。不少教师常用各种各样的问题来讲解最短路径问题。重庆市綦江区初中数学名师杨老师分享了一堂课题为"最短路径"的观摩课，杨老师从一个简单而熟悉的问题出发，通过"变"改编问题，使问题由浅入深，前后联系紧密。

本文对该节课的主要教学内容进行了实录，并对教研员和专家的点评进行简述和分析。

一、基本情况

（一）教材分析

本节课内容选自人民教育出版社初中数学八年级上册第十三章第4节，它是在学习了基本事实——"两点之间线段最短"以及平移、轴对称的基础上，引导学生探究如何综合运用知识解决最短路径问题。它是轴对称、平移、旋转等知识运用的延续，有助于培养学生自主探究和学会思考，在知识与能力转化上起到桥梁作用。

（二）学情分析

教学对象是綦江区古南中学八年级的学生，该班学生善于思考，思维活跃，学习积极性高。对于该班学生来说，已学过轴对称、平移以及线段公理，具备了一定的合情推理能力，但不能灵活运用线段公理、轴对称和平移的性质等知识解决实际问题，且演绎推理的意识和能力还有待加强，思维也缺乏灵活性。

二、课堂实录

（一）数学故事，引入新课

师：今天杨老师给大家讲一个故事，这是一个关于将军的故事。相传，古希腊亚历山大里亚城里，有一位著名的将军，在一次野外驻军中，遇到了一系列的数学问题。为此，他专门去请教著名学者海伦，将军究竟遇到哪些问题呢？聪明的孩子们，你们能帮将军解答吗？

评析：以数学史引入新课，体会数学史来源于生活，且运用于生活，激发学生的学习兴趣，拉近师生的距离，更高效地完成教学任务。

（二）问题解决，探究新知

将军饮马问题1

将军从图7-2中的 A 地出发，到一条笔直的河边 l 饮马，然后到 B 地。将军到河边什么地方饮马，可使所走的路径最短？（请了一位同学来读题）

师：关键词是什么？

图7-2

众生：最短。

师：非常好，这是一个信息问题，我们如何把它抽象成一个数学问题？

众生：河边抽象成直线 l，A 地和 B 地抽象成点 A 和点 B。

师：非常好，从而可以得到图 7-3，则相当于点 A 是起点，点 B 是终点，然后在直线上找一点 P，使 AP 与 PB 的和最小，怎么找点 P？

众生：直接连接点 A、B 交直线 l 于点 P。

师：将军应该去河边哪里饮马？

众生：点 P 处。

师：那他所走的路径是什么？为什么最短？

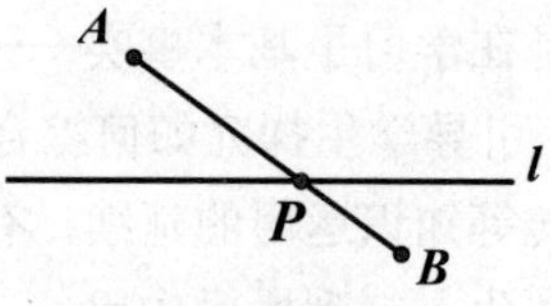

众生：经过的路径是线段 AP 和 PB，因为两点之间线段最短。

图 7-3

师：很好，大家都学得不错，这是我们在读七年级时学习的线段公理。

评析：此问题难度不大，但是它是后续问题的基础。教师讲解此问题，先从实际问题抽象出数学问题，抓住问题的关键：两个点位于一条直线异侧。这为解决后面问题作了很好的引领作用。

将军饮马问题 2

几天后，将军把帐篷 B 搬到了河边 l 的另一侧，如图 7-4 所示，仍然从图中的 A 地出发，到一条笔直的河边 l 饮马，然后到 B 地。问：将军到河边什么地方饮马，可使所走的路径最短？

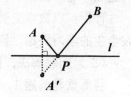

图 7-4

师：同样将其抽象成数学问题，画出数学图形，如图 7-5，现在知道几个点，几条线？

生 1：两个点和一条直线。

师：这两个点与问题 1 中两个点的位置有什么不同？

生 1：这两个点在直线 t 的同侧，而问题 1 中的两个点分别位于直线 t 的异侧。

图 7-5

师：很好，那此问题就是要求我们在哪里找一个什么东西？

众生：在直线上找一个点。

师：这个点要满足什么条件？

众生：使 A、B 两点到该点的距离之和最小。

师：可不可能去点 A 的左侧直线上找，可不可能去点 B 的右侧直线上找？

众生：不可能。

师：那说明该点应该在 A、B 之间的直线上，究竟是哪一点？

生 2：作 A 关于直线 l 的对称点 A'，再连接线段 $A'B$ 交直线 l 于点 P，则点 P 的位置即为所求。

师：那也就是说将军应该去哪里饮马？

生 2：点 P 处。

师：哪个是最短路径？

生 2：线段 AP 加 PB 就是最短路径。

师：为什么这是最短路径呢？

生 2：因为两点之间线段最短。

师：哪两点？

生 2：A' 和 B，因为 A 到 P 的距离和 A' 到 P 的距离是一样的。

师：为什么这两个距离一样？

生 2：根据轴对称性质，对应线段相等。

师：非常棒，那也就是说我们将线段 AP 成功地转化为线段 $A'P$，而线段 $A'P$ 和线段 PB 成功地构成了一条线段，根据两点之间线段最短，故此路径是最短的。与问题 1 比较，其实我们是将问题 2 转化成问题 1 来处理的，即将同侧的两点，通过轴对称（照镜子）转化成异侧两点。

师：如何证明这是最短路径？

生 3：只需要任取一个点 P'，证明 $AP + PB < AP' + P'B$。

师：非常好，你能证明这个不等式吗？

生 3：可以，连接 $A'P'$，BP'。在 $\triangle A'BP'$ 中，两边之和大于第三边，所以 $A'P' + P'B > A'B$。根据轴对称有 $AP' = A'P'$，又因为 $A'B = AP + BP$，所以 $AP + PB < AP' + P'B$。

师：非常棒，其实在证明这种最短路径时，只需要证明符合条件的另外一个点 P' 到两个定点距离之和比点 P 到两个定点距离之和大就行了。

评析：此问题的难点在于运用对称进行转化。教师引导学生类比问题 1，很巧妙突破了难点，要求学生严格证明，强化三角形三边关系，因为三边关系在高中学段也经常运用，同时培养学生的逻辑推理能力、严谨的科学态度。

（三）对比归纳，总结经验

师：问题 1 和问题 2 的已知条件是什么？

生 4：两个定点和一条直线。

师：问题 1 和问题 2 的所求问题是什么？

生 4：求一个点，使两定点到该点的距离之和最小。

师：问题 1 和问题 2 的两个定点位置有什么不同？

生 4：问题 1 的两个点位于直线异侧，而问题 2 的两个点位于直线同侧。

师：两个点位于同侧和异侧的处理方法有什么不同？

生 4：当两个点在异侧时，直接连接这两个点；而位于同侧时，需要运用轴对称转化成异侧，然后再连接。

师：很好，同学们已经深刻认识了这两个问题的相同点和不同点、差异和联系。

评析：通过问题 1 和问题 2，学生掌握了类比和转化思想，学会了运用轴对称解决问题，及时总结，强化经验，为后面更难的问题做铺垫。

（四）拓展延伸，深化思维

将军饮马问题 3

一个月后，将军从 A 地出发，到一条笔直的河边 l 饮马，然后沿着笔直的河边向前走 MN（如图 7-6 所示）的距离，然后到 B 地。将军在河边的什么地方饮马，可使行走的路径最短？

师：大家读懂题意没？

生 5：意思就是从点 A 出发，到河边饮马，然后行走 MN 的长度，最后从线段 MN 的端点 N 出发，到达终点 B，也就是求使 AM、MN、NB 这三条线段之和最小的点；

师：非常好，他指出一个很关键的地方，现在是求几条线段的长度之和？

众生：三条。

师：哪些线段为定长？

众生：只有线段 MN 为定长。

师：将线段 MN 随意放在直线 l 上可以吗？当把线段 MN 放在直线 l 上的某个位置时，路径固定没有？

图 7-6

众生：不可以；当线段 MN 位置确定之后，则路径就固定了，但该路径可能不是最短的。

师：同样将问题抽象成数学图形，那问题就转化成确定线段 MN 的位置，请同学们思考如何确定该线段的位置。请说说你的思路（没人举手）。那请说说你的困惑在哪里？

生6：我分别作 A、B 关于 l 的对称点 A'、B'，然后连接点 A'、B 和点 A、B'，线段 $A'B$ 和 AB' 相交于一点，我不知道这一点是点 M 还是点 N 的位置，或者是线段 MN 上的任意一点。

师：这位同学的想法很好，可是这样做了就会发现，我们找到的是一个点的位置，而不是此问题要找的一条线段的位置，那大家思考我们能不能将这条线段变到无限小呢，直到一个点？

众生：可以。

师：当线段 MN 变成点时，就变成了问题2，大家就会解决了，但如果是线段又该怎么解决？因为 MN 的长度不变，所以将军能不能先走 MN 的距离，再到河边饮马，然后再到点 B？

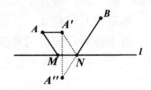

图7-7

众生：可以。

师：本来是到达河边之后才走 MN 的距离，而转化为出发就走 MN 的距离，这运用了前面学的什么知识？

生7：平移。

师：（几何画板展示）以点 A 为圆心，线段 MN 为半径画圆，因为是平移，所以过点 A 作直线 l 的平行线 AA' 交圆于点 A'，则固定线段 MN 转化为线段 AA'，那接下来怎么做？

生7：作点 A' 关于直线 l 的对称点 A''，连接点 A'' 和 B（如图7-7所示）。

师：很好，线段 $A''B$ 与直线 l 的交点应该为 N 还是 M，或者 M、N 都不是？（学生很疑惑）

师：线段 AA' 本来是要落在直线 l 上的，因为它的长度固定不变，所以让它先走 AA' 这段，走到点 A' 之后就转化成直线 l 的同侧有两个点 A'、B 的情形了，在直线 l 上确定一个点使 A'、B 到该点的距离之和最短，现在这个点确定了，那这个点该记为 N 还是 M，或者 M、N 都不是？

生8：该点应是点 N。

师：那线段 MN 的位置就确定了，相当于将 AA' 平移下来，那现在行走的路径是什么？

生8：$A \rightarrow M \rightarrow N \rightarrow B$。

师：与问题 2 比较，将两条线段之和变为三条线段之和。我们将"在河边行走"转化为"出发就行走"，这种转化虽说在现实中是不一样的，但是在数学中的效果是一样的，在这里我们运用了哪些变换？

生 9：平移和轴对称变换。

师：下课后，请大家思考：我们可不可以先确定点 M 的位置，从纯数学角度出发，我们能不能从点 B 出发？这是课后作业，请大家课后解决。

评析：此问题难度较大，学生不知道运用平移进行转化。教师通过类比问题 2，找到问题的差异，从纯数学角度进行平移转化，从而突破难点。教师引导学生逆向思考，体会数学与生活的差异，有利于学生用数学的方式思考和分析问题，培养学生的发散思维和创新精神。

将军饮马问题 4

雨季过后，河道的宽度变为 MN 的长。将军从 A 地出发，到一条笔直的河边 l 饮马，再通过垂直河两岸的临时便桥 MN，最后到 B 地（如图 7-8）。问：便桥 MN 建在河的什么地方，可使所走的路径最短？（注：河岸 l 与 l_1 平行）

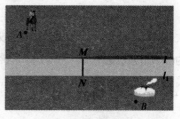

图 7-8

师：将此问题抽象出来，得到数学图形 7-9，现在知道几个定点，位置是什么关系？

众生：已知点 A 和点 B 两个定点，分别位于直线 t 异侧。

师：现在是求几条线段之和？

生 10：三条。

师：请问哪些线段是定长？

生 10：河的宽度不变，即线段 MN 是定长。

师：很好，与问题 3 比较，线段 MN 都处于三条线段的中间，而问题 3 中的 MN 是横着的，问题 4 的 MN 是竖着的，请大家先自己画图解决此问题。

生 11：可以先过桥，所以过点 A 作 l 的垂线，取 $AA' = MN$，如图 7-9 所示，然后连接点 A' 和点 B，线段 $A'B$ 与 l_1 的交点为点 N，从而过点 N 作 l 的垂线交 l 于点 M，再连接点 A 和点 M，则行走路径 $A \to M \to N \to B$ 为所求。

师：很好，同学们给予掌声。因为桥的距离是

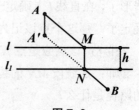

图 7-9

固定的，所以类比问题 3 的方法就可以使问题获解。（教师再用几何画板进行直观的展示，同时展示当河的宽度为 0 时，问题 4 就变成了问题 1，其实问题 4 也就是课本中的造桥问题）这里先确定的是点 N，那能不能先确定点 M 呢？

众生（兴奋齐答）：可以，从点 B 出发。

师：很好，看来大家都学会了，从点 B 出发的情形就留作大家的课后作业了。

评析：教师对教材进行了二次开放，相比教材增加了问题 3 且将问题背景改成了将军饮马问题，体现了问题的连贯性。问题 3 和问题 4 的不同之处在于一个横着走，一个竖着走。初学的学生更容易理解横着走的问题，从而通过问题 3，帮助学生更好地理解问题 4，也培养了学生观察、比较、转化等数学思维品质。

（五）课堂小结，建构知识

师：同学们，今天我们共解决了 4 个问题，从一条线段增加到两条线段，由两条线段增加到三条线段，后 3 个问题的解决方法都是运用平移、对称转化成问题 1，所有思想都是抽象、数形结合和转化与化归，大家可以在课后思考当有 4 条、5 条以及更多条线段时该如何解决。将军遇到的数学问题是怎么走最近，是一种捷径，但是在现实生活中最短的路径不一定是捷径，这里的"捷"是便捷、快捷、高效的意思，但是我们不能为了走最短路径而从绿地上走过，所以我们运用数学知识解决现实生活中的问题时，还要择其善而从之，好了，下课，同学们再见！

众生：起立，老师再见！

设计意图：通过总结使学生形成解决的问题策略和思维，建构完整的知识体系，使学生学会学习。除了教授学生知识外，还培养学生正确的价值观，这些体现了"授人以鱼不如授人以渔"的教育理念。

三、专家点评

本节课的整体特点是教学理念优越，教学方法灵活，教学效果明显，是一堂具有较高示范引领作用的数学课，具体体现在以下三个方面。

从教学理念上来说，本节课很好地体现了新课标的教学理念。以对话的形式进行教学，注重对学生的引导，特别注重对学生进行数学方法和思维的引导，充分体现了以"学生为本"的教学理念。教学内容由一系列实际问题组成，在解决问题的过程中，促使学生对于知识自然生长，体现了教师对学生"四能"的培养。整节课是以高质量的问题为线索，知识很丰富，解题方法多样，充分体现了深度教学理念。在结束新知识之后，还教导学生"择其善者而从之"，注重学生情感态度价值观的培养，体现了立德树人的教学理念。

从教学过程来说，整个教学过程充满魅力。古人云："亲其师，信其道。"教师开课时先给学生讲故事，激发学生的学习兴趣，拉近师生之间的距离。从最简单的问题1入手，通过"变"，使问题难度逐渐加深。虽然每一个问题不同，但是解题的思维方法是相同的，充分展现了"变有限，意无穷"的效果。在整个教学过程中，教师对学生的引导非常适当，对于简单问题大胆让学生尝试解决，难点知识在教师引导之下运用类比、转化得以突破，这个度把握得非常恰当，也展示了教师的深厚教学功底。

从教学效果来说，本节课很好地培养了学生的数学素养。以实际问题为背景，将其转化成数学建模问题，画出相应图形，并运用轴对称和平移知识使问题获解，这些数学活动有助于学生数学建模、数学抽象、直观想象、逻辑推理、运算求解等素养的形成。对于课堂中的问题，从前至后，铺垫明确，前后问题有着严密的逻辑关系，这些问题的解决充分运用了转化思想、类比思想、模型思想，培养了学生的数学思维。教师在讲完常规思路和方法后，让学生从纯数学的角度，反向思考问题，寻找另解，有利于培养学生用数学的方式思考问题，有助于学生发散思维和创新能力的培养。

第五节　"双向互动，美美照应"课堂模式下的数学课堂教学导入艺术

摘要： 新一轮的课程改革下的数学教学提倡学生自主学习、合作学习的方式，活跃的思维方式是课堂教学获得成功的关键点，而极具启发性的数学之美导入语能够引发学生的思维兴趣，教师在上课开始就应该通过数学美来激发学生的思维兴趣，以引起学生对数学新知识新内容探索的兴趣。一个具有数学美的课堂导入，往往可以把课堂气氛、学习氛围激发，从而产生良好的教学效果。

关键词： 课堂导入；思维兴趣；学习氛围；数学之美

一、课堂导入的背景

当代教育教学理论[1]认为，课堂教学是一个相当复杂的系统，如何选择最优的教学系统是发展整个系统教学的关键，近几年，一直在进行课堂教学结构的革新，以推进整个课堂教学的整体优化。课堂讲授包括了很多环节，在新课标的要求下，一堂课的教学大致可分为"以生活中的数学美激趣导入、创设情境——引入新知——强化训练——生活问题运用——自主发现生活中的数学美"五步教学。而课堂教学的数学之美导入部分就是学生能否积极主动学习和探索新知识的枢纽。

二、课堂导入的原则

（一）针对性和目的性

课堂导入是一堂课的开始部分,本环节要按照该堂课所设计的教学目标、教学重难点以及教学的关键，并且根据学生的年龄特征、心理特征和兴趣爱好等等，去选择恰当的数学美导入。让学生感受数学之美，体会数学之美。

（二）启发趣味性

数学美课堂导入要具有趣味性，要充分地将学生吸引进课堂。一堂课的数学美课堂导入是当堂课的一个关键，好的数学美课堂导入可以让学生整堂课中都融入课堂、对课堂内容有期待；而导入部分必须得富有活力，可以让学生在感受数学之美的过程中觉得有趣，从而能够强烈地激发他们的学习热情。因为兴趣是人们从事各项活动的主要内驱力，它会明显地提高学生的活动效能，让学生在快乐中学习。

三、数学美课堂导入的设计方法

（一）复习式导入法

每一学科的每一个知识都是成体系的，在进行新课学习时，其实都有一个以前学习的内容作为伏笔，每一部分的知识实际上都是能串联起来的，所以在课堂导入的环节可以设置旧知导入法，既复习了之前的内容，又能够很好地引入新课，这是一个两全其美的导入方式。它能够让同学们更好更快更容易地去接受新知识，明白所有的知识不是孤立的、割裂的。

（二）问题式导入法

一开始上课，教师就根据本堂课的教学目标及教学重难点的要求，采用生活背景抛出一个较为复杂的问题,利用学生已学过的知识是难以解决它的,从而引发学生的求知欲望。让学生明白学习新知的重要性，整堂课围绕解决这样一个问题而设置所有的环节，最后再利用所学的新知解决问题，做到前后呼应。这样即可以以设置的问题为主线，引导学生学习本堂课的新知识。

（三）故事导入法

每堂课都有一个故事背景，如数学学科，可以利用数学史作为背景，结合课本内容适当地介绍一些古今中外数学史或有趣的数学故事，利用这些丰富的文化资源创设数学美的教学情境，引入本堂课，不仅能够激发学生的兴趣，更能让学生感受到学习的乐趣。了解问题的来源，可以更加轻松地进行学习，明白学习数学学科也不仅仅只是学习一些计算方法和公式。

四、数学美课堂导入的重要性

（一）引发学生的兴趣

教育家第斯多惠说："教育成功的艺术就在于使学生对你所教的东西感兴趣。"一个具有数学美的课堂导入可以让学生充满兴趣，在导入的过程中，教师幽默风趣的讲解可以吸引学生兴趣，激发学生学习新课的兴趣。

（二）培养学生的注意力

"学习的过程对于学生来说实际上是一种心理的认知过程，需要记忆、思维、感觉、知觉以及想象等多种心理活动的参与，而注意力是否集中则是这种认识过程能否顺利进行的必要条件和重要保证。"[2]巧妙地导入新课，可以起到先声夺人、先声服人的效果，吸引学生的注意力，使学生一上课就能把兴奋点转移到课堂上来、集中在教学内容上。

（三）启发学生思维美

具有数学美的导入，不仅能够让学生的思维迸发火花，拓宽学生的视野，增长学生的智慧，而且能够使学生善于思考、养成一种定向的思维。教师有重点有新意地导入新课，能使学生的思维迅速定向，集中探求知识的实质，为其进一步的学习打好基础。

五、总结

数学美课堂导入是整堂课五个环节 "以生活中的数学美激趣导入、创设情境——引入新知——强化训练——生活问题运用——自主发现生活中的数学美" 中的一部分，也是整个课堂教学中不可或缺的一部分。课堂导入部分是整个教学过程中的重点，整个课堂教学的发展随着导入部分的发展而发展。因此，在课堂教学实践中，每一位老师，每一个学科，都应当重视教学过程刚开始的导入艺术。

参考文献：

[1] 冯建军. 当代主体教育论——走向类主体的教育[M]. 南京：江苏教育出版社，2004.

[2] 董奇，申继亮. 心理与教育研究法[M]. 杭州：浙江教育出版社，2005.

第六节　初中数学的美学挖掘

摘要： 数学中的美，需要挖掘、展示、弘扬、渗透，这不应该是教师的一厢情愿，还应该有学生的感同身受，这样的美是深刻的、永恒的。

关键词： 初中数学；美学；挖掘

在很多学生甚至一部分数学教师眼中，数学都是概念、定理、公式，是枯燥乏味的。这些人只看到了数学的抽象、严谨，却没有发现数学的美。数学教师首先要善于挖掘初中数学中存在的美，然后再将这些特有的"美"艺术地表现出来，让学生慢慢体会，从而提高他们的学习兴趣。数学的美主要体现在内容、结构和方法上，它是一种内在的美，必须要融合人的思维和创造力才能更好地体现出来。本文主要谈谈对初中数学"美"的挖掘，内容或许不够深入，只是抛砖引玉，希望能引发读者对数学美的关注。

一、课本的编排美

课本是很多专家智慧的结晶，小到每一句话，大到知识结构，无不体现了专家的编排艺术，因此要认真品读课本。在品读课本的过程中，我们对数学的美感就会不断提升。

例如，"正数和负数"这节课开始有这样一句话"数的产生和发展离不开生活和生产的需要"，如果这句话换成"生活和生产的需要使数得以产生和发展"，就不准确了。因为现实的生活和生产不是数产生的唯一原因，数学内部的知识矛盾也是数产生的一个重要因素。虽然这一点没有必要给七年级的学生解释清楚，但"离不开"三个字给学生后续的学习留下了探索的空间。一句看似平常的话，却意味深长，值得品味。

再如，"一元一次方程"课本呈现过程：从实际问题出发，建模得到方程，给出方程形式化定义，利用它解决实际问题。"问题情境——建立模型——拓展应用"这样的过程，正符合课程标准倡导的教学模式，如何设计教学，这就是课本给我们的示范。

课本中到处存在编排的艺术，需要细细品读，不论你是模仿它、评析它，还是超越它，都要达到深度理解，这样才能真正体会课本蕴含的编排美。

二、知识的价值美

美的东西也和秩序、匀称、确定性有关，这也正是数学研究的原则。数学知识的内在美就是数学中有规律的、奇妙的、让人惊叹的东西。如一些几何图形（直线、角、长方形、圆、正方体、圆柱体等）的匀称美；一些定理公式（线段公理、勾股定理等）的简约美；黄金分割的奇妙美，人类的肚脐是人体总长的黄金分割点，有些植物相邻两片叶柄的夹角约为 137.5°，这正好是把圆周分成 1:0.618 的两条半径的夹角；对称变换的和谐美，这种美普遍存在我们生活中，如在服装设计、室内装潢、绘画艺术中，都能看到它，同时在诗歌的对仗中也有它的身影。

数学知识的内在美举不胜举，教师要做有心人，不断探索数学知识与现实生活的联系，发现其特有的内在价值美。

三、教学的艺术美

教学是一门艺术，不同的教学处理会有不同的教学效果。单一的知识目标，让教学枯燥无味；三维目标的提出，让教学充满生机。

例如，"点、线、面、体"的教学。很多教师认为这节课内容太简单，对于"点、线、面、体"的初步印象，学生在小学已经有了解。对于"点动成线，线动成面，面动成体"，借助信息技术手段进行演示也就很清晰了。所以草草完课。这样的教学处理仅仅关注了知识目标，缺少对能力和情感目标的关注，因此是索然无味的。

下面看一节优秀案例。

环节 1：利用课件播放繁星点点的夜空、纵横交错的公路、一望无际的大海和形状各异的建筑物图片。启发学生用几何的眼光观察这些图片，并在图片中找出几何形象。（点、线、面、体）

环节 2：将课件定格在形状各异的建筑物中，让学生找出其中的几何体形象。（长方体、正方体、圆锥、四棱锥、球体等）

环节 3：（游戏）每两位同学一组，同学 A 描述一个几何体的特征，同学

B 根据同学 A 提供的信息来猜测几何体的类型。

本案例中，环节 1 让学生从实物中想象出几何形象，环节 2 让学生从建筑物中想象出几何体的形象，环节 3 则让学生根据描述的几何体特征想象出几何体类型。三个环节都是通过想象找到问题的答案，这就是培养学生空间想象能力的过程。同时，环节 3 中学生对几何体特征的描述需要一定的语言基础，既要说准确，也要说清楚，另外一个同学一定要全神贯注地听，这也体现了交流和互相合作意识，情感价值观在潜移默化中得到了渗透。这就是基于"三维目标"的教学处理的教学艺术。教师要深度研读课标、深刻理解课本，才能真正体会这种教学处理艺术所带来的美。

四、解题的多样美

一题多解不仅培养学生的发散思维，也可以让参与思考解题的人真正体会到不同解决方法带来的认知美感。如"三角形的内角和是 180°"定理的验证和证明，验证方法如下：

（1）用量角器分别量出三个角，相加，看是否是 180°；

（2）将三个角撕下来，拼在一起，看能否拼成平角；

（3）将三个角折叠到一点，看能否拼成平角；

（4）如图 7-10，把一根铅笔和三角形的一边 *BC* 重合，笔尖指向点 *C* 方向，然后分别以点 *C*、点 *A*、点 *B* 为旋转中心进行顺时针旋转，铅笔分别与 *CA*、*AB*、*BC* 重合，旋转结束后，看铅笔笔尖是否正好调整了方向。

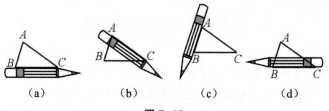

（a）　　　　（b）　　　　（c）　　　　（d）

图 7-10

证明方法： 主要借助平行线知识，如图 7-11 所示。

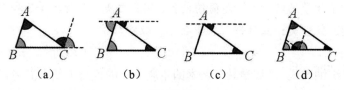

（a）　　　　（b）　　　　（c）　　　　（d）

图 7-11

在课堂上引导学生尽可能多地展现验证方法，体会多种方法的互相解释和相互佐证。但是验证方法还是缺少一定的说服力，只有理论证明才能让人信服。不论是验证方法，还是证明方法，学生的参与积极性很高，每得出一个方法，学生脸上的惊奇和兴奋都是这节课最宝贵的财富。通过这样的研究，可让学生体验多解的神奇美。

五、学习的探究美

很多时候，数学人在探究一个问题，最终获得了答案，那种探究的强烈欲望和得到答案时无以言表的喜悦，是旁人无法体会的。

如 "三角形三条高线交于一点" 定理，若仅靠看是看不出三条高线交于一点的，但实际上它们的确交于一点，而且还可以实实在在地证明它。讲这个定理时一定要让学生经历探究过程，让他们体会探究后获得成功的喜悦。

数学中有很多这样的定理和公式，希望教师都能给学生充足的时间和必要的引导，让学生参与探究过程、体会得到答案时的那种欣喜和惊奇美。

以上这些美，不应该是教师的一厢情愿，应该还有学生的感同身受，教师要在挖掘美的同时不断给学生渗透美，让学生从欣赏美的角度来学习数学。自然之美一望可见，而数学之美则需要深入的挖掘和探索，但也只有这样的美才是深刻的、永恒的。

第七节　"互联网+" 初中数学课堂之美
——记教育教学过程中的启发

摘要： 数学美历来受到人们重视，初中数学教师应注重在日常教学中挖掘并向学生呈现数学美，这不仅能提升学生的兴趣和学习积极性，也能在一定程度上促进其数学素养的发展。而随着现代信息技术与课堂教学的日益深度融合，互联网更可以在这方面提供较大的便利。本文结合笔者教学实践体会简要探讨了数学的四种美，即简约之美、实用之美、对称之美、和谐之美。
关键词： 数学美；互联网；初中数学；数学教学

数学家维纳曾说："数学具有艺术的本质，它的善与美使人着迷。"而我国著名数学家陈省身也多次指出："数学是美的。"可见，数学美历来受到人们重视，初中数学教师应注重在日常教学中挖掘并向学生呈现数学美，这不仅能提升学生的兴趣和学习积极性，也能在一定程度上促进其数学素养的发展。随着现代信息技术与课堂教学的日益深度融合，互联网更可以在这方面提供较大的便利。以下拟结合实例对此展开较为具体的探讨，希望对一线教师有所启发。

一、简约之美

抽象符号是数学学科的基础元素及其鲜明特征，它们像一个个小精灵，支撑起庞大而奇妙的数学世界。数学符号的表达方式精练而严谨，透露出一种浑然天成的简约之美，这种美可以说是数学美的基本形式。而初中数学相对更偏重初级属性，符号组合和变化也就更为明显地展现出简约易懂的特点。比如，数学符号就有点像我国的文言文字词，其组合凝练而简约，教师要善于引导学生体会数学符号背后的简约之美。举个最简单的例子，三角形的内角和定理，其基本的符号表达是$\angle A+\angle B+\angle C=180°$，在我们学过数学的人看来，可能觉得它平平无奇，然而它却是经过历代数学家的大量试验和推证而得出的最为简约化的表达，后人不过是在"摘桃子"而已。在实际教学中，教师可以很容易地利用互联网呈现相关探索研究历程，这可以使学生了解该定理背后的故事，从而使学生经历"由繁到简"的过程，体会其符号表达的简约之美，同时也使学生体会数学研究和探索的内在乐趣。

二、实用之美

数学来源于生活，又服务于生活。数学不仅是一门逻辑的艺术，更是一种实用工具。正如哲学家罗素所指出的："数学美没有绘画和音乐那种华丽的形式，但它纯净到崇高完美的地步，因为它投合了我们天性的微弱方面，帮助我们更好地认识和改造这个世界。"这一观点所凸显的就是数学的实用美。实用美在现代更具学术意味的名称是数学的"模型美"，因为数学建模是利用数学知识解决实际问题的必要桥梁，而数学模型也就逐渐被人们赋予了艺术上的美学意义。如基于方程知识的等量模型，基于函数知识的各种函数模型，都在实际生活中有极为广泛的应用。故此在实际教学中，教师要注重模型思想的渗透和学生建模意识的培养。具体来说，就是借助互联网引入一些与主题相关的实际生活情境，让学生运用书本上的知识去解决生活情境中的问题，体会建模思想的应用，进而深刻认识到数学知识的应用价值和"模型之美"。

三、对称之美

对称美是绝大多数学过数学的人都能感受到的，这种美也是数学美的典型代表形式之一。对称之美在几何领域体现得最突出，除了正方形、圆、等腰三角形这些最基本的几何图形之外，一些较为复杂、高级的轴对称和中心对称图形更常引起人们的注意，让人津津乐道。而互联网丰富的资源则可为我们提供各种奇妙的具有对称之美的图象和现象，在具体教学中教师要注重借助互联网这一优势。例如，在学习轴对称和中心对称图形时，可让学生在课前上网搜索具有美感和艺术感的对称图形，在课上加以展示，引导大家一同鉴赏品评，体验美学范畴的轴对称。记得在教授这部分知识时，我还为学生布置过这样一份作业：要求学生发挥想象，借助网络资源自行设计一种轴对称图案，并借助办公软件的绘画功能绘制成图。这不仅能够锻炼学生的动手动脑能力及创新思维，更是使其体会数学对称之美的良好落地性途径。

四、和谐之美

和谐美是数学美的高级表现形式，对称美实际上可以算是一种外观形式上的和谐美。这里所说的和谐美主要指向哲学层面，具有抽象属性。具体来说，其主要是通过数学知识的严谨性和系统性向外散发的。数学中的每一条定理、每一个公式无一不是经过前人的不断探索、验证和完善而形成的，它们具有高度的概括性、理论性和普适性，经得起时间的考验。而这些定理和公式构成的数学世界就具备了一种哲学层面上的和谐之美。这种和谐美也就是一些数学家所说的数学具有的"冷而严肃的美"。受此启发，教师在日常教学中要注重借助互联网更清晰、更严谨地呈现数学知识的生成过程，使学生体会其严谨性和科学性，进而在潜移默化中达成对数学和谐美的感悟。

综上所述，数学并没有人们想象中的那么枯燥无味，而是需要我们在教学过程中去发掘它的美，并借助互联网展现数学美的概要性策略。数学教师要善于充分借助现代信息技术，在日常教学中挖掘并向学生呈现数学美，以达到在提升学生学科兴趣的同时促进其数学素养发展的目的。

第八节 "数学之美" 在学科教学中的渗透探究

摘要：随着数学教育改革的不断推进，审美教育引起越来越多工作者的重视。在初中数学教学之中，如何实施初中数学美育教育，让学生感受到数学的魅力和美感，是目前初中数学教师应当思考和探索的重要问题。本文基于普通初中数学教育大背景进行研究，论述研究初中数学之美在学科教学中的运用，以供参考。

关键词： 初中数学；审美教育；美学

新一轮的普通初中数学课程改革中明确表明，改变传统教育中的数学教育观和数学观，要用新的数学观认识数学，并且用它指导数学教育教学，进一步提升学生学习数学的素养。无论是基本理念还是课程目标之中都指出了数学美学的价值、数学科学思想体系的意义以及数学创新精神。培育数学美感能够培养学生的数学视野，使其逐步认识数学的科学价值、文化价值、应用价值等，这才是现代化数学教育的完整教育。

一、初中课堂之中数学美育的缺乏之处

（一）数学美的奇异性没有得到突出

数学美学的奇异性是指研究对象不能够利用任何理论知识或者是定理所解释的一种特殊性质，这种性质是数学的朦胧美基调，这种奇异性是容易使学生惊叹的。但是，现在很多教师难以展示数学的奇异性，过于强调解题的步骤和方法，忽视了部分理论知识体系所难以解释的问题，不能使学生感受到数学的朦胧美。甚至部分教师认为有些问题没有办法解释，这是十分不科学的，不能培养学生对于未知世界的探索欲望，这也是我国目前初中数学教学所面临的具体问题。

（二）数学美的对称性得不到展示

万物皆可转变为数字，各种自然形态以及造物形态都是蕴含着一定的数学美学的。但是在初中数学课堂之中，教师没有充分地将这种美学所展示出来[1]。数学具有一定的对称美、和谐美等，作为反映和研究空间关系的学科，数学美的展示才是对于数学结构系统和内容的协调。数学教师在讲述几何关系与数量关系时，过于注重两者的定理知识表达，忽视了学生对于图形美感的感受，导致学生难以感受到每一幅图片之中所蕴含的意义和知识，也难以意识到这些数学美感是可以利用数学语言进行阐述的。有很多数学美是不需要通过言语直接表达的，而只需要直观的展示和稍微的引导就可吸引学生逐步深入，但是在实际应用中教师很难做到。

（三）数学美的统一性得不到彰显

罗素曾说过，数学，如果正确地看，不但拥有真理，而且也具有至高的美。数学的美是具体的，是形象的，是简洁并且统一的。从哲学上来看，数学是人们所认识的特殊工具和符号，与物质工具一样，具备高度的统一性。但是，在数学课堂之中，过于复杂无聊的公式变换以及过于繁杂的计算和应用导致数学美的统一性得不到展示，学生感受不到数学与生活、与工具乃至与哲学之间的联系。过于烦琐的公式也不利于学生对其的使用和记忆，也让学生难以探寻它们之间的关联和意义。

二、初中数学之美在学科中的运用

（一）唤醒学生对数学奇异美的感受

俄罗斯几何学家洛巴契夫斯基曾经发起过对于欧几里得真理的冲击，他勇敢地挑战了传统的真理理念，阐述了非欧几何的全新概念，使得几何学出现了新的现象，传统的定理被打破，开辟了一片奇异的世界。还有初中数学之中常见的圆周率，曾有一位法国数学家就是利用一个投衣针的小游戏经过计算也得到了它，她将针一根根扔到白纸上，投完之后经过统计，其中与任何一组平行线相交的有 985 次，共投 3093 次，因此圆周率为 3093/985，约等于 3.14。虽然两者当时没有任何关联，也没有理念支持，但就是让人感受到了数学的奇妙，充分展现了数学的奇异之美。教师也可以通过一些游戏或者是新鲜的教学方案讲述与书本理论知识相关的内容，来培养学生的数学美感。

（二）唤醒学生对于数学对称性的感受

初中数学几何学的教学之中，无论是轴对称还是镜像对称，都展示着一种独特的数学美感。教师所需要教导学生的是根据一幅图形，自然而然地阐述出这个图形之中的数学美在哪儿，是对称，还是全等，还是一定的数学含义[2]。如若学生能够被锻炼出这种意识，那么他们面对各种数学题目时，就只是一种兴趣的探索，而不会变成一种任务式的解题。数学对称美之中所展示给学生的初中数学知识也是多种多样的，小到证明几何图形的体积关系，大到证明各类数学定理的应用关系，这些都是具备一定的规律性的。这种规律性往往只有学生对于图形有所感受时才能够被很好地应用于题目之中。

（三）唤醒学生对于数学美的统一性感受

数学是十分精细的学科，初中数学教师要能够正确地表现各种数学定义，数学结论具有唯一性，定义十分鲜明，对错也要分明，不可模棱两可。例如，在初中数学教学中双曲线和抛物线的表示，就需要阐述两者之间的不同，不可以用统一的定义将它们表示出来。确定平面内一个定点与一条直线的距离之比等于一个常数 e 的点的轨迹，当 e 的数值变化到不同数值的时候，其表达的曲线含义是明确不同的。在这个阐述过程中，教师的语言不宜过于口语化，从演绎到认证不允许有一个符号错误和语句错误，这是许多教师应当注意改正的问题。

初中数学新课程标准指出让初中学生感受到数学美学的意义，在初中数学教学的过程中教师一定要能够注重数学美育活动的进行，数学美的对称性、统一性、奇异性都需要在课堂中充分展现出来。数学美育与数学教学整合是一个长期的过程，教师需要不断创新教学方案，以美带动学生的学习兴趣，让学生自发性地参与到学习中，以促进学生数学思维的进步和发展。

参考文献：

[1] 单墫，李善良. 数学：人的发展中不可缺的内容——数学的价值研究之二[J]. 数学通讯，2002（07）.

[2] 李相勇. 高中数学情感态度价值观目标落实现状及对策研究[D]. 武汉：华中师范大学，2013.

第九节　把握"四个基本"，体味"几何之美"

摘要：几何是美的，但几何学习也是单调、枯燥的。在教学中，要让学生从单调、枯燥的几何学习中体味到几何之美，教师就应该把握好基本知识、基本图形、基本方法、基本结论等"四个基本"。

关键词：四个基本；几何之美

初中几何，尤其是几何证明不但是学习的重点，也是学习的难点。新课程标准对初中几何证明的内容虽有所调整、降低难度、淡化技巧，但对几何的基本能力要求其实并没有降低。新课标指出，几何教学中，应帮助学生建立空间观念，注重培养学生的几何直观与推理能力。初中学生的几何学习在内容上正在经历从"直观"到"论证"的转轨，在思维方式上需要解决从"形象思维"到"演绎思维"的过渡。在教学中，要让学生从单调、枯燥的学习中体味到几何之美，教师就应该把握好"四个基本"。

一、基本知识

几何定义、公理、定理是最基本也是最核心的几何基本知识，教学中必须认真把握。几何基本知识具有概括性、抽象性和精确性，因此，教学中不能对知识的教学轻描淡写、一带而过。定义、公理、定理的产生、发展、形成过程，需要以学生已有知识为依托。对于每一个几何模型，一般都能找到对应的具体的日常生活背景。所以，在教学中，既要让学生充分感受现实生活的几何情景，又要让学生充分动手画图，增加实感，让学生切实感悟数学的生活之美。

几何基本知识的另一个层面就是基本的画图与尺规作图。一个不会画图与作图的学生是绝对不可能学好几何的。所以在教学中，教师必须要求学生勤于动脑、勤于动手，必要时，还应做到逐一验收、人人过关。

辅助线是初中几何基本知识的另一个层面。显然，作辅助线有规律可循。在教学中，教师要善于引导学生总结，在实例中归纳，然后再将其应用于解题实践，让学生不断总结、归纳、提炼并熟练掌握初中常见辅助线作法。让学生明白枯燥的几何也大有规律可循，真正体味几何的内在之美。

二、基本图形

初中几何中有很多基本图形，它们是构成复杂图形的基本单位。在复杂问题的解决中，如果善于发现基本图形，并熟练掌握这些基本图形的结构和形式，就能使复杂问题简单化、模糊问题清晰化。与此同时，除了掌握几何中每个定义、定理、公理对应的基本图形，还要掌握定义、定理、公理之外的常用图形。熟练掌握复杂图形基本化策略，不仅能将复杂图形"化整为零"，便于观察；同时更能让学生利用这些基本图形及其性质启迪思维，打开思路，将看似没有关联的问题联系起来，实现转化之美的奇妙效果。

三、基本方法

传统的几何教学，常常是采用单纯的教师教、学生学，教师讲、学生听的填鸭式。而现有几何教材，无论哪一种版本，均设计了很多"做数学"：比一比、量一量、拉一拉、摆一摆、折一折、画一画，物体观察、模型制作、图案设计等教学内容，这些都是几何教学与学习的基本方法，教学中应高度重视和充分把握。让学生切实感悟到几何学习的方法之美与数学实践之美。

"题、图分家""文字与图形脱轨"是几何学习中存在的普遍现象。原因很简单，就是学生不会对图形进行标注，无法将已知条件图形化。规范、合理、恰当的图形标注，是学生学习几何的必备能力。学生在几何图形标注中如果能达到"见图如见字"的境界，那么学生的几何水平绝对不会太差。在教学中，有目标、有计划地训练学生图形标注能力至关重要，这也是最基本的几何教学方法之一。比如，用一杠、两杠、三杠标记对应相等线段，用点、叉、弧标记对应相等的角，同向箭头标记对应平行线，等等。这样，不仅能起到已知条件直观化的效果，同时也起到暗示提醒的作用，使学生对几何图形的形式之美的认识更加深刻。

一题多解（证）是几何教学的"家常便饭"。一方面，教师应鼓励学生独立思考，用适合自己的、科学合理的方法解决问题，从而在广泛的学习中找到尽可能多的解题方法。另一方面，教师要在有限的课堂时间内让学生的思维得到充分发展，给学生搭建合作、研讨、交流的平台和空间，开拓学生的思维路径，获得多种解决问题的思路和方案，提高学生的思维能力，真正实现教学相长。

对于简单性问题，无论从已知出发还是从结论入手，单向思考一般都能顺利解决。但对于思维过程相对复杂的问题，单一地使用其中的一种方法有时却是无能为力的，要将两者结合，既从已知出发，又从结论入手，同时还要结合图形，从题目的两头（条件和结论）向中间靠拢，使思维更集中、目标更明确，从而容易发现问题的突破口，寻找出解决问题的结合点，进而达到解决问题的目的。显然，"两头凑"是初中学生解决几何问题的基本方法，在教学中，必须高度重视，专项训练，努力提升学生的数学思维之美。

四、基本结论

有人说："数学就是一猜二斗，猜得出、斗得拢就是好数学。"这话虽不尽全对，但它蕴含了一个道理：数学学习如果能理解和记住一些结论，解起题来就会顺利很多。尤其在几何教学中，除了引导学生理解掌握基本的定义、公理、定理之外，还要有意引导学生从平时的解题中总结出一些结论和规律，在充分理解的基础上记住，并能灵活应用，这样，学生的几何成绩和几何能力都将大大提高。这样，至少能达到以下三方面的效果：一是利用基本结论可以直接解决一些填空、选择题，尤其是一些难度较大的填空、选择题，既节省时间，又能提高正确率；二是几何大题的解决并非学生对用到的每个知识点都不会，往往是某个点没有想到而不能突破，所以很多时候我们便可以从基本的结论与规律中得到启发，一下就有了解决复杂问题的灵感与思路；三是问题结论常常可以做很多有效的推广，如将某些特殊条件下成立的结论，推广为一般条件下成立的结论。在问题结论推广的过程中，学生经历归纳和类比、猜测和发现、探索和证明等过程，他们收获的就不仅仅是学会一个问题，而是学会一类问题，这样，学生就可以跳出题海，提高学习效率，形成创新意识，提高创新能力，感悟创造之美。

常言道："三角几何，叉叉角角，教师难教，学生难学。"但我想，在教学中，如果能把握好以上"四个基本"，那么随时都能让学生体味到数学之美、几何之美，或许，教师就会觉得再也没有那么难教，学生也就会觉得没有那么难学了。

第十节　初中数学教学中的数学之美

摘要：在初中数学课堂教学中进行审美教育，不但能让学生感受到数学之美，提高学生的学习兴趣；而且能引导学生发现美、认识美，使学生的心灵变得更加美好。

关键词：简洁性；美观性；数学美

数学是美的，数学来源于生活，同时也运用于生活，所以数学是一门与现实生活紧密联系的学科。因此，在初中数学教学过程中，让学生在学习数学的同时，引导学生发现初中数学中的生活之美，能够帮助学生更好地认识世界，极大地提高学生的学习兴趣，最终提高教学的质量和效率。

一、数学具有美好的简洁性

数学的简洁之美往往可以通过数学符号的使用表现出来，如可以用公式简洁地描述复杂的对象，就像一个深奥的现象被一个简单的道理所阐释，这是所有教师和学生都希望见到的效果。学生在初中阶段一开始便会接触到用字母表示数、用代数式表示数量关系等。初中数学包含许多语言符号，代数表达式是数学学习和数学表达过程中最具代表性的，因为它具有强大的数学符号语言，并且让语言变得更加简洁。

如在教学过程中用文字来表达一个数 x 的 6 倍与其平方的和，会令人觉得非常复杂，但是如果用代数式来表达这句话所代表的含义，就是"$6x+x^2$"，这样一个简单的算式就将其表达得既准确又简洁。再如"$y=a(x-h)^2+k(a\neq0)$"这一简洁明了的二次函数顶点式将各种类型的二次函数都囊括其中，这是非常巧妙的。文字性表述在这样简洁明了的代数式表达中被大大简化，数学的抽象化在这样化繁为简的数学语言表达中得到了很好的体现，数学语言所特有的简洁美也因此得到充分的体现。

二、数学具有形象的美观性

在初中数学教学中，有大量的图象、美丽的模型，这些图形、模型具有明显的形象美，需要教师去发现与把握，并有意识地引导学生去认识和感受。

如在"平行线的性质"这一课的教学中，教师就可以引导学生去探索生活中出现的平行线，引导学生去欣赏平行线的美。换言之，教师就是要在初中数学教学中将数学知识与学生的现实生活联系在一起，引导学生发现这些数学概念和形象的美，使学生感受到初中数学的生活之美。

三、数学具有美妙的统一性

世界上一切事物都是相互联系的，作为反映客观事物的量的方面的属性和规律的数学，其概念、定理、公式及法则等也必然是相互联系的，并在一定的条件下处于一个统一体系中。数学美的统一性正体现了数学知识的部分与部分、部分与整体之间的有机联系。

如小数、分数的四则运算可以化归为整数的四则运算，而整数的四则运算又可归结为表内加减法和表内乘法。因此，在教学过程中，教师要做有心人，不断引导学生进行概念之间、公式之间的比较、综合、归纳，使学生在搞清楚数学知识内在联系的基础上，进行必要的分类和整理，组建完整的知识网络。正如新课程标准强调的，在学生已有的知识经验基础上，逐步培养学生学会获取知识的能力，发展他们合情推理的能力和初步的演绎推理能力。

四、总结

在初中数学教学过程中，向学生传授数学之美是非常重要的。初中作为学生学习的中期阶段，它在学生的学习生涯中起着承上启下的重要作用，初中阶段对学生进行数学美知识的运用，必将为其今后的数学学习打下良好的基础。教师在课堂上向学生传授简洁性、美观性、统一性等数学美的理念，可以让学生在今后的数学学习中能够灵活地运用数学美，从而提高其数学解题能力和对学习数学的兴趣，让学生爱上数学并将其运用于生活之中。

第十一节 "互联网+数学之美"课程内容构建与研究

摘要： 数学是一门特殊的科目，它具有一定的抽象性，且对学生的逻辑能力有一定的要求，所以学生将其评为了最难学的科目。其实，学生看到的只是数学的表面，并没有发现数学中蕴含着的与众不同的 "美"。鉴于新课改要求学生要德、智、体、美、劳全面发展，互联网也逐渐渗入了人们的生活，所以本文从 "利用互联网体现数学的简约美" "利用互联网体现数学的实用美" "利用互联网体现数学的和谐美" 三个方面阐述了 "互联网+数学之美" 课程内容构建与研究。

关键词： 互联网；数学之美

在如今的教育背景下，新课改提出了学生要德、智、体、美、劳全面发展的要求。也就是说，教师在教学中不仅要帮助学生理解、掌握理论知识，还需要在教学中实现学生全面发展的目标。在学习数学时，大部分学生会产生排斥心理，其根本原因是学生无法真正地认识数学，无法发现数学的美，导致数学教学无法达到预期效果。而科技的发展使互联网走进了校园，大大降低了教学难度。鉴于此，教师需要在教学中运用互联网构建起数学之美。

一、利用互联网体现数学的简约美

众所周知，数学知识由一个个公式和定理组成，公式由数字符号组合构成，它们或简或难。鉴于初中阶段的数学教育是最基础的、最浅显的，所以教材内容不会太难。这样一来，数字和符号之间的组合规律及变化就会较为单一。其实数学教学与文言文教学有一定的相同点：精简[1]。这样就导致了学生在看到数学知识的时候无法立马明白其中深意，需要有人去引领、讲解，才能理解知识，掌握知识。综上所述，可以看出，数学的简约美主要表现在数字符号的组合与公式定理的运用上。而时代在进步，科技在发展，互联网已经渗入了人们生活的方方面面，并成为人们生活中必不可少的一部分，而且互联网具有信息量丰富，信息形象、直观等特点，所以教师可以利用互联网将数学的简约美呈现在学生面前。

例如"平面上三角形的内角和为180度"就体现出了数学的简约美。教师在教学中可以利用互联网,将数学家研究这一定理的过程用软件模拟出来,呈现在学生面前,然后让学生逐一上前演示,进行探究。因为学生体验了这一过程,就会对这一定理产生深刻的印象,并加深对这一定理的理解。通过模拟体验,学生可以发现,这一定理中有一个限定条件——平面上。因为只有在平面上的三角形才能有确定的内角和,曲面上的三角形是没有确定内角和的。在经历过这一次动手操作后,学生会逐渐认识到公式、定理存在的作用,它们并不是阻碍了学生的动手能力的发展,而是为了提高学生做题效率,使其能在今后的学习中直接应用。

二、利用互联网体现数学的实用美

不少学生觉得自己天天学习数学脑袋都快要炸了,而且数学知识除了有理数运算有点用之外其他知识是没用的。这是因为学生无法正确地认识数学知识在生活中的实用性。因此,教师需要利用互联网,将数学的实用美体现出来[2]。

例如,在进行"解一元二次方程"的教学时,教师若直接给出一个方程式让学生去解,学生是无法明白学这些知识有什么用的。最简单直接的办法就是教师利用互联网将一道与一元二次方程有关的生活中的应用题呈现在学生面前,如公司盈利情况、人口增长状况等,并附带与其有关的图象引导学生思考。这样一来,学生就能产生这样的认知:这些内容是与生活有关的,学了以后是有用的。而且在遇到类似题目的时候,学生会回想起这一内容,并快速、准确地解出答案。也正是因为如此,在小学阶段就在数学教学中融入了应用题,并且一直到高中阶段也没有停止。毕竟教学的最终目的并不是让学生理解知识、掌握知识,而是让学生能够将其灵活应用、解决生活中的难题。这样的教学方式可以快速地将数学的实用美呈现在学生面前,而且因为互联网教学形象直观的特点,降低了学生的学习难度。

三、利用互联网体现数学的和谐美

和谐指的是雅致、严谨或形式结构没有矛盾性。在所有科目中,唯有数学可以体现出和谐美。而数学的和谐美主要体现在几何图形方面,不同的线段组合成了不同的形状,不管怎么摆放都具有和谐的美感。基本表现为以下几种美:对称美、变化美、弧度美等。教师若是在教授相关内容时只靠单纯的讲解，学生可能无法正确地进行认知，也无法真正地理解和谐美是什么样的美。所以，教师在教学过程中，需要利用互联网，将相关图形呈现在学生面前，让学生通过观看，发现数学的和谐美。

例如，在进行等腰三角形的教学时，教师可以利用多媒体技术将一个等腰三角形呈现在学生面前。学生可能通过这样的观看无法发现三角形的和谐美在哪里，这时教师需要在等腰三角形的三个顶点处标上 A、B、C 三个字母，然后将 $AB=AC$ 写在黑板上。这样一来，学生就能明白，原来一个简单的三角形中，蕴含着一种和谐美。

四、结语

数学之美无处不在，它渗透在公式中，渗透在定理中，渗透在生活中的应用中……通过数学之美的教学，学生在掌握数学知识的同时，也就受到了理性教育与感性教育。不过，教师要学会凸显数学的美，学会构建数学的美，只有这样，才能让学生真正地认识数学，更好地学习数学。

参考文献：

[1] 张小宁. 浅谈数学之美[J]. 科技资讯，2007，021：178.

[2] 刘瀚岩. 欣赏数学之美[J]. 中学课程辅导（教学研究），2015，9（18）：261.

第十二节　数学之美校本课程资源的开发与利用研究

摘要：当前，新课程改革已经进入了一个全新的阶段，在新课程改革的理念下，校本课程资源的开发和利用逐渐被教育工作者所重视，很多教师开始着手于研究如何充分地开发校本课程资源和提高其利用效果的策略和方法。就初中数学而言，教师应当对新课程理念中的校本课程资源有充分的认知和理解，因此，本文从"重视课程资源，树立新型课程资源观""提高教师素质，提高课程资源利用效果""开发学生资源，发挥学生资源的作用"等三个方面展开详细的研究和阐述。

关键词：初中数学；校本课程资源；开发与利用

课程资源也叫作教学资源，其主要指的是教师使用各类工具或自然物品等来达到教学的目的和效果，同时促进学生的全面发展和学习主动性的一切可以利用的资源。由此可见，为了响应新课程改革的号召，教师要充分地开发和利用身边的一切校本课程资源，以学生的创新能力、实践能力、价值观等综合发展为教育的最终目标，让学生在"智育""德育""体育""美育"等各个方面都有所发展和进步。这样的教学目标和教学任务对于初中数学教师而言，可以说是新的考验和挑战，这种考验和挑战要求教师不断提高自己，更新自身的教学理念和教学模式，同时进行探索和研究，反思自身并且逐渐开发利用与完善校本课程资源的教学。

一、重视课程资源，树立新型课程资源观

在初中数学传统的校本课程资源中，大部分的教育工作者认为校本课程资源就是数学课本、练习册和参考资料等内容，很多的课程资源没有被数学教师重视。为此，教师要树立新型的校本课程资源观念，重视各种校本课程资源，包括学校、家庭、自然以及社会中的一切可以利用的资源。

实际上，学校中的其他课程资源其实是与中学生的学习和生活有着紧密的联系的，如实验室、自习室、图书馆、教室中的图书角、校园中的标志性建筑物、学校周围的植物、教师上课所用的多媒体技术等资源，教师可以发现并且挖掘这些在教学过程中可以利用的一切课程资源，把数学教学内容和学校中的课程资源联系起来。另外，还有家庭和社会中的课程资源，如家长的教育、家庭背景、市图书馆、市科技馆、市博物馆，甚至城市中的一些高等学校等，这些都属于家庭和社会中可以让学生学习并且有所感悟的课程资源，教师要重视这些不属于课本内容的课程资源，让这些课程资源的价值和作用充分地发挥出来，为学生的学习和教师自身的课堂教学提供一个有利的前提条件。

二、提高教师素质，提高课程资源利用效果

在开发和利用校本课程资源的这一教学活动中，教师是主力军，也是最直接的研究者和执行者，在这种情况下，初中数学教师的素质就决定着校本课程资源的利用效果。如果教师自身的素质没有得到提高，那么很多潜在的课程资源就没法被有效地开发和利用，这些课程资源也就无法被教师合理地利用在初中数学的教学中。因此，教师要提高自身的素质，积极地研究潜在的校本课程资源，结合学生的生活实际和教学的实际内容，引导学生在学习初中数学知识的同时，学会实践和创新。

例如，教师在讲人教版八年级上册的"三角形的稳定性"这部分内容时，可以自行准备三角形和四边形的木框各一个，让学生感受这两个形状的稳定性。然后，教师可以寻找生活中的校本课程资源，如高高的高压电塔为了稳定，采用三角形支架，在使用梯子时为了稳定，使其呈现三角形的形状等。教师可以利用这些随处可见的资源让学生感受三角形的稳定性，并让学生利用三角形的稳定性来解决生活中的实际问题。这样，在提高校本课程资源的利用效果的同时，也培养了学生的应用能力和创新意识。

三、开发学生资源，发挥学生资源的作用

教师还要注意一点，学生是整个学习阶段中学习活动的主体，同时也是教师进行初中数学教学工作的主体，因此，教师要积极开发学生这部分校本课程资源，充分发挥并且利用学生课程资源的作用。

例如，教师在初中数学的教学时，要注重学生的学习兴趣和学习主动性，因为它们是学生在学习初中数学的过程中最有价值的课程资源，不同于外界有形的资源，这种资源是推动学生积极学习，使其不断探索未知领域，全面发展学生自身能力的最大内驱力。教师要积极发挥和利用学生这一资源的作用，给学生创造一个充满学习氛围的环境。

四、总结

综上所述，作为一名初中数学教师，要积极响应新课程改革的号召，积极探索开发和利用校本课程资源的方法，不仅要重视初中数学的课程资源，树立新型课程资源观念，提高教师自身的素质和课程资源的利用效果，同时要开发学生这部分资源，充分发挥该课程资源的作用，尽可能地为学生创建一个丰富的数学世界。

第十三节 "母子型"相似模型的解读与应用探究

摘要： 数学模型是基于特定对象的内在特性而提取的规律、结论，可为后续的解题提供方法参照，因此实用性很强。"母子型"相似模型是初中数学重要的几何模型，利用该模型的结论可以快速打开解题突破口。本文将深入解读该模型，探讨模型的使用思路，并结合模型探讨其对应的综合问题，提出相应的教学建议。

关键词：几何模型；母子型；三角形；比例式

相似三角形是初中数学中需要重点掌握的知识内容，在相似三角形中存在众多的相似模型，其中"母子型"相似模型应用较为广泛，其特点为由两个相似的三角形相依组合，如"子依母怀"，故得其名。深入理解模型内涵，灵活运用相关结论可以显著提高解题效率，下面对"母子型"相似三角形开展模型探究、问题例析。

一、模型解读

"母子型"相似三角形的模型结构简单，结论深刻，具体如下：

条件：如图 7-12 所示，在△ABC 中，底边 AC 上有一点 D，已知∠ABD=∠C。

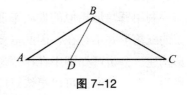

图 7-12

结论：（1）△ABD∽△ACB；（2）$AB^2=AD \cdot AC$。

探究：因为 $\begin{cases} \angle BAD = \angle CAB, \\ \angle ABD = \angle C, \end{cases}$ 所以△ABD∽△ACB（有两组对应角相等的

三角形为相似三角形），根据相似三角形的性质可得 $\dfrac{AB}{AD} = \dfrac{AC}{AB}$，整理可得

$AB^2=AD \cdot AC$。

变形：模型中的顶角∠ABC 具有一般性，可以适度对其变形，设定其为90°，对应的 BD 变为底边 AC 上的垂线，则可以变形出特殊的"母子型"相似模型（如图 7-13 所示）。另外，若设定其中的点 D 为底边 AC 上的动点，则可以将其变更为动点，结合三角形相似的判定定理命制相关的相似探究题。

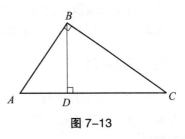

图 7-13

"母子型"相似模型也称之为共边共角型三角形相似模型，其最为显著的特征为：图形中含有一个公共角和一条公共边，大小三角形错叠相依，从中提取的两组相等角可以证明一组三角形相似，进而得到一条线段的平方与共线线段的乘积相等。虽然"母子型"相似模型较为简单，但灵活运用可以高效求解相关综合问题，如与圆相结合的几何综合题、以抛物线为背景的探究问题等。

二、模型巩固

"母子型"相似模型简单，但在实际考查时常结合众多图形构成复合图形进行考查，因此在解析时需要明晰模型特点，准确提取问题中的模型，利用模型的结论来推理求解。

例1 如图7-14所示，在Rt△ABC中，CE为斜边AB上的垂线，已知BG⊥AP，求证$CE^2=ED \cdot EP$。

分析：根据$CE^2=ED \cdot EP$的结构，若要完成证明就需要将等积形式转化为相应的比例形式，显然需要利用三角形相似的性质来证明，但与其直接相关的三角形并不存在，因此需要联立多组相似三角形构建。分析可知图中存在"母子型"相似三角形模型，根据其结论可以提炼对应的线段比例式，再结合△AEP与△BED的相似性质可以完成证明。

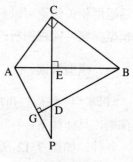

图 7-14

证明：由CE是Rt△ABC斜边AB上的垂线，可证△ACE∽△CBE，由相似性质可得 $CE^2=AE \cdot BE$。进一步分析可证∠P=∠DBE，结合∠AEP=∠DEB=90°可证△AEP∽△DEB，由相似性质可得 $AE \cdot BE=ED \cdot EP$，综合可知 $CE^2=ED \cdot EP$，得证。

总结：涉及"母子型"相似模型的复合图形，应关注图形的特点，合理提取模型，准确利用模型结论进行分析推理。对于特殊的直角"母子型"相似模型，其中的线段比例式结论也可以从几何射影的角度来理解，即斜边上的高是两条直角边在斜边射影的比例中项。

三、综合拓展

"母子型"相似模型问题具有较强的拓展性，可与其他知识综合考查，例如圆的性质、三角函数、抛物线等。学习时需要深入理解知识关联，合理构建解题思路。

（一）圆背景中的"母子型"相似模型

涉及直角的特殊"母子型"相似模型，其直角边可以作为圆的直径来构建综合图象，从而将模型与圆周角定理联系在一起，在实际求解时需要结合圆的相关性质来提取模型，结合模型结论来分析问题。

例2 如图7-15所示，点C是⊙O上的一点，点E是圆直径AB延长线上的一点,已知 $BF \perp CE$,垂足为点 F,延长 FB,与 $\odot O$ 的交点为 D,且 $\angle ABD = 2\angle A$,回答下列问题。

（1）求证：EC 为 $\odot O$ 的切线；

（2）如果 BE 的长为 OB 的一半,试求 $\angle A$ 的正切值。

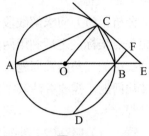

图 7-15

分析：（1）求证相切,点 C 位于圆上,可按照"连半径,证垂直"的思路进行。（2）已知 $BE = \frac{1}{2}OB$,求 $\tan\angle A$ 的值可以将其放置在 $Rt\triangle CAB$ 中,则 $\tan\angle A = \frac{BC}{AC}$。分析图象,可以提取其中的"母子型"相似模型,利用其结论以及相关几何性质即可求解 $\frac{BC}{AC}$。

解：（1）过程略；（2）分析可知 $\angle A = \angle ECB$,根据"母子型"相似模型可知 $\triangle ECB \backsim \triangle EAC$,则 $EC^2 = EB \cdot EA$。又知 $BE = \frac{1}{2}OB$,设 $BE = k$,则 $OB = 2k$,$AB = 4k$,$AE = 5k$,则 $EC = \sqrt{5}k$。$\tan\angle A = \frac{BC}{AC} = \frac{CE}{AE} = \frac{\sqrt{5}k}{5k} = \frac{\sqrt{5}}{5}$,所以 $\angle A$ 的正切值为 $\frac{\sqrt{5}}{5}$。

评析：第（2）问的求解是建立在上一问的基础上,也是提取问题中"母子型"相似模型的基础,该问求角的正切值,显然可以借助直角三角形转化为线段比值,从而与模型的结论相关联,获得"隔山打牛"简化过程的解题效果。

（二）抛物线背景中的"母子型"相似模型

抛物线可与"母子型"相似相结合进行考查,对于涉及"母子型"相似模型的抛物线问题,则需要首先提取其中的模型,结合对应结论进行分析推理,合理利用两点之间的距离公式求解线段长。

例 3 如图 7-16 所示,抛物线 $y = -x^2 + 2x + 3$ 与 x 轴的交点为 A 和 B,与 y 轴的交点为 C,顶点为 D,其对称轴与 x 轴的交点为 F,与直线 BC 相交于点 E。

（1）试求 DE 的长度；

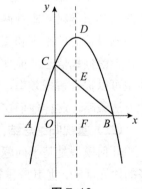

图 7-16

（2）设点 P 是 x 轴上的一个动点，$\angle DAO+\angle DPO=\angle\alpha$，试分析 $\tan\angle\alpha=4$ 时点 P 的坐标。

分析：（1）问求解线段长，根据曲线与直线、坐标轴的交点关系即可确定相关点坐标，之后利用两点之间的距离公式进行求解即可。（2）问实则为抛物线中的三角函数问题，显然需要利用图象中的三角形，依托直角三角形来转化问题。需要关注其中的"母子型"相似模型，巧妙利用模型结论来简化过程。

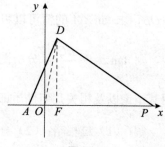

解：（1）略；（2）绘制图 7-17 所示模型，已知点 D（1，4），则 $\tan\angle DOF=4$，又知 $\tan\angle\alpha=4$，则 $\angle DOF=\angle\alpha$。进一步分析可知 $\angle DPO=\angle ADO$，则 $\triangle ADP \backsim \triangle AOD$，所以 $AD^2=AO\cdot AP$，已知 $AF=2$，$DF=4$，由勾股定理可得 $AD=2\sqrt{5}$，又知 $AO=1$，则 $AP=20$，$OP=19$，所以点 P 的坐标为（19，0），根据对

图 7-17

称性可得满足条件的点 P 的另一坐标为（−17，0）。综合可知，$\tan\angle\alpha=4$ 时点 P 的坐标为（19，0）或（−17，0）。

四、反思建议

"母子型"相似模型是初中几何中常见的问题模型，合理利用模型结论可以快速打开解题突破口，因此有着一定的学习价值，特提出以下三点建议。

（一）重视阅读分析，关注问题本质

分析"母子型"相似模型，可以发现其本质就是两个三角形的相似问题，关注问题中的图形特点，找到解题关键就可以将其提炼成简洁的几何模型。而在教学引导时需重视两点：一是提升学生阅读分析能力，模型的提炼来源于对题目信息的整理和图形特点的分析，在教学中应逐步引导学生来探究图形，理解问题信息才能使其掌握、活用模型；二是挖掘问题本质，合理使用模型可以提升解题效率，但在教学中需要学生理解问题本质，掌握解析模型的方法策略，这样他们在解题时才能快速、准确地提取模型。

（二）重视归纳总结，把握模型变化

几何模型是基于问题条件、几何特征所提炼的结论，其提炼过程涉及众多的探究活动，尤其应重视对问题模型的总结和归纳。以上述模型为例，"母子型"相似模型是关于两相似三角形位置关系而总结的与线段积相关的结论，

探究过程需要以几何特征为基础，以三角形相似的判定定理为线索来构建线段关联。因此在教学中需引导学生掌握总结问题、归纳结论的技巧，提升学生的整体数学能力。同时要重视对模型变式的探究，把握模型变化，即关注模型的一般性，了解模型的特殊情形，提升学生利用模型解题的灵活性。

（三）重视转化思想，提升数学思维

模型解题是重要的解题方式，利用模型中的结论可以获得构建解题思路的关键条件，需要注意的是模型解题的过程实则也是条件转化的过程。以上述"母子型"相似模型为例，将问题中的等角条件转化为了线段之间的关联，其中涉及转化思想，转化思想是需要学生重点掌握的数学思想，该思想可以实现复杂问题简单化。在实际教学中，需要教师引导学生深刻理解转化思想的内涵，掌握该思想的转化方法，如化抽象为具体、化动为静等。提升学生数学思维水平的方式有多种，其中进行数学思想教学是关键，教学时可以依托教材内容和具体问题，指导学生掌握使用数学思想构建解题思路的方法，从而深刻理解数学思想的本质内涵。

第十四节　初中数学兴趣教学初探

摘要： 数学教学与数学教育密切相关，数学教学的质量影响着数学教育的质量，初中数学教育是学生进一步学习数学知识的重要阶段，需要与时俱进，随机应变。如何把兴趣教学法融入初中数学教学中，本篇文章就来探讨兴趣教学法在初中数学教学中的应用。

关键词： 兴趣教学法；初中数学教学；学习兴趣

兴趣教学，指教师针对教学对象、教学内容，采取灵活多变的方法，利用学生的好奇心、逆反心理、求新心理，创造一个和谐温情的氛围，激发学生的求知欲，使学生在情感的愉悦中接受知识、掌握技能，以达到最佳的教学效果。在具体的教学活动中，我有以下做法：

一、设置情境教学，提高课堂注意力

身临其境意为自己仿佛亲自到了那个情境中去了，泛指听课、看书等非常专注以至于好像亲身处在所描述的情境中一样。身临其境是一种非常愉快的感觉，兴趣教学法的初中数学教学就是要给学生身临其境的感觉。兴趣教学法要设置情境教学环境，情境教学就是指在教学过程中，教师有目的地引入或创设具有一定情绪色彩的、以形象为主体的生动具体的场景，以引起学生一定的兴趣，从而帮助学生理解教材，并使学生的心理机能得到发展的教学方法。情境教学可以激发学生的好奇心理，提高他们的课堂注意力。教师把教材中的知识点以提出问题、动手操作、概念情境的方式提出来，能让学生处在一个新的学习环境中，从而打破传统教学环境的影响，使教学知识能直观地印到学生的脑海中，所以学生能够比以往更容易理解教师传授的知识。这是一种深入浅出的教学方式，学生能在了解知识的基础上对教材内容有深入的了解，可以体会到教材的编写意图。

二、开设互动环节，激发学习兴趣

初中生充满激情活力，同样，初中生的学习课堂也应该是激情四射的，教师要尽力用多种方式带动课堂气氛，避免出现死气沉沉的上课现象。为此，开设互动环节是一个不错的选择，它可以解决学生参与积极性不高、学生讨论时找不到正确的解法、互动时间少等问题。教师可以设计或简单或复杂的题目作为互动环节的问题，要把握题目难度，以让更多的同学参与其中。有时学生在讨论过后仍然找不到解决问题的思路和方法，教师可以多倾听学生对问题的看法，给他们一些解决问题的提示，并对学生思考问题的错误思路及时予以纠正。由此，教师的机械化教学模式能够得到很好的改善，学生也可以在这种课堂氛围中充满学习数学知识的动力，减轻对于数学学习的恐惧心理，激发其学习的兴趣。

三、丰富和转换教学语言，丰富教学内容

学生在学习新知识时容易对专业知识名词感到困惑，在学习数学知识时也容易出现这样的情况，因此造成了学生看不懂很多数学概念、性质、定义，同样也理解不了的情况。有时学生会给它们加上自己的片面认识、理解，这就造成了他们学习成绩不过关的情况。数学内容相较于其他学科，概念抽象，学习难度更大，学生不易理解和掌握。教师要改变这种状态，就要丰富和转变教学语言，使学生真正理解数学知识。丰富和转换教学语言不只是为了使教学语言更加优美，而是为了让数学知识的教学更具有连贯性和逻辑性，能准确说明数学知识表达的具体含义。教师要在教学过程中保证语言的规范和准确，这样才能够让学生深刻理解教学内容，灵活运用。比如，圆所涉及的

知识是比较难以理解的，从半径、直径、弦、弧，到圆心角、圆周角、弦心距等。教师应该通俗易懂地把圆讲解成生活中与其相似的事物，比如健身转盘、车轮、圆形花坛等，可以把列举出来的事物再划定出部分范围来讲解圆的相关知识，弦和弧的区别应该利用不同的语言进行概念描述，并对学生可能会出现的混淆予以及时纠正。再说一个最简单的例子，"方程的解"与"解方程"在意义上有很大的区别，但是从字面看起来几乎没有差别，所以说教师对于知识的传授要十分严谨，厘清专业名词的含义和关系，让学生更容易理解知识点。教学语言的改变，能让学生觉得数学教学比较有意思，它并不是枯燥乏味的，这就是语言的魅力。

四、利用多媒体，激发学习兴趣

随着我国的教育信息化的形成，大部分教师都掌握了现代信息技术，信息化给教育教学带来的便利是我们无法想象的。初中数学教材的很多知识需要通过转变形态、视角理解并掌握，投影与视图是小学就学习过的知识点，有的学生对三视图的判断未完全掌握，教师就可以把三视图制作成的动画形态呈现给学生，让学生从多种视角解读三视图的形状。二次函数教学内容包括二次函数的图象和性质等抽象内容，可以通过画图，利用图象的变换进行学习，在课堂上教师利用数学教学软件详细讲解，也可以提前制作相关视频、课件来教学。学生容易被动态的教学方式所吸引，这样就达到了兴趣教学法的教学目的。

五、多利用举一反三的教学方式

教师要学会利用举一反三的教学方式，开发学生的数学思维，提升学生思考问题的能力，最终让学生举一反三，解决问题。教师在讲解勾股定理这一章节时，利用举一反三的教学方式，可以回顾前面所学的三角形的边角关系，并引申出以后将要讲到的解三角形的知识概念，这样，学习就是一个完整的过程。通过实践证明，举一反三在教学中既是教学原则，又是高效的学习方法，教师能克服教学中的形式主义，学生能克服学习上的被动状态，所以说教师利用举一反三的教学方式是有益的，是兴趣教学法的有效表现形式。

总之，兴趣是最好的老师，是学生探求知识的原动力，也是发明创造的精神源泉。初中生正处在兴趣广泛、求知欲旺盛的时期，教师应该抓住学生的性格特点，用兴趣教学的多种方式激发学生的学习兴趣，因势利导，把学生的兴趣转化为乐趣，把乐趣转化为志趣，这样的话，学生的学习动力就永不枯竭，也能收到良好的教学效果。当然，我们也应该不断地创新兴趣教学法，探讨每一个教学环节都值得去探讨，使其发挥出更大的优势，造福初中数学教学工作。

第十五节　初中数学教学中使学生体会到数学美的教学方法

摘要：在当前初中数学的教学中，数学美的思想已经渗透于教学中的方方面面，它在初中数学教学中起到了不可忽视的作用。在我看来，数学美是学生在学习数学的过程中解决问题之后的成就感；是学生思考过程中的愉悦感和思辨感。而这恰恰是很多教师在初中数学教学中所没有注重的问题。因此，教师在初中数学的教学中，要从教材内容出发，改善自身教学方法，使学生们在教师独特的教学方法之下体会数学美，进而促进学生的全面发展。

关键词：初中数学；数学美；教学方法

要在当前初中数学的教学中使学生体会数学美，我认为生活化情境教学、强化思维逻辑训练和注重学生发散性思维培养是十分重要的。因此，我认为可以从这三个方面出发，就初中数学教学中能使学生体会数学美的教学方法展开探讨。

一、开展生活化情境教学，使学生体会数学美

数学并不是独立于生活之外的一门学科，而恰恰它的很多内容都是通过对生活经验的总结得出的。因此，教师就可以利用这一点，在课堂教学中开展生活化的情境教学，为学生创设生活情境，使他们能够在生活情境中感受数学美，从而促进学生学习能力的发展。

例如，在初中数学"轴对称图形"的教学中，教师首先可以向学生讲解轴对称图形的定义，即平面内一个图形沿一条直线折叠，直线两旁的部分能够完全重合的图形；再以教材之中的相关图形为例详细讲解该定义。然后，教师就可以为学生们创设一个生活情境。如教师可对学生提问：同学们，我们学习轴对称图形以及认识教材中的轴对称图形之后，可不可以联系生活思

考一下，在我们生活中有哪些物品是轴对称图形？或许有的学生回答"教室的窗子是轴对称图形"，有的学生回答"自己穿的鞋也是轴对称图形"。此时，学生在课堂之中互相交流和讨论，而教师就可以根据前面的问题再向学生提出问题。如"你们所说的这些物品若不是轴对称的，会不会影响我们的生活？"，要求学生再次进行思考和回答，使学生体会数学的对称之美。在初中数学的教学中，教师通过这样的教学方法可以有效加深学生对于相关知识点的了解，也使得学生体会到其中的数学之美，促进学生的全面发展。

二、强化学生思维逻辑训练，使学生体会数学美

我认为要想学好初中数学，良好的思维逻辑能力也是必不可少的。而在思维逻辑的强化和训练中，学生会体会到数学的简约之美，即将复杂的问题简单化，并能轻松解出答案，从而获得成功的喜悦。因此，教师在初中数学的教学中要通过强化学生的思维逻辑训练，使学生在数学学习中能够体会到数学之美。

如在有理数的教学中，教师可以通过多媒体向学生展示一些训练逻辑思维能力的数学题，强化训练学生的逻辑思维能力。如比较某三个有理数的大小。很多学生在面对类似的题目时，都会不由自主地选择通分，但有时会陷入复杂的数学运算中去。而我认为教师在此时可以引导学生转变思维方式，即是否可以将这几个有理数化为同分子的分数呢？如此，学生茅塞顿开，会选择适合自己的解题方法，并能快速得到正确答案。通过这样的教学方法，学生的思维逻辑能力得到了提升，也体会到了数学之美，即简约美。

三、注重学生发散性思维的培养，使学生体会数学美

在初中数学的教学中，我认为培养学生的发散性思维对于他们体会数学之美具有重要意义。教师在课堂教学、习题训练等过程中都可以展开相关的教学活动，以培养学生的发散性思维，使学生能够体会数学之美。

以初中数学解题过程中的"一题多解"发散性思维为例，教师在教学中可以利用相关的习题展开教学，旨在习题的训练中培养学生的发散性思维。又如证明三角形的中位线定理这一习题。教材中证明三角形的中位线定理是通过作辅助线进行证明；而第二种方法是利用相似三角形的知识进行证明；第三种方法是要修改教材解题方法中的辅助线，将连线改为平行线进行证明。总之，证明三角形中位线定理的方法有很多，教师在讲完教材之中的解题方

法之后，可以适当地提出一个新的解题方法，然后让学生再思考更多新的解题方法，培养学生的发散性思维。而培养学生发散性思维可以使学生在这一过程中能够体会到数学的创造美、思想美等。

四、结语

综上所述，在初中数学的教学中，教师可以通过以上三种方式使学生在数学学习中体会数学之美。此外，教师还应该不断探寻更多适合于渗透和应用数学美的教学方法，使学生在初中数学的学习中能够更好地体会到数学之美，并得到全方位的发展。

第十六节 "互联网+"时代下品味数学之美

摘要：随着时代的进步，互联网逐渐走进了现代教育中，利用互联网来教学，可以提高学生的课堂效率，使课堂生动有趣，从而激发学生的兴趣。在现代教育中，教师必须跟上社会发展的脚步，重视互联网在教学中所起到的作用，结合传统教学方式，打造一种科学合理的教学方式，使学生感受到互联网所带来的数学美。

关键词：初中数学；互联网；突破难点；数学美

著名数学家陈省身说过："数学是美的，数学的美体现在多个方面，也许美在几个数学符号就能表示大量的信息，也许美在它探究了世间的规律，也许美在它拥有无穷无尽的奥秘。"在数学的研究过程中人类可以探索许多未知的秘密，人类在探索过程中可以体会到许多快乐，这正是数学的美。但是，由于数学的抽象难懂，导致数学的美很难被发现，许多学生认为数学是一门难度系数很高的学科，因此对数学望而生畏，其实只要利用互联网来学习数学，抽象的数学知识就能变得清晰明了。

一、通过互联网将数学化难为易，激发学生的学习兴趣和求知欲

人们对事物的感知必须依赖于感官，多媒体能创造各种各样生动的数学情境、模拟事物的发生过程，它可以让学生感受到数学的生动有趣，使数学之美生动形象地展现在学生面前。数学课程的主要特点就是内容抽象，学生很难理解这些抽象的内容，而多媒体在数学的教学中能够把这些抽象的知识

转换成数学模型，让学生深入地理解这些知识。例如，在学习平面几何时，学生往往觉得这个知识难度系数太大，这种畏难的现象导致学生只是简单地记住一些平面几何公式，却不能够运用这些公式去解决数学问题，这与学生思维能力弱有关，还与老师的传统教学方式有关。如果适当地在课堂上使用多媒体，引进"图形运动"，移动翻转圆、三角形、平行四边形、梯形等图形，让这些呆板图形变得生动形象，就可以使学生更加直观地了解这些图形，提高学生利用移动图形的方法来解决数学问题的能力。通过这种教学方式，可以让学生拥有独立思考的能力，拓展学生的发散思维。

"兴趣是最好的老师"，如果把抽象的数学知识放在活泼、有趣的情景中更容易激发学生的学习兴趣。让学生在兴趣中去学习数学，那么学生就很容易发现数学之美，学习效率就能够得到直接有效的提升。利用多媒体进行数学教学能够向学生展示有趣的数学视频、生动活泼的数学图象，使课堂充满乐趣，让学生拥有一个轻松愉快的课堂环境。学生的注意力能够被老师牢牢地吸引，利用生动有趣的多媒体教学诱发学生对数学知识产生浓厚的兴趣，从而使学生的学习、老师的教学事半功倍。一旦学生对数学产生了强烈的好奇心，他们学习数学也就能事半功倍了。这样就能够帮助学生奠定牢固的数学基础，使学生在今后的学习中一帆风顺。

二、利用互联网培养学生的合作精神，发掘数学之美

在互联网快速发展的背景下，教师传统的教学理念也应该随着时代的改变而改变，应发展以学生为中心进行合作学习的教育理念，培养学生探索真理的学习能力，让学生懂得团结合作的重要性。因为数学不是一门依靠个人能力就能够学好的学科，它需要学生之间相互讨论，取长补短。学生之间的交流合作往往决定了学生能否学好数学。多媒体的利用就能够很好地促进学生之间相互合作。

随着新课标的改革，数学所涉及的知识面越来越广，这时学生可以利用各种现代化媒介去获取相关信息，与同学分享自己查询到的资料。通过这种学习方式可以扩展学生的知识领域，使他们的知识面更广，更能发觉数学之美。

三、利用多媒体突破数学难点和重点

在数学的教学过程中单靠老师的讲解是很难让学生深入地理解，但如果

学生不能够突破这些重难点，那么他们就会觉得数学枯燥无味，也就无法体味数学之美了。要想让学生更加深入地理解难题的解决方法，从而体味数学之美，多媒体起到了至关重要的作用。利用多媒体可以向学生展现各种各样的解题方案，让学生学会利用这些解题方案，当出现类似的难题时，学生找到一种直接有效的解题方法，这样不仅提高了课堂效率，更加深了学生对一些数学难题的理解。

四、总结

在"互联网＋"快速发展的时代背景下，利用互联网来品味数学之美已经成为了一种趋势。老师应该适当地利用互联网来教学，优化教学方式，使传统教学和现代教学相结合，让教学变得科学合理、生动有趣；学生应该合理地利用互联网来学习，同学之间应相互合作、相互促进，我相信师生一定能够适应社会需求，探索一条学习数学的新道路。数学不是一门冷冰冰的学科，它是有生命的，在坚持不懈的探索中，学生一定能够发现数学的美。

第十七节　浅议如何提高评讲课的效益

摘要：提高评讲课的效益，要从调动学生的主动性、把握好评讲时机、精选评讲内容、运用恰当的评讲方法，以及评讲后采取有效措施跟进等五方面来综合解决，笔者在解决如何提高评讲课的效益的问题上做了一些尝试，供大家参考。

关键词：数学；讲评课；效益

一、引言

实施素质教育、提高学生的数学核心素养是当前课堂教学研究的中心议题，而课堂评讲（作业和试卷）是课堂教学的重要环节，是培养学生数学能力、提高数学素养的有效途径。对于一名教师而言，学会上各种课型的课是基本的能力，然而讲评课是最不容易把握好的一种课型，一个教师的教学水平以及所教班级学生的学业水平从他上的讲评课就可以一斑窥全豹。因此，如何上好一堂讲评课，让讲评课在培养学生数学能力、提高学生的数学素养上产生良好效果，是广大教师比较关注的问题。

二、当前课堂教学中评讲课存在的主要问题

（一）教师满堂灌，学生听得厌

许多老师的评讲课还是一言堂式的课堂模式，老师讲得自我陶醉，学生听得昏昏欲睡，学生一点儿也感受不到学习数学的乐趣，课堂效果特别差。

（二）课前准备不充分，评讲无重点

老师对学生所做的作业或所答试卷没有进行认真统计分析，把试卷（作业）从第一题到最后一题逐个评讲，评讲没有侧重点。

（三）评讲时间安排随意，错过最佳时机

在学生刚做完作业或试卷正处于兴奋状态时，利用他们急于想知道正确结果的心理，此时是评讲的最佳时机，但教师都由于多方面的原因不能及时批阅、评讲。

（四）重知识讲解，轻学法总结，缺情感态度的培养

（五）评讲后反思总结等跟进措施空缺，很少有补救练习

以上问题的存在，致使我们的教学效果很差，既影响学生数学素养的发展提高，也影响教师的专业发展和业务能力的提高。

三、解决上述问题，提高评讲课效益的策略

（一）激发学习兴趣

我们常说"兴趣是最好的老师"。而在评讲课上，优生往往对所讲内容提不起兴趣，中差生又常常因听不懂而产生畏难情绪。若这些问题老师不了解也不去解决，必然"费力不讨好"，对于评讲过的内容，下次做时仍然不会，效果很差。因此要着重分析相关情况，有针对性地设法消除学生学习上的心理和思想障碍，认真做好以下工作：（1）对优生，要提醒他们克服自满不求甚解的情绪，在评讲过程中提供多一些的变式问题让优生感到"懂的问题"也有听和做的必要；（2）对于中差生，要适当照顾他们的接受能力，注意运用诙谐幽默的语言，尽量把抽象问题讲形象、把深奥问题讲浅显，让他们听得懂，感觉有收获。此外，对于中差生还需多一些感情投资，特别是对于差生的进步要善于"挖掘"，不吝给点儿"小恩小惠"，恰如其分地进行表扬，为评讲课堂创造轻松和谐的气氛。[1]

（二）突出学生主体地位

构建主义认为，知识来源于主体（学生）与客体（学习材料）的作用过

程，学生数学能力和素养的形成绝非靠老师"讲"出来的，而更多的是要靠学生自主地"学"得来[2]。因此，不管是什么样的课型，必须摆正学生的主体地位，充分调动其主观能动性，让学生主动构建自己的知识结构，因为只有学生充分体验得到的知识才是真正属于他们的知识。然而，老师讲得多而详细，学生会听得腻甚至是生厌。解决这个问题的关键是要将教师"演讲"变为师生"讨论"。教师和学生的角色在适当的时候要互换一下，积极创设条件促进课堂上师问生答、生问师答多向交流，达到活跃课堂气氛，唤起全体学生的参与意识，充分发挥其主体作用的目的。在具体的课堂操作中，对于难度小、基础性的问题可以让优生当老师的代言人主持讲解，然后学生交流讨论，鼓励中差生积极发表意见、提出疑问，老师做适当的点评、补正等。这样既调动了优生的积极性，也让中差生感受到他们没受到冷落，阳光同样照在他们身上。

（三）做好课前准备，精选评讲内容

"凡事预则立不预则废"，评讲课更是如此。评讲课不能面面俱到，不可能从前至后全部一讲到底，因为既没那么多时间，也没那么多精力，而且这样做了效果也不一定好。因此评讲作业或者试卷之前，必须认真批改、仔细分析，根据做题时出现失误的知识点、错误、原因，甚至是错误的人员进行统计，然后制定评讲的策略和方法，做到心中有数[3]。对于纠正错误的评讲，我一般把问题分为提示型、略讲型、详讲型三类。

1. 提示型

对于题目简单，所含知识点单一，做错的人较少的问题，只需点名提醒相关学生即可，由学生自己修改。

例如，关于 x 的一元二次方程 $kx^2-6x+9=0$ 有两个不相等的实数根，则 k 的取值范围是_____。

有学生的答案为 $k<1$，显然是忽略了二次项系数 $k\neq0$ 这个条件，像这样的问题只需提醒一下即可。

2. 略讲型

这种问题难度一般，涉及的知识点也不多，解题思路比较明确，学生也觉得不难，但错误率较高。学生出现错误的原因多是思维不严密，审题不仔细，对某个知识细节的理解有误，经过老师点拨，略加评讲，他们就能得出正确解答。

例如，抛物线 $y=-x^2+2(m-1)x+m+1$ 与 x 轴交于 A、B 两点，且交点在

y 轴的两侧，则 x 的取值范围是_____。

多数中差生甚至是一部分优生根据一元二次方程与二次函数的关系得到 $\triangle > 0$ 的条件，得到 m 的取值范围是任意实数的错误答案，这完全是审题不细致造成的错误。解答时要注意 $\triangle > 0$ 且两根异号，从而得到正确答案 $m > -1$。像这类错误，教师评讲时只要引导学生仔细理解"与 x 轴交于 A、B 两点，且交点在 y 轴的两侧"，学生一般就会得出正确解答。像这类难度的问题，也让做对的学生来讲，把那些优生的积极性也调动起来，提高学生的参与度和积极性。老师要善于借这种问题对学生进行德育渗透，教育他们要养成良好的思维习惯、审题习惯，要让学生明白粗心大意是一种非常不好的习惯，不但会影响学习成绩，还可能影响他们以后的工作和生活。这对于培养学生自觉严谨认真的做事态度，养成良好的思考习惯很有帮助。

3. 详讲型

需要详讲型的错题，通常是综合性强，对思维能力要求高，难度大，普遍性的错误。这类问题出现错误的原因多数是学生对所学的知识缺乏综合、灵活运用的能力。解决题目所要运用的数学思想方法较难，学生缺乏将新问题或者实际问题转化为已学过的数学知识或者数学模型的能力，找不到解决问题的思路和方法。对于这类题目，老师要善于给学生"搭梯步"，对其循循善诱，着力分析思路，展现思维过程，归纳总结解决问题的一般规律和思维方法并举一反三，逐步培养学生分析、转化、解决问题的能力。例如，近年来，出现在各地中考中的二次函数压轴题就是需要详讲的类型。

（四）把握好评讲的时机

艾宾浩斯曲线告诉我们，人对所学的知识会随着时间的推移而遗忘，遗忘是一个先快后慢的渐进过程，因此，我们的评讲要及时进行。对于上完新课后布置的巩固性练习，最好是在第二天上下一节新课课堂引入的前几分钟进行评讲回顾，对于一些难度大比较费时的问题最好不要超过三天进行评讲[4]。对于单元测试卷，要根据自己所教的学生学习情况进行命题，要注意控制题量，宁少毋滥，为及时评讲腾出时间。教师在监考的过程中要一边监考一边注意发现学生做题中的典型错误，然后适当提前一点时间交卷，接着组织学生讨论刚做过的试题，对学生做题中普遍存在的错误马上评讲。此时学生处于兴奋点，他们很想知道自己考试的对错情况，更愿意听教师分析对错的原因，此时的教学效果将非常理想。

（五）要把握好评讲的方法技巧，注重学法归纳指导

评讲要讲究方法，力求"准"和"活"。所谓"准"就是要求讲解的问题要有针对性，这就要求前面所提到的各个环节要认真实施，对普遍性、关键性的问题要重点剖析，正本清源。所谓"活"即评讲问题不能"就题论题"而是要尽量"触类旁通"灵活变式，要让学生灵活运用所学过的知识和方法进行"一题多解""一法多题"训练。使其不但可以学到新知识新方法，也可及时复习旧知识，将新旧知识综合起来；还可以通过教师评讲从中找出解决问题的一般规律，学到思考问题的方法，悟出学习的方法。由此，学生会针对不同问题采取不同策略，形成举一反三的能力，从当前大量"刷题"的苦海中解脱出来，有更多的时间去思考有价值的问题。这是当前提高学生数学素养的要求，也是素质教育的应有之义。

（六）评讲要做好后续跟进措施

上完一节评讲课之后，教师应根据学生作业或试卷中暴露出来的问题，结合评讲中新发现的情况制定后续的跟进措施，否则教学效果就会大打折扣。这不光针对学生的学而言，也是针对教师的教而言的。

1. 教师要引导学生学会反思

匈牙利数学家乔治·波利亚说过："数学问题的解决仅仅是一半，更重要的是解题之后的回顾。"评讲本质上来说就是一种复习回顾，但这是不够的，教师在评讲中要注意引导学生反思他们自己出现错误的原因，并在教学中长期坚持，让学生养成良好的反思习惯。例如，对自己的错题进行归纳整理，提出改进措施；对综合问题中出现的知识点、数学方法、数学思想进行反思总结等。这些措施有利于提高学生分析问题、解决问题的能力。

2. 针对性地设计补救练习

对于学生在试卷或作业中出现的典型错误以及暴露出来的薄弱环节要设计一些补救练习，针对某一重点知识要设计适量的变式练习。例如，我们可以设计一些一题多解的题目，诱导他们从不同角度去寻找思路，培养学生思维的灵活性；也可以把原试卷或者作业中的某个问题改头换面，使其成为多个与原题内容形式不同但解法类似的题目，让学生练习；还可以把某个数学知识改编成实际问题，让数学问题生活化，让学生逐步学会"用数学的眼光看世界"，增强用数学的意识。

3. 教师要对从学生做题中反映出来的问题进行反思教学

通过对学生的作业和试卷进行批改、评讲等一系列教学活动，教师可以

发现大量有用信息。如错题的种类是否有典型性？哪些是由学生学习习惯问题导致的？哪些是知识欠缺导致的？哪些是因为数学方法没掌握导致的？是否因为教师的课堂教学出了问题？哪些学生的方法更好？哪些是老师事前没想到的？教师认真分析归纳后对自身业务水平的提高也是很有帮助的，对以后的教学有积极的指导意义。

总之，评讲是教学的一个关键环节，只有在对每一次作业和考试进行认真批改、分析的基础上进行精心设计，做到评讲有目标、有方法，充分发挥学生的主体作用才会提高评讲课的效益。只有设计好教学中的每一个环节，以学生为本，注意培养他们的创新精神和创新能力，才能提高他们的数学素养，全面提高他们的综合素质。

第十八节　情景教学运用于初中数学教学浅谈

摘要：情景教学的本质特征是激发学生的情感，以此推动学生认识活动的进行。在教学课堂上，教师结合教材有目的地引入或创设具有一定情绪色彩的、以形象为主题的生动具体的场景，将学生置于情景中，从而引发学生的教学思考，掌握数学知识。本文结合教学实践谈谈情景教学在初中教学课程上的运用和意义。

关键词：情景教学法；创设情景；调动兴趣；共同建构

捷克教育家夸美纽斯《大教学论》中写道："一切知识都是从感官开始的。"初中数学是一门相对抽象的学科，有效的情景能引发学生的数学思考，促进学生有效参与数学探究。情景教学是指在教学课堂上教师结合教材有目的地引入或创设具有一定情绪色彩的、以形象为主题的生动具体的场景，将学生置于情景中，从而引发学生的数学思考，掌握数学知识。

一、情景教学法在初中数学教学中的意义

（一）创设合理的问题情境，培养学生提出问题的能力

在数学教学中，创设必要的问题情境，可以极大地激发学生的学习兴趣，提高课堂教学效果。实验证明，学生对某学科有兴趣，符合他由活动动机产生的认识倾向，就能激发他学习的积极性，有效提高他的学习质量，使他形成持续性的学习动力，就能真正起到诱导创新的好效果。问题是数学的灵魂。

著名科学家爱因斯坦指出："提出一个问题往往比解决一个问题更重要。"哈佛大学流传着名言："教育的真正目的就是让人不断地提出问题、思索问题。"在情境学习理论的指导下，数学教育可以将所要传授的知识融于情境中，通过创设有意义的、丰富的、真实的数学情境，为学生提供生动而真实的学习机会，让学生在特定的情境中，通过观察、分析、探究与猜想，从而提出教学问题，探求解决数学问题的方法和策略，培养学生的问题意识，提升学生解决问题和应用知识的能力。

（二）教学情景创设有利于学生认知结构的发展，能发展学生数学思维

在数学教学中，教师为学生提供概念、定理的实际背景，设计定理、公式的发现过程，让学生的思维能够经历一个从模糊到清晰、从具体到抽象、从直觉到逻辑的过程。在由直观、粗糙向严格、精确的追求过程中，使学生体验数学发展的过程，领悟数学概念、定理的根本思想，掌握定理过程的来龙去脉，从而使学生的认知结构获得良好发展。鉴于初中学生抽象思维能力较弱，在学习时可以引发学生联想，引起学生的认知冲突，造成"认知失调"，从而激起学生疑惑、惊奇、差异的情感，使学生在"愤悱"的情态中产生一种积极探究的愿望，集中注意力，积极思考。

二、借助趣味性的问题创设情景，引发学生数学思考

生动有趣的学习材料是学习的最佳动力，以趣引思，能使学生处于兴奋状态和积极思考状态。学生在这种情景下会乐于学习，且有利于学生对信息的储存和对概念的理解。比如在用字母表示数的代数式学习中，可以借助儿歌播放引入：一只青蛙一张嘴，两只眼睛四条腿，扑嗵扑嗵跳下水；两只青蛙两张嘴，四只眼睛八条腿，扑嗵扑嗵跳下水；三只青蛙三张嘴，六只眼睛十二条腿，扑嗵扑嗵跳下水……

问：那么 n 只青蛙多少张嘴，多少只眼睛，多少条腿？这样创设问题情景，有利于激发学生的学习积极性，使学生带着极大的兴趣去学习。

孔子说："知之者，不如好之者。"可见兴趣是学生学习活动的动力机制，它能激发学生处于学习的兴奋状态。人们说，兴趣是最好的老师。心理学研究表明，学习兴趣的培养来自"认识冲突""新异失调"，而创设特定问题情境可以使学生产生明显的意识倾向、情感共鸣，从而激发他们的学习动机，使他们产生学习动力，从而他们能战胜困难，实现目标，获得成功的喜悦。总之，从数学教学的需要出发创设趣味问题情境，可激发学生的学习动机，

建立平等、互相尊重的师生关系，师生在情境中共同建构知识的意义，促进学生知识、能力和情感的和谐、健康发展。

三、借助生活问题创设情境，促进学生主动建构知识

生活是最好的老师，生活包罗万象，当然也包括了丰富的数学知识。中学生正处在思维最为活跃的时期，拥有爱动的天性，这就需要教师在教学中围绕学生的活动经验来组织教学活动，使学生切切实实地感受生活与数学的密切联系，从而激发他作为活动主体参与数学活动的强烈愿望，同时，将教学目标转化为学生的内在需求，达到启智明理的效果。情境教学是有效开展生活化数学教学的重要手段和措施，在初中数学教学中引入情境教学，会大大提高数学生活化教学质量。数学情境是沟通现实生活的具体问题与数学抽象概念之间的桥梁。在教学中，需要教师能够根据教学需要和学生生活实际，创设教学情境，将学生熟知的、喜闻乐见的、现实的生活情境转化为数学问题情境，创设既适合学生认知水平和生活经验，又具有适度挑战性的数学问题情境，使课堂教学更接近现实生活，使学生加强感知、突出重点、突破难点，从而达到使其提高学习效率的目的。

例如，在进行"有理数的加法"教学时，选用2010南非"世界杯"比赛，在小组赛中荷兰队与丹麦队、日本队、喀麦隆队的比赛，八分之一决赛中阿根廷队与墨西哥队的比赛，四分之一决赛中荷兰队和巴西队的比赛，决赛中德国队和乌拉圭队、荷兰队和西班牙队的比赛共七场比赛的场景，先播放一段精彩的实况录像，尤其是选择学生感兴趣的进球场景，然后让学生根据这七场比赛的得分情况，归纳总结"有理数加法法则"，从而激发学生的学习兴趣，使学生在轻松的氛围中掌握知识。

总之，情景教学法能将抽象的数学知识变为学生易接受的情景，在情景中，数学的难点被呈现了，学生会随着情景的变化而不断思考，从而借情景切入数学探究，在探究中获得对数学知识的理解。

第十九节　渗透数学思维方法　展现数学思维之美

摘要： 数学是思维的体操，思维是智力的核心。教师在教学中要善于把握教学机制、创设问题境界，应注意数学思想方法的渗透，要善于引导学生去发现数学的思维美，用数学美的能力启迪学生思维。本文结合数学教学实

际，分别列举了在教学中渗透数形结合、分类讨论、方程、化归转化等数学思想方法中所蕴含的数学思维的严谨、深刻、全面、灵活的数学美感，揭示了数学思想方法是具体的数学知识的灵魂。数学思想方法对一个人的影响往往要大于具体的数学知识，多年以后，学过的数学知识学生有可能忘掉，但这种解决问题的数学思维还会在。

关键词：数学思想方法；数学教学渗透；数学思维之美

　　数学是思维的体操，思维是智力的核心。2011 年新修订的数学新课程标准将"双基"变为"四基"，增加了基本的数学思想和基本的数学活动经验。要求我们改变过去教学中那种只注重双基而忽视数学思想方法的渗透，不注重引导学生去发现数学的思维美的情形。中学数学教学是在传授知识、培养技能和技巧的过程中发展学生的思维能力，教师要善于创设思维情景，用数学美的能力启迪学生思维。本文就数学教学过程中渗透数学思想的点滴谈一下数学的思维之美。

一、数形结合中的数学思维之美

　　数形结合就是把抽象的数学语言、数量关系与直观的几何图形、位置关系结合起来，通过"以形助数""以数化形"使复杂问题简单化，抽象问题具体化，从而实现优化解题的目的。

　　如图 7-18，那样连上几条斜的虚线，虚线长度记作 z，看看虚线围成的正方形面积，得到 $z^2 = 4 \times \dfrac{xy}{2} + (x-y)^2 = x^2 + y^2$，利用这一图形，我们就又提供了一种证明勾股定理的方法，这不比毕达哥拉斯的几何证法更形象直观、简洁明了吗？

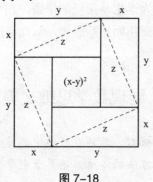

图 7-18

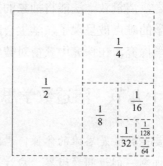

图 7-19

又比如，在计算 $\frac{1}{2}+\frac{1}{4}+\frac{1}{8}+\frac{1}{16}+\frac{1}{32}+\frac{1}{64}+\frac{1}{128}+\frac{1}{256}$ 时，如果直接通分，显然太烦琐，若逐次通分也不容易，可构造如图 7-19 边长为 1 的正方形，想到正方形面积的一半即为 $\frac{1}{2}$，由此类推，可以将 $\frac{1}{2}+\frac{1}{4}+\frac{1}{8}+\frac{1}{16}+\frac{1}{32}+\frac{1}{64}+\frac{1}{128}$

$+\frac{1}{256}$ 可看作最大正方形的面积减去最后一个小正方形的面积，即为

$$1-\frac{1}{256}=\frac{255}{256}。$$

将数与形统一在一起体现了数学的统一美，数形结合将复杂问题直观化、形象化，数学思维在这里发挥了重要的作用，你能说数学思维不美吗？

二、分类讨论中的数学思维之美

分类讨论是根据问题的本质属性将其划分为不同种类，分类是数学发现的重要手段，通过适当分类，就可以使大量纷繁的知识具有条理性，克服由于思维肤浅、分析不到位而产生的疏漏错误，对培养学生思维的深刻性和严谨性有重要作用。

在向七年级学生介绍分类讨论思想时，我通常会设置这样一个问题：

将一张长方形的纸剪去一个角时还剩下几个角？

学生会踊跃地回答"5 个"，也有答"4 个"的。这时引导学生分析，问题的关键在于怎么剪这一个角。通过引导，学生画图总结出如下 3 种不同的剪法（如图 7-20）。所以，结果是 3 个或 4 个或 5 个。

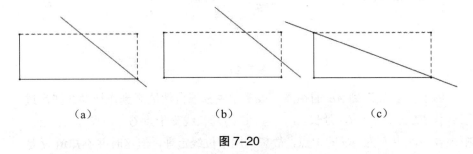

| (a) | (b) | (c) |

图 7-20

从以上问题中可以看出分类讨论能使学生思考更全面，让学生体会到它在解决问题中所展现出来的数学思维的深刻和严谨之美。

三、方程思想中的数学思维之美

方程思想是从日常的数量关系入手，运用数学语言将问题中的条件转化成方程模型，然后通过解方程使问题得到解决。

在教一元一次方程的应用时，我会和学生玩个游戏：让学生在心中想一个数，将这个数乘 2，再减去 5，将结果再除以 2，最后将结果告诉我，我就能知道你想的是什么数。让多个学生尝试，我都能猜中，学生发现老师真是神了，然后再引导学生通过列式发现：在这一问题中，只要将心中所想的数设为 x，则可列如下方程 $(2x-5) \times \dfrac{1}{2} = a$，化简后得 $x-5 = 2a$，解得 $x = 2a+5$。

通过这样释疑，让学生认识到建立方程模型在解决问题中的好处，调动了他们学习的积极性，也让他们从中感受到数学思维的简洁之美。

四、化归转化思想中的数学之美

化归与转化思想的实质是揭示联系、实现转化。每个数学问题的解决都是一个从未知到已知、从复杂到简单的转化过程。

在学习了三角形的中位线定理后，我安排了这样一个习题：

如图 7-21（a），在 $\square ABCD$ 中，$AE \perp BC$，垂足为 E，$AE=4$，$CE=CD=5$，F 为 CD 的中点。求点 F 到 AE 的距离。

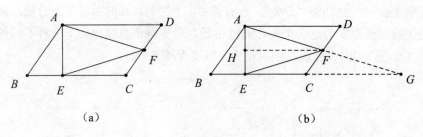

（a）　　　　　　　　　　（b）

图 7-21

由于要求点 F 到 AE 的距离。很多学生都很自然地想到作辅助线法，过点 F 作 $FH \perp AE$ 于 H，延长 AF，与 BC 的延长线交于点 G。由图 7-21（b）中很容易证明 F 为 AG 的中点，故想到用中位线定理，但这时并不知道 H 是 AE 的中点而使问题陷入僵局，由于学生这时还没有学习矩形，也不知道直角三角形斜边上的中线定理，这时教师就要引导学生思考：过点 F 作 $FH \perp AE$

的目的虽然满足了 FH 是点 F 到 AE 的距离，但不能证明 H 为 AE 的中点，可否换一种想法？使用中位线定理的关键是要知道 H 为 AE 的中点，我们是不是可以先作 H 为 AE 的中点，连 FH，然后再证 $FH \perp AE$，这样用中位线定理得出 $FH /\!/ BC$，很容易得到 $FH \perp AE$，这样巧妙地实现了未知向已知的转化，从而使问题得到解决。

由此我们看到，对于一些看似不能直接解决的问题，我们可根据对象的变化运用化归转化思想，用已有知识经验灵活地进行思考，及时提出新的设想和新的解题方案，调整原有的方案，甚至采取迂回的办法，使之得到合理的解决。这体现了数学思维的灵活之美。

数学思想方法是具体的数学知识的灵魂，数学思想方法对一个人的影响往往要大于具体的数学知识，学生学会用数学思维解决问题可能会影响学生的一生！这时你没有理由不相信数学的思维不美！数学美的思想是神奇的，教师应在教学中渗透数学思想方法，引导学生发现美，用数学的思维之美去感染学生，让数学思维之美的花朵开在学生心中，让数学思维之美伴其一生。

第二十节　向美而行，探索数学中的对称之美

摘要：每个人心中对美都有不同的看法，每一个学科都有它的魅力之所在，而数学之美可以体现在无数方面，本文就带领着大家探一探数学中的对称之美。

关键词：数学之美；对称

美是客观事物的一种自然属性，每个人在心里对美都有不同的见解，有的认为文字是美，有的认为规律是美，但有一个共同的认识，那就是吸引人的就是美。体现在学科上，每个学科都有它的魅力所在，都有它的美，而数学之美来源于生产实践，是反映自然界在数量关系与空间形式上的和谐与统一。

一、向美而行，数学之美

普洛克拉斯说："哪里有数学，哪里就有美。"罗素说："数学，如果正确地看它，不仅拥有真理，而且也有至高的美。"数学之美是客观真实的，它存在于数学对象中，是一种理性美、智慧美，具有最纯净的思辨特征，在理性

的高层次显示了创造的本质力量。数学之美的形式有两个层次，即外在层次外形式与内在层次内形式。据此，可以把数学之美分为形态美和内在美。数学之美的特征是客观性、主观性、社会性、理性，这些特征主要通过简洁性、对称性、统一性与奇异性等形式表现出来。

二、各美其美，对称之美

形态美是指数学内容的外部表现形态所呈现出来的简单、整齐、对称、和谐的美。而内在美是指数学内容诸要素的内部组织结构萌生出的一种快乐美好的感情。两种美都有其独特之处，各美其美，无法用言语穷尽。在这些里面让人印象最深刻的还是对称之美。"对称"一词，译自希腊语，其含义是"和谐""美观"，原义指"在一些物品的布置时出现的般配与和谐"。从数学发展的历史来看，对称之美是数学发现中重要的美学因素。对于对称之美的追求，曾在一定程度上促进了数学的发展，成为人们试图用以领悟和创造秩序美和完善性的重要观念。由对称性因素和对称之美的考虑而引出的新概念和新理论不胜枚举，如奇数和偶数、质数与合数、正数与负数、正弦与余弦、正切与余切等都可视为对称中的一种。

三、美美与共，美的应用

数学中对称之美的展现可以分为以下四类，教师对此分类应熟记于心，自然能够在课堂上将之娴熟展示，更好服务于数学学科教学，促进学生对美的认识，促进学生全面发展。

（一）图形的对称之美

图形的对称具有直观性，能给人以美的感受，中学数学几何图形中的对称图形是典型的视觉对称之美。平面或空间图形的中心对称、平面图形的轴对称都是很好的体现。比如，圆既是中心对称又是轴对称图形，而且所有过对称中心的直线都是对称轴。球一向被看作是简洁美丽的几何体，它是中心对称而且所有过对称中心的平面都是对称平面。历史上毕达哥拉斯学派认为"一切立体图形中最美的是球形，一切平面图形中最美的是圆形"。

（二）定理的对称之美

数学的对称之美也表现为数学中各种概念和定理间的对称性。如平行线的性质：两直线平行，同位角相等；两角直线平行，内错角相等；两直线平行，同旁内角互补。平行线的判定：同位角相等，两直线平行；内错角相等，两直线平行；同旁内角互补，两直线平行。这些就是数学定理间存在对称关系的最好例子。从更广泛的意义上讲，奇数与偶数从奇偶性上区分，质数与合数从可分解性区分也可视为对称关系。从运算关系角度看：加与减、乘与除、幂与开方等，这些互逆运算都可视为"对称"关系。从命题的角度去看，原定理与逆定理、否定理、逆否定理等也存在着对称关系。

（三）解题的对称之美

对称是人类审美的共同趋向，不仅已经成为一种深刻的思想，而且还是一种探索性的发现方法、解决问题的利器。在数学解题过程中考虑对称之美的因素，运用对称之美进行思考，可启发学生寻找到好的解题方法，起到事半功倍的作用。

例：夫妻二人购物完毕需要从超市赶回家，妻子从超市走到家需要 60 分钟，丈夫走这段路只要 40 分钟，丈夫因需要对部分货物进行打包，让妻子先出发 10 分钟，问过多少时间丈夫能够追上妻子？

分析：如果我们用时间来做线段图，夫妻二人同时出发，则丈夫比妻子早到 20 分钟，现在妻子早出发 10 分钟，那么必然晚到 10 分钟。这样画出来的线段呈现一种对称状态，所以我们知道丈夫和妻子必定同时到达全程中点，这个点恰好也是线段的轴对称点，这个时候丈夫用的时间恰好是 20 分钟。

（四）公式的对称之美

公式的对称主要是指公式中不同运算符号的可交换性、运算秩序的可逆性。公式的对称不如图形的对称那么直观，它表现得比较灵活，如三角函数公式、平方差公式等。

有人觉得数学索然无味，然而有一定数学素养和美学修养的人却对数学兴趣盎然，并能够体味到其中的无穷魅力。这是为什么呢？其中最重要的原因就在于对数学美的感知能力有差异。数学中蕴涵着丰富的对称之美，但学生未必能感受到这些对称之美，这就要求教师在教学中能够把这些对称之美的因素充分挖掘出来，展示在学生面前，让学生真正体验到数学的对称之美。

数学中有对称之美，也有其他的美；学科中有数学之美，也有其他的美；人生中有思维之美，更有其他的美……只有兼容并蓄方能全面发展。

第八章　欢度数学文化节　触摸思维脉搏

数学之美文化节设计方案

一、活动主题

重庆市第三期领雁工程綦江区古南中学"互联网＋数学之美"文化节

二、活动目的

认识数学文化，享受数学趣味，感悟数学魅力，体验数学之美。

三、活动时间

2020 年 11 月 3 日（周二）下午 1∶40—5∶30

四、活动对象

古南中学初 2022 届师生、扶欢中学部分师生

五、活动地点

古南中学运动场

六、特邀嘉宾

市教委课题负责人，兄弟区县教研员、区教科所专家，兄弟学校代表

七、活动策划

"互联网＋数学之美"创新基地课题组

八、活动准备（学生处刘小青和罗志豪负责）

1. 搭建舞台，投屏、音响、话筒、摄像、无人机等设施，两条横幅的制作和牵、挂都由广告公司负责。

2. 展板 5 块，手抄报牵、挂，礼仪嘉宾（每班女生 1 人，引导嘉宾入座），人员由班主任上报，上午布置完成。

3. 学生方队布置和安排。学生方队：每班坐成 1 列纵队（按照班级顺序从左至右 1～27 班），上午布置完成。

4. 选手方队：桌子 24 张（摆成两排，每排 12 套），48 条凳子（裁判用 12 条，学生用 36 条），主席台 6 套桌凳（用于统计，投屏用），中午 1 点前布置完成。

5. 后面和左右两侧周围牵绳子，用蝴蝶结悬挂规则和试题作为智力类活动场地，由古南本部数学教师上午完成。

6. 嘉宾和教师方队：嘉宾席 20 套桌凳，教师观众 30 条凳子，放在后边。

7. 游戏类游园活动在场地中央（游园时再布置场地、设施并张贴规则）。

数学文化节场地示意图（见图 8-1）：

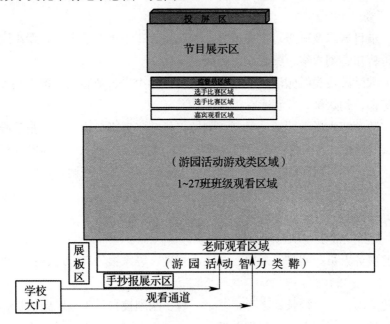

图 8-1　数学文化节场地示意图

九、人员分工（由叶含琪负责）

1. 组织领导：郑奇校长、李万兵书记、魏小刚副校长、张基贤副长、聂瑞芳副校长

2. 组织策划：叶含琪、代其

3. 主持人：白丹、柯柯

4. 后勤保障：霍家坤、任道伦、代其、邓仁和

5. 试题设置组：叶含琪、代其、彭凤、李东梅

6. 信息技术组（任道伦负责）

（1）信息技术及统计组：黄东、许晓、谢丹、刘向

（2）书写组：柳国进、王朝新

7. 维护秩序组（刘小青、邓仁和负责）

成员：代其、邬玲玲、杨宏、翁涛、刘湘辉、李石、刘芹、学生会、团委、班主任

8. 场地布置组（邓仁和、罗志豪、代其负责）

成员：刘芹、翁涛、刘湘辉、各项目组负责人、班主任

9. 评委

（1）节目展示及班级对抗赛评委：李东梅、蒋少平、敖春兰、瞿小刚、游太兴、曹伟、刘永维、梁正永、彭凤

（2）数学游戏类游园活动裁判：李东梅、蒋少平、敖春兰、瞿小刚、游太兴、曹伟、刘永维、梁正永、彭凤

（3）数学智力类游园活动裁判：刘敏、杨叶、曾刚、谭秀清、张千维、杨相赐、何锡梅、黄天祥、蒋绍平、帅永德、谭黎辉、向莉、赵小燕、赵英、周新红、袁金玲、谢骄阳、杜平、谢丹、姜家银、张韦、任雨、孟明艳、刘淑华

（4）总评委：代其、邬玲玲

10. 奖品发放组（邬玲玲、代其负责）

颁奖服务人员：谢丹、刘向、向晓、刘良、姜家银、袁金玲、张千维、谭秀清

颁奖嘉宾：郑奇校长、李万兵书记、魏小刚副校长、张基贤副校长、聂瑞芳副校长、欧循刚主任、丁华主任

11. 杂务准备

（1）彩旗队：罗志豪负责（每班 4 个同学）

（2）场地布置、舞台及音响的搭建与衔接：任道伦

（3）展板内容及广告公司制作衔接：代其

（4）智力题的场地布置（含绳子、规则、蝴蝶结、牵、挂）：罗志豪

（5）在实践之美的场地准备 4 套桌凳及纸张、剪刀，在主席台准备 6 套桌凳供裁判用（放置电脑用 2 套，填写奖状用 4 套）

（6）游戏类准备：飞碟杯需要桌凳 2 套，魔方需要桌凳 2 套，玻璃弹珠需要桌凳 2 套，每班需要桌凳 2 套

（7）游戏物品准备：保龄球 1 套 130 元；飞镖 1 套 80 元；飞碟杯 1 套 50 元；魔方 36 个（72+135）元；数学之美书籍：6 本 259 元；儿童篮球架 1 套 96 元；玻璃弹珠 1000 个 18 元；铜锣鼓 1 套，眼罩 1 个（69+12）元；正方形七巧板积木 4 套 32 元；蝴蝶结 500 个 50 元；细绳子 600 米 42 元；奖券的印泥印章 1 枚 50 元；奖状 20 张集体奖状（打印），40 张个人奖状（打印）100 元；绑腿带 90 根 225 元；套圈圈设备 1 套 20 元；比赛文化衫 7 件 350 元。

（8）打印材料

①节目成绩单：节目序号、节目名称、节目形式、节目人数、节目单位、节目综合效果（满分 100 分）。

②数学素养对抗赛成绩单：序号、班级、姓名、分数、名次、积分。

③套圈圈、打保龄球、掷飞镖、投篮、夹玻璃弹珠、飞叠杯、还原魔方、"盲人"打锣、拼正方形等比赛规则。

④游园试题。

（9）奖品购买

12. 节目准备

（1）数学之美手抄报的操办、要求，由相应班级的数学老师负责，然后请语文老师组织评选，并把获得一、二、三等奖的手抄报在文化节时由节目组展示出来；另节目组准备适量的纸和笔。

（2）展板的准备：课外拓展、基地成果、基地活动展板，由代其负责。

（3）宣传准备：

①文化节主标语："互联网＋数学之美"文化节；

②海报两张：一张在学校大门处，一张在八年级入口处；

③标语：班级数学素养对抗赛。

（4）学生准备：每个同学备好凳子

十、活动流程

"互联网＋数学之美"数学文化节将充分体现数学文化，强调师生共同参与，基地和帮扶学校共同展示，让大家畅游在数学的海洋里，让文化节真正成为所有孩子共同的节日。

活动第一部分："互联网＋数学之美"部分成果展示（下午1:20—1:40）

目的：欣赏和感受师生对数学之美的探索成果

1. 展板展示：基地活动、课外拓展、基地成果

2. 数学手抄报展示

活动第二部分：舞台文娱节目展示（下午1:40—2:20）

目的：展示数学之魅力，欣赏数学之美

主持人：白丹、柯柯

1. 主持人开场白

2. 郑奇校长致开幕词

3. 嘉宾介绍

4. 数学文艺节目展示（李世梅负责）

（1）说唱：《数学，其实很美》

表演者：（学生）赵佳星、蔡瑞洵等

　　　　　（教师）叶含琪、余洋、罗玉凯、徐从容、蒋绍平

（2）诗朗诵：《数学老师的浪漫》

表演者：扶欢中学学生

（3）吉他弹唱：《悲伤的双曲线》

表演者：周涵、陈囿旭、李敏锐等

（4）相声：《说一不二》

表演者：陈小艺、周梦鑫

（5）独唱：《数学家的浪漫》

表演者：杨柯熙等

活动第三部分：最强大脑（下午2:20—4:00）

1. 目的：比拼数学素养，展示数学智慧

2. 内容：最强大脑比拼、玩转数独、还原魔方

3. 裁判员：共12名，分别是李东梅、蒋少平、敖春兰、瞿小刚、游太

兴、曹伟、刘永维、梁正永、彭凤、徐从容、余洋、罗玉凯

（一）最强大脑比拼（下午2:20—3:20）

1. 活动目的：考查学生观察、思维、运算、推理能力，了解数学文化，进行幻方填数，玩转24点。

2. 赛前准备：共36名选手，3人一个战队（2张桌子、3条凳子）共12个战队，每个战队一个抢答器，学校统一准备纸和笔（36份）。

3. 比赛细则和要求

（1）每队基础分100分，抢答正确加10分，抢答错误或没有按时作答扣10分，最后按总分排名次。

（2）投屏上出现试题时可以立即抢答，未出现时触响抢答器的视为犯规，从其队总分中扣10分，抢题成功后推荐一名选手代表本队作答，参赛选手必须在5秒的规定时间内抢答，否则扣10分。答题结束后，队员要说"回答完毕"，由主持人确定并宣布加分、扣分或不得分。

（3）禁止选手用手机等通信工具协助答题，非参赛选手不得给予选手任何提示。

4. 比赛内容

（1）第一轮：锋芒毕露（24个题）

（2）第二轮：智慧少年（12个题）

（3）第三轮：决战到底（6个题）

（4）第四轮：最强大脑（6个题）

观众互动题：一共有5题，在比赛的间隙进行，是点燃活动气氛的最好方式，观众参与，闪耀全场。主持人喊"开始"，观众举手，主持人选表现最积极的选手作答，答对的观众由工作人员送上精美礼品（小魔方）。

评奖：最强大脑奖（一等奖2个），巅峰战队奖（二等奖4个）。

奖品发放：邬玲玲、代其

（二）玩转数独（下午3:20—3:40）

主持人串词：经过激烈的角逐，最强大脑数学竞赛结果即将揭晓！一轮轮紧张刺激的答题，给观众们带来了一场智慧与速度的巅峰比拼，操场暖风吹，四处战鼓擂，知识竞赛谁怕谁！

1. 活动目的：开发脑细胞，促进脑部发育；提高逻辑思维、逻辑判断能力。

2. 赛前准备：共24名选手，每人1套桌凳，学校统一准备数独题和笔（24份）。

3. 比赛细则和要求

（1）准备：比赛前由裁判员给选手发放数独卷子。

（2）开始：主持人宣布比赛开始，计时员开始计时，裁判员开始观察选手答题情况，选手做完题后立即举手示意，将试卷放到桌子上，不得再动笔答题。裁判员按选手做完的先后顺序对其点名，同时计时员依次对被点到名的选手记录其答题时间。

（3）评分：比赛结束（4分钟），监督员收试卷后，主持人在屏幕上公布答案，监督员记下每人完成时间和填对的数量，由观察员许晓、刘良输入电脑进行统计，同时排出名次。

一等奖3人，获 "数独王中王" 称号；二等奖6人，获 "数独达人" 称号。

（三）还原魔方（下午3：40—4：00）

1. 活动目的：增强学生空间思维能力、动手能力、计算能力和应变能力，提高整体观察能力，锻炼学生手、眼、脑的协调能力。

2. 赛前准备：每人自备一个三阶魔方，计时员刘向，观察员许晓、刘良，每人1套桌凳。

3. 比赛细则和要求

（1）准备：24人将魔方放到桌子上，由裁判员检查无误后，打乱魔方（1分钟，尽量多扭，打乱些），主持人喊停就立即停止。

（2）主持人喊 "开始"，计时开始，同时24名选手立即开始还原魔方，还原完毕的选手立即把魔方平放在桌子上同时报告老师，计时员记下选手完成的时间，并由裁判员检查魔方的6个面是否全部完成，若未全部完成则不能参与评奖。评奖时先完成的选手中用的时间越少的名次越靠前。

（3）取24名选手中的前12名进入决赛，比赛细则如上。

（4）评奖：一等奖3人，获 "魔方帝" 称号，二等奖6人，获 "速拧高手" 称号。

活动第四部分：数学之美游园活动（下午4：00—5：00）

1. 目的：体验数学之趣，享受数学之乐。

2. 纪律要求：不追不跑，不喧哗，不乱丢纸屑和垃圾，游园期间只能在场地内活动，要求积极参与，听从老师和裁判指挥，服从安排，违纪一人次将扣0.1～0.3分，纳入班级考核。

（一）智力类（梁正永负责）

1. 体验内容：数学机智之美（159题）、数学思维之美（93题）、数学图形之美（110 题）、数学文化之美（27 题）、数学与生活（25 题）、数学语言之美（130 题）。

2. 游园准备：每个题打印成小纸条，共打印 544 张小纸条（544 个题），还要打印六张标题和比赛规则，数学图形之美用 8 套桌凳，数学与生活还要 3 张长方形的纸，3 张不规则的纸，1 张三角形纸，小刀 2 把（裁判保管），每个游园同学自己准备纸和笔。上午牵绳子、挂试题、立标题（大纸写的题的类型）。

3. 游园规则

（1）你如果算出了某个题的答案，请举手示意，如果认为自己答对了，经裁判同意才能取下试题，兑换奖券，若没答对则不能取下试题。

（2）答对者发兑奖券一张，每道题都有相应的星级（1～5 星），一道题只能做一次。

（3）将奖券拿到兑换奖品处去兑换相应的奖品。

4. 裁判组

数学机智之美（李东梅、刘良、姜家银）、数学思维之美（帅永德、赵英、蒋绍平）、数学图形之美（袁金玲、赵小燕、敖春兰）、数学文化之美（瞿小刚）、数学与生活（游太兴）、数学语言之美（张千维、谭秀清、彭凤）

（二）游戏类（徐从容负责）

1. 套圈（100 张奖券）

（1）准备：场地、器材（固定）、打印游戏规则，奖券若干（50 张）。

（2）裁判：张韦

（3）游戏规则

每人只能玩一次；在进行此游戏前，须在规定线外（3 米）；每人派发 3 个塑料套圈，套中 1 个获得 1 星、2 个获得 2 星、3 个获得 3 星。

2. 打保龄球（100 张奖券）

（1）准备：裁判给每个选手摆放好保龄球，画一条 2 米线。打印游戏规则并张贴，奖券若干。

（2）裁判：谭黎辉

（3）游戏规则：摆放成三角形，在 2 米线外投球，每人只能击球一次。参赛者一次击倒 10 个瓶子获得 4 星，8 个获得 3 星，7 个获得 2 星，6 个及以下获得 1 星，犯规无奖。

3. 掷飞镖（100 张奖券）

（1）准备：在离地 1 米高的地方悬挂飞镖，画一条 2 米线，打印游戏规则并张贴，奖券若干。

（2）裁判：周兴红

（3）游戏规则：在 2 米线外投镖，踩线为犯规，把镖投在飞镖盘上为成功一次，每人 6 镖，中 6 镖得 4 星，中 4 镖得 3 星，中 2 镖或 3 镖得 2 星，中 1 镖得 1 星，犯规无星。

4. 趣味投篮（100 张奖券）

（1）准备：小皮球，篮球架，打印游戏规则并张贴，奖券若干（50 张）。

（2）裁判：黄天祥

（3）游戏规则：在 2 米外投篮，每人投 5 次

男：5 中 2 给 1 星；5 中 3 给 2 星，5 中 4 给 3 星，5 中 5 给 5 星；

女：5 中 1 给 1 星，5 中 2 给 2 星，5 中 3 给 3 星，5 中 4 给 4 星，5 中 5 给 5 星。

5. 夹玻璃弹珠（100 张奖券）

（1）准备：准备桌凳 2 套，盘子 4 个，碗 4 个，筷子 4 双，弹珠 200 个，打印游戏规则并张贴。

（2）裁判：谢丹

（3）游戏规则：在碗中放入 20 颗玻璃弹珠，游戏者手拿一双筷子将放在左边碗里的弹珠夹到右边的盘子里，碗与盘相距 30 cm，在一分钟内夹 20 颗弹珠，游戏过程中只能是筷子的圆头端夹弹珠，用方头端夹的无效。其余物品或参赛者身体不能接触到弹珠，否则算违规。奖励规则：夹运 15 颗及以上者，得 3 星；夹运 10 颗及以上者，得 2 星；夹运 6 颗及以上者，得 1 星；违规者无星。

6. 飞叠杯（100 张奖券）

（1）准备：杯子 30 个，桌凳 2 套。

（2）裁判：向莉

（3）游戏规则：在一分钟内重叠和收 28 个及以上造型得 4 星，21～27 个造型得 3 星，15～26 个造型得 2 星，10～14 个造型得 1 星。

7. 还原魔方（100 张奖券）

（1）准备：三阶魔方 3 个，裁判先把魔方打乱，计时器 1 个，桌凳 2 套。

（2）裁判：曾刚

（3）游戏规则：20 秒内还原 4 星，21～30 秒还原完成得 3 星，31～60 秒还原完成得 2 星，61～90 秒还原完成得 1 星，超过 90 秒还原完成无星。

8. "盲人"打锣（100 张奖券）

（1）准备：准备 1 面锣（挂在篮球架上），1 根打鼓棒，1 个眼罩。

（2）裁判：杜平

（3）游戏规则：参赛者在离铜锣 5 米外站好，锣挂在离地 1.5 米的空中，双眼被蒙上；在原地圆圈内，用大象动作转三圈；走到距离自己 5 米的地方敲锣，一次敲响得 2 星。若没敲响则无星。前进过程中别人不得为他提示方向。游戏者到达目标后不准用手摸锣，以一次能敲响铜锣者为优胜，否则算违规，无星。

9. 用七巧板拼正方形（100 张奖券）

（1）准备：正方形七巧板积木 4 套，桌凳 2 套。

（2）裁判：刘敏

（3）游戏规则：把打乱的 4 套七巧板积木重新拼在 4 个正方形木柜里，拼出一个正方形得 1 星，拼出 2 个不同的正方形得 2 星，拼出 3 个不同的正方形得 3 星，拼出 4 个不同的正方形得 4 星。

活动第五部分：颁奖（下午 5:00—5:30）

1. 优秀手抄报：一等奖 3 名，二等奖 6 名，三等奖 9 名。

2. 文娱节目奖：一等奖 2 个，二等奖 3 个，最佳人气奖 1 个，最具创意奖 1 个。

3. 最强大脑奖：最强大脑奖（一等奖 2 个），巅峰战队奖（二等奖 4 个）。

4. 玩转数独奖：数独王中王（一等奖 3 人），数独达人（二等奖 6 人）。

5. 还原魔方：魔方帝（一等奖 3 人），速拧高手（二等奖 6 人）。

十一、活动总结

十二、活动结束

附件一：场地布置与准备

1. 搬运 60 张桌子（比赛用 24 张，电脑控制用 6 张，嘉宾用 30 张）、84 条凳子（选手用 36 条，裁判用 12 条，电脑控制用 6 条，嘉宾用 30 条）

2. 展板摆放、手抄报

（1）展板摆放：5 块，广告公司制作，摆放在石山后

（2）手抄报：徐从容、余洋、罗玉凯负责牵、挂

（3）用蝴蝶结悬挂规则和试题，准备小剪刀 10 把

数学机智之美（李东梅、刘良、姜家银）、数学思维之美（帅永德、赵英、蒋绍平）、数学图形之美（袁金玲、赵小燕、敖春兰）、数学文化之美（瞿小刚）、数学与生活（游太兴）、数学语言之美（张千维、谭秀清、彭凤）

3. 霍家坤负责提供笔、纸（从打印室拿）

（1）签字笔 40 只　　（2）白纸 100 张　　（3）矿泉水 10 件

4. 奖状

柳国进、王朝新负责：

（1）清点各种奖项份数　　（2）盖章（提前）　　（3）填写奖状

刘小青、许晓、谢丹、刘向负责：

（1）整队领奖（提前整队）　　（2）安排颁奖嘉宾（提前安排）

5. 超市奖品的准备：罗玉凯负责（共 10 位老师）

考虑到领奖人很多，所以要把同样的奖品多安排几个摊位，比如一元区 5 人，2 元区 4 人，3 元区 3 人，4 元区 1 人，还应安排好机动人员。

人员：杨叶、陈春晖、陈雁、黎晓燕、李克凤、李梅（小）、李晓娟、柳国进、刘向、左密（共 10 人）

6. 计时员和监督员的演练：许晓、刘良

周二上午演练熟练

7. 活动后奖券的清点（罗玉凯负责）

杨叶、陈春晖、陈雁、黎晓燕、李克凤、李梅（小）、李晓娟、柳国进、刘向、左密

8. 比赛环节的调节：刘小青、许晓、谢丹、刘向

每一个节目或项目，在进行上一个节目时就做好准备（人员、顺序、整队）

9. 文娱节目的配角：20 班的《数学家的浪漫》

10. 裁判的赛前培训（下午 1 点钟）

位置顺序、每一项的准备（桌凳的转换、位置、物品、要做的事情、计时的配合），比赛完后桌凳的转移

11. 游戏类：位置、奖券发放、比赛规则的把握

套圈：张韦；打保龄球：谭黎辉；掷飞镖：周兴红；趣味投篮：黄天祥；夹玻璃弹珠：谢丹；飞叠杯：向莉；还原魔方：曾刚；"盲人"打锣：杜平；用七巧板拼正方形：刘敏。

12. 发放奖券与回收余券：余洋

13. 迎宾学生名单：刘小青

14. 结束

搬回桌凳，还原游园设施，撤掉试题绳子，撤掉打印的试题和比赛规则，搬运展板，回收手抄报，清理现场，嘉宾接待（刘小青负责与魏小刚副校长、任道伦主任对接）

附件二：数学文化节奖券的发放与回收清单

表 8-1　数学文化节奖券的发放与回收清单

类别	项目名称	负责人	领券人	领券数	返回数
智力类	数学机智之美	李东梅　刘良　姜家银		160	
	数学思维之美	帅永德　赵英　蒋绍平		200	
	数学图形之美	袁金玲　赵小燕　敖春兰		210	
	数学文化之美	瞿小刚		60	
	数学与生活	游太兴		55	
	数学语言之美	张千维　谭秀清　彭凤		130	
游戏类	套圈游戏	张韦		100	
	打保龄球	谭黎辉		100	
	掷飞镖游戏	周兴红		100	
	趣味投篮	黄天祥		100	
	夹玻璃弹珠	谢丹		100	
	飞叠杯	向莉		100	
	三阶魔方还原	曾刚		100	
	"盲人"打锣	杜平		100	
	用七巧板拼正方形	刘敏		100	

附件三："互联网＋数学之美"选拔赛试题（100分）

班级_____   姓名_____

1. 3个孩子吃3个饼要用3分钟，90个孩子吃90个饼要用多少时间？（8分）

答案：_____分钟。

2. 一个最小的正整数，除6余5，除5余4，除4余3，除3余2。这个正整数是多少？

答案：这个正整数是_____。

3. 一片池塘出现了一小块浮萍，它每天增长一倍，预计10天就能长满整个池塘，请问多少天能长满一半水面？

答案：_____天。

4. 从甲地到乙地，可以乘火车，也可以乘汽车，还可以乘轮船。一天中火车有4班，汽车有3班，轮船有2班。问：一天中乘坐这些交通工具从甲地到乙地，共有多少种不同走法？

答案：_____种。

5. 在一个不透明的袋子里，放有红色玻璃球5个，蓝色玻璃球7个，花色玻璃球9个。这些玻璃球除了颜色不同，别的都一样，若要保证取出的玻璃球中，有两个玻璃球的颜色相同，那么最少要取出多少个玻璃球？

答案：_____个。

6. 使用加、减、乘、除（可加括号）把给出的数算成24。每个数必须用一次且只能用一次。

（1）2，8，1，9   （2）3，5，5，6

（3）5，5，5，1   （4）3，3，7，7

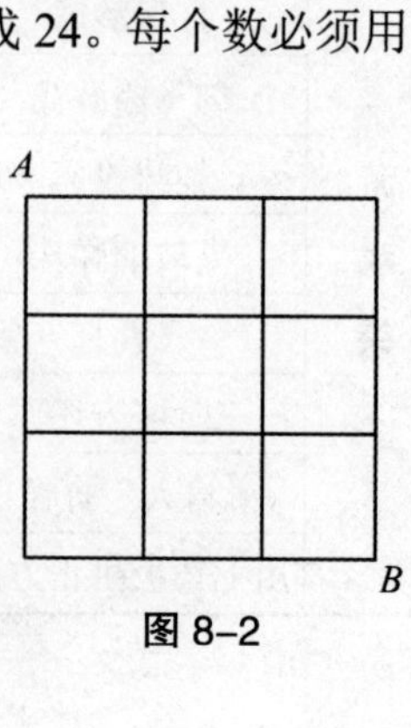

7. 如图8-2，从A点到B点（只从左向右，从上到下），共有（   ）种不同的走法。

A. 24   B. 20   C. 16   D. 12

8. 在图8-3的空格中填入七个自然数，使得每一行、每一列及每一条对角线上的三个数之和都等于90。

图8-2

23		
	57	

图 8-3

9. 玩转数独（见图 8-4）。

2	1		4
3			1
		3	
4		1	

图 8-4

10. 玩转数独（见图 8-5）。

1			8	3				2
5	7				1			
			5		9		6	4
7		4		8	5	9		
		3		1		4		
	5	1	4			3		6
3	6		7		4			
			6				7	9
8				5	2			3

图 8-5

附件四：几何幻方练习

一般地，在几×几（几行几列）的方格里，既不重复又不遗漏地填上几×几个连续自然数，（注意这几×几个连续自然数不一定非要从 1 开始），每个数占一个格，且每行、每列、每条对角线上的几个自然数的和均相等，我们把这个相等的和叫作幻和，几叫作阶，这样排成的数的图形叫作几阶幻方。

1. 用 1～9 这 9 个数编排一个三阶幻方，有几种填法（见图 8-6）？

图 8-6

2. 在图 8-7 的〇里填上适当的数，使每条线上 3 个数的和都等于 21。

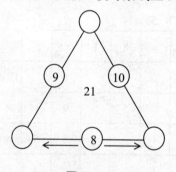

图 8-7

3. 用 1～9 这 9 个数补全图 8-8 中的幻方，并求幻和。

		5
2		6

图 8-8

4. 用 3～11 这 9 个数补全图 8-9 中的幻方，并求幻和。

4		8
	5	

图 8-9

5. 在图 8-10 的空格中填入不大于 15 且互不相同的自然数使每一横行、竖行和对角线上的 3 个数和都等于 30。

9		

图 8-10

附件五：最强大脑复习题

第____战队　　　姓名_____

1. 数学计算的基础是阿拉伯数字：1，2，3，4，5，6，7，8，9，0。离开这些数字，我们就无法进行计算。请问这些阿拉伯数字是哪个国家或地区的人发明创造的？（　　　）

A. 古印度人　　　　B. 阿拉伯人　　　C. 欧洲人

2. 黄金分割比是一个伟大的发现，请问黄金分割比是多少？

3. 约翰·李斯丁发现：双侧曲面可以变成单侧曲面。如图 8-11 所示，被叫作什么？

图 8-11

4. 图 8-12 是哪位数学家？

5. 勾股定理还有一种叫法是（　　）。

A. 毕达哥拉斯定理　　　　　　B. 孙子定理

C. 欧拉定理　　　　　　　　　D. 祖冲之定理

6. （　　）不属于"互联网+"的应用。

A. 百度外卖　　　B. 无人驾驶

C. 传真　　　D. 滴滴打车

图 8-12

7. 我们经常使用手机扫描二维码，"扫一扫"这一功能使用了（　　）识别方式。

A. 人脸识别　　　B. 语音识别　　　C. 文字识别　　　D. 图象识别

8. 孟子说："不以规矩，不能成方圆。"这里的"规矩"的意思是（　　）。

A. 法律条文　　　B. 美德善行　　　C. 圆规曲尺

9. 猜谜语

（1）乘客须知（打一数学名词）　　（2）3 个星期（猜一字）

（3）4+4=?（猜一字）　　　　　（4）考试作弊（打一数学名词）

（5）再见吧，妈妈（打一数学名词）

10. 小明带 100 元去买一件 75 元的衣服，但老板却只找了 5 块钱给他，为什么？

11. 一个挂钟敲 5 下用了 20 秒，敲 10 下用多少秒？

12. 一个数加上 6，所得的和乘 6，减去 6，其结果等于 42，求这个数。

13. 3 个孩子吃 3 个饼要用 3 分钟，90 个孩子吃 90 个饼要用多少时间？

14. 从甲地到乙地，可以乘火车，也可以乘汽车，还可以乘轮船。一天中火车有 4 班，汽车有 3 班，轮船有 2 班。问：一天中乘坐这些交通工具从甲地到乙地，共有多少种不同走法？

15. 在一个不透明的袋子里，放有红色玻璃球 5 个，蓝色玻璃球 7 个，花色玻璃球 9 个。这些玻璃球除了颜色不同，别的都一样。若要保证取出的玻璃球中，有两个玻璃球的颜色相同，那么最少要取出多少个玻璃球？

16. 按规律填数：2，3，5，9，17，（　　）。

17. ○○○△△△△△○○○△△△△△……第 50 个是什么图形？

18. 有一口枯井深 10 米，一只蜗牛从井底向上爬，白天向上爬 3 米，晚上向下滑 2 米。问：这只蜗牛几天能爬出井？

19. 一根绳子对折 3 次，然后从中间剪断，共剪成几段？

20. 一块豆腐切 3 刀，最多能切成（　　）小块。

21. 一个女孩用 10 元钱买了一条狗，后来以 15 元卖出；又以 20 元将这条狗买回来，再次以 25 元卖出了这条狗。请你分析一下，这个女孩是赚钱还是赔钱了？赚（赔）多少元？

22. 从 1 数到 100，读出了多少个 9？

23. 我们家有一张照片，上面有 2 个爸爸，2 个儿子，请问照片上有几个人？

24. 直线上有 A、B、C、D、E、F、G 7 个点，则以这些点为端点的线段有（　　）条。

25. 用 6 根牙签摆出 4 个等边三角形，怎样摆？

26. 在 0 和 1 之间放一个适当符号组成一个比 0 大比 1 小的数。

27. 把一根圆木锯成 2 米长的小段，每锯下一段用 3 分钟，一共花了 15 分钟，这根圆木长（　　）米。

28. 往一个篮子里放鸡蛋，假定篮子里的鸡蛋数目每分钟增加 1 倍，这样放下去，12 分钟后，篮子满了。那么，你知道在什么时候是半篮子鸡蛋吗？

29. 2 只狗赛跑，甲狗跑得快，乙狗跑得慢，跑到终点时，哪只狗流汗多？

30. 在跑马场的跑道上，有 A、B、C 3 匹马，一分钟 A 跑 2 圈、B 跑 3 圈、C 跑 4 圈，如果 3 匹马在起跑线上同时向一个方向跑，多长时间后，3 匹马又能并排跑在起跑线上？

31. 5 个苹果 5 人分，还要剩一只在盘子里，谁也不能分不到，怎么分？

32. 有红、黄、绿、蓝、白 5 种颜色的铅笔，每 2 种颜色的铅笔为一组，最多可以配成不重复的几组？

33. 2018 年 6 月 18 日是星期一，再过 32 天是星期几？

34. 下午 4 时，时钟上的时针与分针的夹角是多少？

35. 用加、减、乘、除（可加括号）把给出的数算成 24，每个数必须用一次且只能用一次

（1）2，8，1，9　　　　（2）3，5，5，6　　　　（3）3，4，6，9

（4）4，4，10，10　　　（5）3，3，7，7

36. 抢数游戏：两人从 1 开始轮流报数，每人每次至少报 1 个数，最多报 3 个数，谁先抢到 23 谁就获胜。必胜秘诀是什么？

37. 求 $|x-8|+|x+2|+2018$ 的最小值。

38. 六一儿童节，妈妈给小华、小明、小刚买了 3 种不同的礼品，分别是：魔方、智力拼图、洋娃娃。现在知道小刚拿的不是智力拼图，小明拿的不是洋娃娃，也不是智力拼图，想一想，他们拿的分别是什么礼物？

39. 一个立方体的 6 个面上，分别写着 A、B、C、D、E、F 6 个字母，根据图 8-13，推测 B 的对面是什么字母？

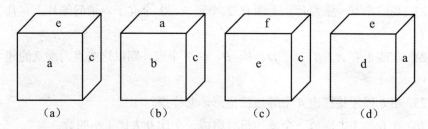

（a）　　　　　（b）　　　　　（c）　　　　　（d）

图 8-13

40. 请问：图 8-14 "？" 处该填几？

?			
		3	4
1			
	2		1

图 8-14

41.（12 宫格）请从图 8-15 的 12 个字中识别一句古诗。

潮	水	月	刀
连	春	江	似
二	剪	风	平

图 8-15

42. 据网络报道，在奥斯卡获奖影片——《返老还童》中，本杰明 1918 年出生时是 80 岁老人的模样，但他每过一年就年轻 1 岁。1930 年，他遇到了当年 6 岁的小女孩黛西，黛西每过一年长大 1 岁。0 岁的本杰明死去时，黛西多少岁？

43. 共有 25 张扑克牌，两人轮流拿，最少拿 1 张，最多拿 3 张，谁拿到最后一张谁输，问：你如何赢？

44. 一位老爷爷说："把我的年龄加上 12，再用 4 除，然后减去 15，再乘 10，恰好是 100 岁。"这位老爷爷现在多少岁？

45. 衣柜里有 6 只白色袜子，6 只黑色袜子。它们除颜色不同之外，其他都一样。如果身处漆黑中，要从衣柜里取出 2 只颜色相同的袜子，最少要从衣柜里拿出（　　）袜子，才能确保其中有 2 只袜子颜色相同。

A. 1 只　　　B. 2 只　　　C. 3 只　　　D. 4 只

46. 如何移动一根火柴使图 8-16 的等式成立？

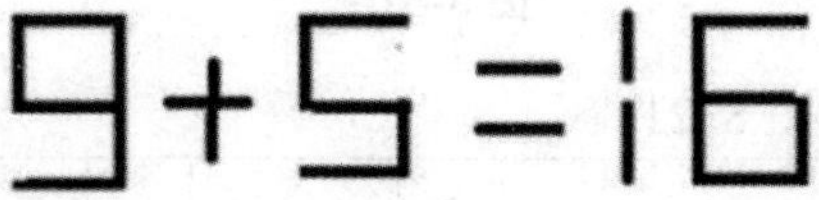

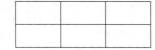

图 8-16

47. 图 8-17 中有几个长方形？

图 8-17

48. 下面是一道智力题，答对可以获得新技能。

$$8\ 5\ 3 = 315$$
$$7\ 6\ 9 = 154$$
$$3\ 2\ 5 = 110$$
$$8\ 3\ 7 = ?$$

49. 如图 8-18，从 A 点到 B 点（只从左向右，从上到下），共有（　　）种不同的走法。

A. 24　　B. 20　　C. 16　　D. 12

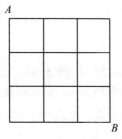

图 8-18

50. 图 8-19 中有多少个三角形?

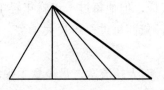

图 8-19

51. 玩转数独(见图 8-20)。

2	1		4
3			1
		3	
4		1	

图 8-20

52. 玩转数独(见图 8-21)。

1			8	3				2
5	7				1			
		5		9			6	4
7		4		8	5	9		
	3		1		4			
	5	1	4			3		6
3	6		7		4			
		6					7	9
8			5	2				3

图 8-21

53. 如图 8-22,已知平行四边形 *ABCD* 的面积为 64 平方厘米,*E*、*F* 分别是 *D*、*B* 的中点,求△*CEF* 的面积。

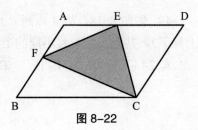

图 8-22

附件六：最强大脑决赛内容

1. 脑筋急转弯
2. 猜与数学有关的谜语
3. 简单逻辑推理
4. 数学文化和历史
5. 观察、分析能力
6. 简单计数（数三角形个数、线段条数、握手问题等）
7. 移动火柴棍
8. 幻方填数
9. 七巧板问题
10. 乘方应用
11. 数学与诗歌
12. 简单排列组合
13. 抽屉原理
14. 其他数学问题
15. 简单数独

附件七：数学文化节简报

认识数学文化，感受数学之美

——古南中学 2020 "互联网 + 数学之美" 文化节掠影

为使学生更好地认识数学文化，感受数学趣味，感悟数学魅力，体验数学之美，同时提升古中文化，扩大古中影响，重庆市第三期领雁工程綦江区古南中学 "互联网 + 数学之美" 文化节于 2020 年 11 月 3 日下午，在古南中学顺利举办（见图 8-23）。市教科院领雁工程专家及市区领雁工程负责人，教科所、进修校、区兄弟学校代表、古南中学初 2022 级师生及扶欢中学部分师生参加了本次活动。

图 8-23　文化节现场

　　本次活动由重庆市第三期领雁工程项目组策划，重庆市綦江区古南中学主办，重庆市綦江区扶欢中学协办。活动强调基地和帮扶学校共同展示，师生共同参与，以"认识数学文化，感受数学趣味，感悟数学魅力，体验数学之美"为主题，分为成果展示、文娱节目、最强大脑、游园活动四部分，让大家畅游在数学的海洋里，热情踊跃地投入到每项活动中，让文化节真正成为孩子们共同的节日。

一、数学文化展示（基地活动、课外拓展、基地成果、数学手抄报展示）

　　数学手抄报包括数学之美、数学与生活、数学与诗歌、数学与科技、数学文化、数学史等方面的内容，共计展出近 100 张，通过举办手抄报评比活动，开阔了同学们的视野，打开了学生学习数学的兴趣和眼界（见图 8-24）。

图 8-24　数学之美展板

二、文娱节目展示（展示数学之魅力，欣赏数学之美）

开场数学老师们自编自导自演的《数学，其实很美》就燃爆全场，接下来，有与数学相关的诗歌朗诵，有孩子们的舞蹈《数学老师的浪漫》，有相声《说一不二》，有吉他弹唱《悲伤的双曲线》，独唱《数学家的浪漫》。精彩纷呈的节目（见图 8-25）让人应接不暇，更难得的是将数学文化完美地融合在表演中，用浪漫的表达方式，为观众呈现数学之美、数学之趣。

（a）

（b）

（c）

（d）

（e）

（f）

图 8-25　节目现场

三、比拼数学素养，展示数学智慧

活动第二阶段共设置了最强大脑、玩转数独、还原魔方三轮比赛。

四、挑战最强大脑，勇攀智力高峰

首先进行的是"最强大脑"知识竞赛（见图 8-26），为考查学生观察、思维、运算、推理能力，设置了了解数学文化、幻方填数、玩转 24 点等题目。大赛共分为锋芒毕露（24 个题）、智慧少年（12 个题）、决战到底（6 个题）、最强大脑（6 个题）四轮答题，12 队小选手早已在第一排落座准备，蓄势待发。比赛过程中，台上的选手们全神贯注，积极应战，战况焦灼；台下的观众们也是开动大脑，跃跃欲试。通过团结协作，智慧碰撞，最终第 6 战队脱颖而出，取得"最强大脑"称号。为了让每位同学都有机会参与活动，在活动的最后设置了观众有奖问答环节，将"最强大脑"的战火继续蔓延，点燃全场。

图 8-26　"最强大脑"比赛现场

五、玩转数独天下，读出数学智慧

为了开发学生脑细胞，促进脑部发育，培养学生数学思维，提升数感，提高学生逻辑思维、逻辑判断能力，提升学生专注力、观察力、反应力，第二轮进行了"玩转数独"——数独游戏，由古南中学 24 位同学迎战（见图 8-27）。随着比赛开始，所有选手紧握铅笔，盯住题目，开始紧张的头脑风暴，现场气氛顿时变得紧张起来。八年级数学老师们担任裁判，他们公平公正，严阵以待。

（a）

（b）

图 8-27 "玩转数独"比赛现场

六、探索魔方世界，触摸思维脉搏

　　魔方，一种被全世界公认的益智类玩具，从 20 世纪 80 年代至今，一直深受学生喜爱。第三轮展开了"还原魔方"大比拼（见图 8-28）。裁判一声令下，选手们就开始忙活起来，旋转、扭动，眼疾手快而又神色自若，魔方的每一切面在同学们的手中飞快地转动起来。场下的同学们屏气凝息，生怕影响选手的发挥。时间一秒一秒地过去，一个个选手纷纷把魔方还原，他们激动得站了起来，高高举起还原的魔方，其中第一名仅仅用了 33 秒就完成了魔方的还原，震惊全场。

图 8-28 "还原魔方"比赛现场

七、体验数学之趣，享受数学之乐

为了让学生更好地体验数学之美，享受数学之趣，老师们提前在校园的各个角落设置了智力问题和趣味游戏，全校同学开启了"数学之美游园活动"——学生人人参与，活动分为智力类和游戏类，答对问题或者完成游戏即可获得相应奖券，校园里随处可见认真思考、热烈讨论的学生，还有同学们高高兴兴拿着奖券领取奖品分享快乐的场景。

绳子上挂满了智力类纸条，每一张纸条上写有一道题目，只需要答对纸上所写的题目，并且把纸条揭下，就能得到诱惑力十足的奖券（见图 8-29）。所有的题目都与数学有关，分为数学机智之美（159 题）、数学与生活（25 题）、数学思维之美（93 题）、数学图形之美（110 题）、数学文化之美（27 题）、数学语言之美（130 题），题目有难有易，对于喜欢动脑的同学，它们极具挑战性和趣味性。

（a）　　　　　　　（b）　　　　　　　（c）

图 8-29　智力抢答

　　游戏类游园活动设有套圈、打保龄球、掷飞镖、趣味投篮、夹玻璃弹珠、飞叠杯、还原魔方、"盲人"打锣、用七巧板拼正方形等 9 个游戏（见图 8-30）。活动场面火爆，欢声笑语溢满校园，参加游戏的同学在快乐的游戏中感受到了成功的喜悦。

（a）夹玻璃弹珠　　　　　　　（b）"盲人"打锣

（c）用七巧板拼正方形

图 8-30　游戏现场

　　在活动的最后，评选出本次活动个人一等奖、二等奖，团队"未来之星"战队、"巅峰"战队、"最强大脑"战队，数独达人、数独高手、数独王中王，魔术师、魔术帝等奖项。让学生在游戏中玩出了数学的创意、激情与乐趣，让他们在享受比赛的同时，学会了团队合作，锻炼了数学思维。

（a）

（b）

图 8-31　"互联网 + 数学之美"文化节颁奖现场

　　数学是一个神奇的世界，不只是课堂中探索问题的思考、推理、论证，更是存在于生活中的时时处处，古南中学的"互联网 + 数学之美"文化节让全校师生对数学文化有了更深入的了解，通过这次活动，在很大程度上激发了同学们学习数学的兴趣，提升了同学们的数学思维能力，同时，也培养了学生集体荣誉感和竞争意识。让我们一起认识数学文化，享受数学趣味，感悟数学魅力，体验数学之美。

第九章　撷精寻美　我们仍在路上

第一节　重庆市綦江区古南中学"互联网＋数学之美"创新基地中期总结

根据《重庆市第三期农村中小学领雁工程项目管理规程》及《重庆市第三期农村中小学领雁工程项目督查工作方案（试行）》要求，重庆市綦江区古南中学"互联网＋数学之美"创新基地中期总结汇报如下。

一、项目建设现状

（一）成员构成

重庆市綦江区古南中学"互联网＋数学之美"创新基地的成员是由綦江区教科所数学教研员陈松林老师，以及綦江区区级名师叶含琪老师、杨相赐老师带队成立的一支数学创新战队。项目组主要成员有代其老师、敖春兰老师、何锡梅老师、任雨老师、刘淑华老师、孟明艳老师以及廖芳老师。为了促进创新基地项目进程，在创新基地的带动下，召集梁正永老师、陈琳老师、娄方亮老师带领 21 位数学老师成立了 3 个区级子课题课题组。

（二）项目实施情况

（1）进行专题研究。根据课题组安排，定期和不定期地对课题进行专项研究，子课题也要利用备课组活动进行专题研究，对实践过程中的教学经验和感受进行提炼，讨论课堂引入"数学之美"有哪些方法，如何挖掘和体现数学之美，让学生喜欢数学的方法和策略有哪些。

（2）聆听专家讲座。邀请教科所的赵小平所长、古爱华副所长、曹红主任，重庆八中的专家李铁老师进行专题讲座，提升课题组教师的理论水平，进一步明确课题研究的目的、意义、方法、步骤。

（3）加强协同机制。积极组织课题组教师参加联盟、学区活动，听课、评课、专题讲座，围绕数学之美进行专题研究。

（4）向名师取经。请巴蜀中学、綦江中学名师到我校献课，到巴蜀中学观摩名校名师的课堂，欣赏高水平的数学课堂，学习借鉴"和美"教学艺术。

（5）勇于亮剑。积极参加学区、区级、市级赛课，学习先进经验，提升教学水平。

（6）辐射薄弱学校。每期两次到结对学校和薄弱学校围绕课题进行同课异构，每期一次到我们基地学校进行同课异构，研讨数学之美的体现和感受，展示数学之美。

（7）开展 3 个区级子课题的研究，更加有效地解决"互联网＋数学之美"研究中的问题，也使主课题得到有效的支撑，从而达到课题研究的预期成果。

（三）项目资金使用情况

（1）教研活动经费：每学期 2 次去帮扶学校组织教研活动，共计 8 次，共用经费 8000 元。

（2）派遣青年教师去巴蜀中学培训一周，每年一次（3 人），共计 9120 元。

（3）参加重庆市领雁工程赛课活动 2 次，共计 8460 元。

（4）请专家到我校开展专题讲座，共计 4700 元。

（5）参加领雁工程培训会、推进会及创新基地数学组研讨活动，共计 5320 元。

（6）油印费：问卷调查、开会资料、学生导学案、学生同步练习等，共计 61820 元。

（7）购买课题相关书籍费，共计 1572 元。

（四）日常管理

（1）每学期去帮扶学校开展两次同课异构活动，保证帮扶学校教师得到锻炼提高；每学期请帮扶学校到项目基地校展开交流活动一次。

（2）项目组主要成员每学期召开会议两次（部署学期工作以及进行学期总结）。

（3）项目组成员每学年提交一份工作计划、一份工作总结。

（4）每学期开展一次课外活动：互联网共享课程或一日课外实践活动。

二、取得的主要成绩或典型经验

（一）校本资源初步形成并投入使用

（1）《初中数学之美课程内容的构建研究》。编辑校本课程，对学生课堂学习使用的人教版七年级上、下两册，八年级上册的教材，细化到每章、每节，从数学之美的角度进行了挖掘、探索和构建，为数学课堂之美打下基础。

（2）《初中数学之美课堂教学策略研究》。通过课题研究，使教师掌握课堂设置中如何涉及一些丰富的话题，设计适当有趣的情境，通过探究式的教学，启发学生，使其领悟数学的魅力，体会知识中蕴含的理性思维，提高数学素养，帮助学生逐步感知数学之美，促进学生自身的科学素质教育和人文素质教育的有机融合，充分体现数学课的文化美育功能，增强他们对数学文化的认同感，培养他们探索知识的精神、审美意识和人文精神。总结、创设体现数学之美活动的策略，形成论文，并用案例进行说明。初步总结出数学之美课堂的要领：①引入之美；②渗透之美；③互动之美；④题选之美；⑤程序之美；⑥形式之美。

（3）《数学之美校本课程资源的开发与利用的研究》。包括数学兴趣小组活动资源和数学课外活动资源；激发学生数学兴趣的课外活动素材；给学生讲解数学史，让学生了解数学文化、历史；讲解数学的简洁美、形式美、对称美、和谐美、奇异美、思维美的故事，数学与生活，数学与自然，神奇的0.618，趣味数学与数学之美，转盘游戏，数学家的故事等，激发学生的求知欲和学习数学的兴趣。

（二）创新基地团队教师硕果累累

1. 论文类

在 2019 年重庆市第三期农村中小学领雁工程征文评比活动中，荣获市一等奖论文 1 篇、市二等奖论文 2 篇、市三等奖论文 3 篇。

2. 教学类

在綦江区第三届初中数学青年教师优质课决赛中，荣获区一等奖的 1 人，区二等奖 3 人；区"一师一优课、一课一名师"活动一等奖 1 人。在綦江区第六届教职工技能竞赛（课堂大练兵）决赛中荣获一等奖 1 人。

（三）学生的学习兴趣和成绩显著提高

1. 问卷调查

创新基地成立初期，我校对 2021 级七年级新生进行了初步的问卷调查，调查表明：有 65.2% 的学生对数学不感兴趣；89.3% 的学生不了解数学美；90.3% 的学生想提升数学学习兴趣，了解数学美；93.5% 的学生想老师用互联网的方式教学。创新基地通过一年的课堂、课外等数学提趣方法及活动，中期做了一次问卷调查，调查显示 85.4% 的学生已经对数学非常感兴趣；

62.4% 的学生对数学之美有了更多的了解。

2. 2019 年中考成绩显著

教学成绩大幅提高,古南中学中考数学 130 分以上的高分人数占全区的一半,为学校教学质量获得一等奖作出了贡献。

三、问题与建议

(1)由于学校存在整体搬迁的可能,所以建设初中数学学科"互联网 + 数学之美"课堂教学体验基地和数学体验室的工作暂时停止,等待学校搬迁以后再申请建设。

(2)课题组成员由于教学任务繁重,有时候不能完全按照计划去进行自己的课题研究,整理的阶段性研究报告还有许多有待商榷的地方。

(3)"互联网 + 数学之美"创新基地的主题还不够明显,缺少典型课例和课例研修支撑。

(4)学生运用互联网进行学习的设施、场所还未落实。

(5)校本课程还需要进一步完善与提升,也需要专家的进一步指导。

第二节 "互联网 + 数学之美"课题总结报告

"互联网 + 数学之美"是我校承担的重庆市第三期领雁工程市级课题。三年来,在市教科院、区教科所、进修校等有关专家的指导下,我们通过大胆的实践探索、不断的反思总结、扎实的研究提炼,取得了丰硕的成果,2020年研究成果获得市项目组验收良好的成绩,并在 2020 年全区教育工作会议上做经验交流。

一、研究背景

(一)政策背景

2016 年《教育部关于全面深化课程改革落实立德树人根本任务的意见》明确指出,发展学生核心素养体系,明确学生应具备的适应终身发展和社会发展需要的必备品格和关键能力,突出强调个人修养、社会关爱、家国情怀,更加注重自主发展、合作参与、创新实践;为了认真贯彻党的十九大和全国教育大会精神,创造性地实施新课程,全面提高义务教育质量,帮助农村学校提升办学品质和教育质量,改变农村教育现状,办人民满意教育,促进义务教育均衡优质发展，依据市教委渝基发领雁工程文件《重庆市教育委员会关于继续实施农村中小学领雁工程的通知》，落实市教委相关文件精神。

（二）新课标背景

新课标明确提出了"四基""四能""三会"。"四基"即学生通过学习，获得必需的基础知识、基本技能、基本思想、基本活动经验；学生通过数学学习不仅仅获得必需的知识和技能，还要在学习过程中积累经验、获得数学发展和处理问题的能力。"四能"即体会数学知识之间、数学与其他学科之间、数学与生活之间的联系，运用数学的思维方式进行思考，增强发现问题和提出问题的能力、分析问题和解决问题的能力。这就要求我们在日常教学过程中，不仅要重视"双基"训练，更要注重能力培养，特别是知识的迁移能力、问题的解决能力，要注重发展学生的空间观念、几何直观、数据观念、运算能力、推理能力、抽象能力、模型观念以及应用意识、创新意识。"三会"：会用数学的眼睛观察现实世界，会用数学的思维思考现实世界，会用数学的语言描述现实世界。培养他们敢于质疑、善于思考、实事求是、一丝不苟的科学精神。

（三）人文背景

数学教学往往注重数学学科教学的功能，而忽略了其人文价值，这是当下数学教学过程中的不足。初中阶段正是学生自身性格、学习方式、思维习惯的形成期，数学教育应在传授数学知识、数学方法和科学的思维的同时也充满文化和生活气息，以提高学生对数学学习的兴趣。古希腊数学家普洛克拉斯说："哪里有数学，哪里就有美！"可见数学之美无处不在。大数学家克莱因认为："音乐能激发或抚慰情怀，绘画使人赏心悦目，诗歌能动人心弦，哲学使人获得智慧，科学可改善物质生活，但数学能给予以上的一切。"数学之美至高无上。诺贝尔物理学奖得主杨振宁说："自然的复杂性可以统一于理论的美与简洁之中，而理论物理学的意义正在于此。"英国著名哲学家、数学家、逻辑学家、历史学家、文学家罗素有言："数学，以正确的眼光观之，所拥有的不只是真理，而且也有至高无上的美——艳丽而冷酷，如同冰雪中的雕塑拥有的美……"著名数学家华罗庚说："宇宙之大，粒子之微，火箭之速，化工之巧，地球之变，生物之谜，日用之繁，无处不用数学。"它们均说明数学本身就是很美的科学，只是要我们去发现它、利用它。国家级教学名师、南开大学教授顾沛说："数学之美不是人人都能感知的，更不是每个人天生都能感知的。"教师在课程设置时可以涉及一些丰富的话题，设计适当有趣的情境，通过探究式的教学启发学生，使其领悟数学的魅力，体会知识中蕴含的理性思维，提高数学素养，帮助学生逐步感知数学之美，促进他们科学素质教育和人文素质的有机融合，这是数学文化课的美育功能。通过数学教育使学生在学习知识的同时增强对数学文化的认同感，培养学生的探索精神、审美意识和人文精神。

（四）学科背景

近年的调查资料显示，一部分学生在升入初中以后，数学学习困难，感觉数学枯燥、乏味、抽象，对数学学习逐渐失去兴趣，数学成绩越来越差，甚至产生放弃学习数学的心理。造成这个问题的主要责任者是老师，如果认为数学就是告诉学生一些概念、公式、定理，或者认为数学主要就是刷题，片面追求高大上、偏怪难，那就脱离了数学的本质，学生更无学习兴趣可言。数学作为中考、高考分数最高的学科之一，也是分差最大的学科，如何利用数学之美，帮助学生重拾信心，激发他们学习数学的兴趣，让学生认识到我们的教学能让他们体会到数学的简洁美、形式美、对称美、和谐美、奇异美、思维美，体会到数学学习是快乐的，数学是可以学好的，学好数学是很有用的。

二、研究目标

（1）建设初中数学学科"互联网＋数学之美"课程体系，开发校本教材，探究教学模式，提高数学教学质量。

（2）建设初中数学学科"互联网＋数学之美"课堂教学体验基地和数学体验室。

（3）通过数学课内外等活动，激发学生学习兴趣，让学生感受数学之美，提升审美能力，提高学生的数学学科核心素养。

（4）建设一支以数学学科骨干为主体的专业团队，发挥他们在教学改革中的骨干引领作用，带动数学教师的专业成长；充分发挥"互联网＋数学之美"学科基地的示范和引领作用，使其成为我区初中数学学科研究中心、辐射中心、指导中心、示范窗口。

三、研究内容

（1）一体系：构建"互联网＋数学之美"课程内容体系。建立"互联网＋数学之美"课程内容，完善"双向互动，美美照应"数学课堂教学模式，探究形成数学之美体验策略。

（2）二中心：构建学生发展中心，营造良好学习环境，开展数学教学实践体验活动，建立以学生数学课堂体验为根本、体验室体验为拓展、课外活动和校本课程体验为延伸的体验数学之美的途径，让学生感知、发现数学之美，促进学生数学学科核心素养的发展；构建教师发展中心，建立数学教师专业发展的策略，以课堂为根本，以数学之美为核心，进行集体备课和课堂教学研究，营造良好的教学研究环境，开展数学教学、研究、培训、实践体验系列活动，提升教师教学科研能力，促进教师专业发展。使该基地成为数学教研组建设的基地，学科联盟教研活动开展的基地，区内数学教师培训的基地，数学学科教学成果应用的基地。

（3）三平台：建立学生自主学习的互联网互动平台，引导学生自主互动学习交流，引导教师与其他学校的教师开展教学研究交流，引导师生共享课程资源，增强互动交流；建立教师与其他学校的教师开展教学研究交流的互联网平台，开发课程资源；建立课程资源共享互联网平台，以及所需的设施设备和教学场所。

（4）二氛围：创设学习讨论的和谐氛围，创设师生和谐关系的氛围。

（5）三资源：开发数学之美的课堂教学资源、课外拓展资源、数学之美体验室。

四、研究措施

（一）抓好教师队伍建设，促进教师专业发展

对教师进行专业知识的系统培训，教学能力包括教学设计能力、教学实施能力、教学评价能力、教学反思能力、教育科研能力的培养，转变教师教育思想和教育观念，使其树立正确的教育思想、教育观念、教育情感，通过"一帮一""师带徒"培养"合格教师"，通过学中干、干中学培养"优秀教师"，创造科研氛围，实现课题引领，建立科学实效的教师评价体系，促进各类教师健康成长。

（二）落地教学

将数学核心素养——空间观念、几何直观、数据观念、运算能力、推理能力、抽象能力、模型观念以及应用意识、创新意识贯穿于我们的数学课堂教学，通过转变学生的学习方式、教师的教学模式、教学的评价方式，揭示数学之美，从而愉悦学生的心境，激发他们的兴趣，陶冶他们的性情，塑造他们的灵魂，进而让学生领悟数学美、欣赏数学美、创造数学美。

（三）加强数学教学常规管理

教学常规管理工作贵在坚持，重在落实。制定教学管理细则，细节决定成败，加强备课，深挖教材，以核心素养为核心，以目标为导向，以美的体验为标准，特别是学案和课件的准备，提倡集体备课，力争每节课都做成精品，精心设计作业，加强课外辅导，做成美的作业，使学生的学习过程变成美的体验过程，让数学课堂成为学生美的享受。

（四）开展有特色的体验活动

有计划、有步骤地建设好体验室，让学生体验数学的人文、历史，数学的简洁美、和谐美、抽象美、奇异美、数形结合美，产生对数学美的向往和浓厚兴趣；通过开展数学课外活动、举办数学专题讲座，使学生了解数学历史、数学之美、数学之用等，进一步提升他们对数学的兴趣和对数学之美的认识。

（五）完善基地的校本课程内容

专人负责，定内容，定要求，定时间，重实用。由课题组分工负责，编制完成包括数学历史，数学人文，数学趣闻，数学与生活，数学与社会，数学与股票，数学与黄金分割，数学与音乐，数学与互联网，数学与诗歌，数学与自然，神奇的数学，生活中的简洁美，数学游戏，数学与猜谜等校本课程，以此拓宽学生视野，增强学生学习兴趣，激发学生的求知欲。

（六）加强基地建设的协同机制

健全组织机构，高位推动专业协同。校长作为课题组组长，高效协调课题组、年级组、学科组、区教委、进修校、教科所等。课题组成员有被帮扶学校的领导、骨干教师、青年教师，课题组成员分工明确，相互交流，相互配合，有利于工作的协同推进。加强专业衔接，强化工作联动。建立定期研究机制、定期汇报机制，每月有工作安排、具体要求、预期效果、资料收集整理。

（七）建立数学之美评价机制

合理科学的数学之美学习评价机制是课题成功的保障。建立适合数学之美的课堂教学评价方案，包括备课、上课、作业、辅导、课外活动等评价标准，促进教师发展。发挥评价机制的导向功能、激励功能、发展功能，引领教师发展。将教师评价与团队考核挂钩，正确处理评价结果的反馈。

（八）保障机制

（1）制度保障。区教科所、进修校、学校对课题高度重视，校长亲自挂帅；专家对课题进行指导；制定课题管理制度、定期专题研讨制度、课题组成员示范制度、校际学校交流制度、领导小组监督制度；制定教研激励措施，在学校内形成课题的研究氛围。

（2）时间保障。每月有具体活动安排，保证活动时间、活动质量。

（3）场所保障。课题研究的活动室、工作室、高清录播室、学生课外活动场所应有尽有。

（4）人员保障。明确课题成员的职责（见表9-1），做到分工合作、定时和不定时的交流。

表 9-1　课题组成员职责分工

序号	姓名	职务	分工
1	郑奇	綦江区古南中学校长	项目管理，提供后勤保障
2	陈松林	綦江区数学教研员	项目专家，定期指导工作
3	叶含琪	古南中学数学教研组长	负责校本教材的开发
4	任雨	扶欢中学数学教研组长	负责后勤保障、课外活动
5	代其	古南中学数学教师	负责建设方案、日常管理
6	杨相赐	古南中学首席数学教师	负责研修汇报、课堂教学模式
7	敖春兰	古南中学数学教师	负责资料收集、课堂教学模式
8	何锡梅	古南中学数学教师	负责后勤保障、课外活动
9	刘淑华	扶欢中学数学教师	负责活动简讯、课堂教学模式
10	孟明艳	扶欢中学数学教师	负责收集整理资料、校本教材

（5）经费保障。基地项目将严格按照市教委相关文件精神，用好下拨经费，同时学校也将想尽一切办法大力扶持基地建设工作，学校制定了《课题研究经费保障制度》，多渠道筹集资金，建设好数学体验室；将为本课题研究提供充足的经费保障。计划安排专款，作为研究经费，保证研究正常进行。具体分配如下：①书籍及学习用品购买2000元；②会议活动费15000元；③打印费3000元；④印刷费5000元；⑤考察费10000元。

五、具体做法

（一）理论学习

课程改革，理论先行。首先组织课题组成员认真学习教育部《基础教育课程改革纲要》《关于全面深化课程改革落实立德树人根本任务的意见》、中共中央、国务院《关于深化教育改革全面提高义务教育教学质量的意见》的文件精神,《义务教育数学课程标准》(2011 年版)、建构主义的数学教育理论、美育教育的特征、内涵、功能和途径,同时还组织大家学习利用互联网提升数学教学效率的方法和途径。课标明确指出:"数学教学是数学活动的教学,是师生之间、学生之间交往互动与共同发展的过程。"数学课程要生活化,重视现代信息技术的应用,有效地改进教与学的方式,使学生乐意并尽可能投入到现实的、探索性的数学活动中去,让学生欣赏、感受数学美是数学新课程改革的出发点之一,这在新的数学课程标准中都有明确表述。课题组坚持以理论指导实践,让研究有章可循、有理可依。

（二）研究教材

美是能够让人愉悦的,利用数学之美可以激发学生的学习兴趣和热情,培养学生的审美能力,启迪学生思维,培养思维能力,开发学生智力和创造力,提高学生分析解决问题的能力。教材是最好的研究资源之一,教学研究必须要深入研究教材内容才能更好地为教学服务。项目组结合初中数学新课程标准,紧紧围绕数学核心素养的培养,对照教材,找寻初中数学之美的元素。我们发现任何数学知识,从表面上看好像是抽象的,但是经仔细品味思考,就会发现一个数学概念、一个定理、一种数学符号、一个公式、一种证明、一个图形、一种思维方式、一个例题、一个数学模型,无一不体现数学独特的美,有的是外在的美,有的是内在的美。美的表现形式多种多样,有简洁美、和谐美、形式美、奇异美、对称美、统一美、抽象美、语言美、类比美、逻辑美、体系美、思维美、数形结合美、数学建模之美、数学文化之美等,充分说明数学教材中的美无处不在。

我们的任务就是去发现和挖掘教材的内容美,去思考运用哪些途径去体现美,去设计各个教学环节如何表现美,去运用何种教学手段展示美,去引导学生发现美,使我们的数学课堂教学,成为学生发现美、表达美、欣赏美、创造美的阵地。

（三）确定方案

明确任务以后,通过哪些途径让学生感悟数学之美呢?经过讨论研究,课题组一致认为,数学之美的教育是一个系统工程,决定从以下四个方面去实施。首先是改编教材,要改变教材的呈现形式,让校本教材更加贴近学生生活,以学生喜闻乐见的形式呈现,更符合学生实际,使教材成为激发兴趣、便于自学、利于巩固的平台;其次是转变教学观念,重视知识传授、能力培养的同时要更加重视学习的情感态度和过程体验,让各个教学环节都体现数学之美，因为只有美的课堂才能产生美好的效果；再次是转变教学行为，包括呈现形式、教学手段、评价激励手段、课堂教学艺术；最后，增加课外拓展，包括体验室体验、课外活动体验、数学兴趣小组活动和数学游戏，让学生亲身体验数学的趣味、神奇、魅力，陶醉在数学之美的海洋里，激发他们的探索创新意识。综上，决定构建"互联网＋数学之美"的建设内容，即一体系、二中心、三平台、三资源。

（四）专题研究

课题组定期进行专题研究，每周二下午的教研活动、每月的项目推进小结会、每期的项目研究阶段总结会时间均对项目工作做专题研究。研究内容包含数学之美课程内容的构建，数学之美课堂教学策略，数学课外拓展的形式、内容，数学之美的内涵和外延，对实践过程中的教学经验和感受进行提炼，讨论课堂引入"数学之美"的方法、环节、形式等。

（五）专家指导

为了使项目研究更加科学、切合实际、有效体现美的本质，我们邀请重庆市初中数学教研员张斌老师、其他区县的多位数学教研员及巴蜀名师亲临项目基地指导工作，邀请教科所的多位专家进行专题讲座、方案指导，进一步明确课题研究的目的、意义、方法、步骤。每期跟巴蜀中学进行联合数学教研活动，每年请巴蜀名师到我校开展献课活动和课堂教学研究，每年派三名数学教师到巴蜀中学观摩学习一周，通过学习、观摩、交流，提升教师对美的课堂的理解和运用水平，欣赏高水平的数学课堂，学习借鉴"和美"的教学艺术。

（六）开展活动

项目组成员每周利用备课组活动时间，分三个备课组进行专项研究，或围绕校本教材的开发，或课堂教学和艺术课堂策略研讨、课堂教学评价，或课外活动开展工作；每期开展两次专题会议，进行专题讲座，讨论安排部署项目学期工作、学期总结；每期去帮扶学校开展课例研修、同课异构活动，提升帮扶学校教师的教学理念和课堂教学艺术，同时定期请帮扶学校教师到项目基地校展开交流活动。定时间、定内容、定要求、定中心发言，通过讲座、讲课、听课、评课、研究，建立相应的行动策略，以研促教，以研促学，以教促学，提炼总结，优化改进，推动项目有序开展。

（七）协同合作

项目组积极组织教师参加学区、联盟、集团等开展的活动；积极参加全市领雁工程的研究活动、优质课比赛；积极参加全区数学优质课比赛；到扶欢中学、东溪中学、三角中学等基地校开展数学联合教研活动，提升教师教学艺术；依托教科所搭建初中数学教师交流平台。

六、研究成果

（一）理论成果

1. 形成了数学课堂教学新的教育思想和理念

（1）数学课也可以一样美。传统意义上的数学课堂是刷题、听讲，给人以深、难、多的印象，学生被动听课，教师满堂灌，师生都很辛苦，但教学质量却不见起色，根源在哪里？就是学生学习的主动性、积极性没有得到充分调动。充分发挥课堂外在美的因素，充分挖掘内在美的内涵，让数学课像语文教学那样充满感染力，像历史思品课那样充满人文关怀，像美术作品那样精美，像音乐那样动人，像魔术那样神奇，给人以美的享受、体验和愉悦，学生自然会主动学习数学，他们的学习积极性和创造性自然会被激发出来，学习效率自然会提高。

（2）要培养学生的智力因素先要调动学生的非智力因素。课堂管理，美育先行。一节数学课有美的基础，有美的愿望，有美的想法，才会有美的动力，才可能产生美的效果。所以我们认为，学生的知识、能力、方法、情感态度、价值观等方面的培养，最重要的是情感态度，把"要我学"真正变成"我要学"，激发学生的学习潜能，让数学学习的过程是愉悦的、学习数学是快乐的、数学课也可以是很美的，学生才能从根本上喜欢数学课堂，喜欢数学教学，从而喜欢数学。我们备课，不但要备知识能力，更重要的是备学生的心理，创造适合学习数学知识的环境和条件，让学生把学习数学的过程作为一种美的体验，学习效果自然就好很多。

（3）数学之美的课堂适合所有年级的学生。起初，部分教师觉得基础差的农村学生不适合数学之美的课堂，认为反正已经很差了，再教又有什么用呢？的确，这些学生接受能力可能低一些，但是最关键的是他们的内在动力没有被激发出来，才造成他们的成绩越来越差。通过我们课题的实践，恰恰是在这些学生身上体现出来效果特别明显，课堂设计科学了，重视学生美的体验了，教学效果进步很大。也有教师觉得成绩特别好的班级不适合数学之美的课堂，怕耽误学生的学习时间，这就是观念没有转变过来，传统教学过分重视方法、技巧，过分重视数学的严谨性和逻辑性，而忽视了知识的发生、发展过程，忽视了学生作为学习主体的感受和体验，导致学生学习的质量不高，后继学习的动力不足，长此以往，将得不偿失。重视数学之美，善于发现和挖掘数学之美，打造数学美的课堂，对任何年级任何学生都适用。

2. "互联网＋数学之美"的基本策略

数学之美课堂教学策略研究初步构建。通过反复听课、评课、交流、研究，课题组探索出美的数学课堂的要领：①引入之美；②渗透之美；③互动之美；④题选之美；⑤程序之美；⑥形式之美。同时形成了数学之美的课堂教学评价体系，使美的课堂有一个评价标准。

（1）创造数学教学情境之美。（关于教学情境设计问题，我以前认为对于初中的数学教学来说似乎是多余的。后来随着教学心得体会的加深，发现好的情境设置，可以让学生从生活中学数学，使他们尝到探索奥妙的乐趣、萌发对数学知识的渴求，从而能引发他们学习数学的极大兴趣。

把教学情境生活化，增强学生的感受性。数学来源于生活，数学教学就要从学生已有的生活经验出发，让学生亲身经历，将生活中的实际问题抽象成数学模型进行探索。心理学研究表明，学习内容和学生熟悉的生活实际越贴近，学生自觉接纳知识的程度就越高。因此，在数学课堂教学中，教师如果能结合教学内容尽可能地创设一些生动、有趣、贴近生活的情境，把生活中的数学原形生动地展现在课堂中，让学生亲身体验生活中的数学之美，增加学生的直接经验，则不仅有利于解决情境中的数学问题，而且让学生了解到数学不再是简单的数学，而是富有情感、贴近生活、具有活力的很美的课程。

把教学情境故事化，增加内容的趣味性。任何学生都关注"有趣、好玩、新奇"的事物。因此，学习素材的选取与呈现、学习活动的安排等，都应当充分考虑学生的实际生活背景和学习内容的趣味性，使他们感觉到学习数学是一件有意思的事情，从而愿意接近数学，去感受数学之美。把问题情境编成简短的小故事，能使学生产生身临其境的感觉，增加课堂教学的趣味性，从而能够有效地调动学生的学习积极性，使学生全身心地投入到学习活动中去。

把教学情境活动化，确保参与的有效性。教学中，把教学情境活动化，就是让学生积极参与教学活动，让学生在活动中亲身实践、大胆探索。这不仅有利于保证学生在教学中的主体地位，也有利于促使学生从抽象思维向具体的形象思维过渡。

（2）体现数学教学中的学科之美。数学是理论自然科学的重要分支——素有"科学之王"之美誉；从数学的起源来看，它是对客观事物的一种量的抽象——从客观存在的有限性演变为认识领域的无限性；从人文环境来看，数学有着无与伦比的美学情趣——古希腊有一句名言："哪里有数，哪里就有美。"

数学的简洁美。简洁本身就是一种美，而数学的首要特点在于它的简洁。英国数学家莫德尔说："在数学的各个美中，首先要推崇的大概是简单性了。"瑞士数学家欧拉给出的公式：$V-E+F=2$，堪称"简单美"的典范。世界上的多面体有多少？没有人能说清楚。但它们的顶点数 V、棱数 E、面数 F，都必须服从欧拉给出的公式，一个如此简单的公式，概括了无数种多面体的共同特征，令人惊叹不已在数学中，像欧拉多面体公式这样形式简洁、内容深刻、作用很大的定理还有很多。比如，圆的面积公式：$S=\pi r^2$；勾股定理：直角三角形两直角边的平方和等于斜边的平方。数学的这种简洁美，用几个定理是不足以说明的，数学历史中的每一次进步都使已有的定理更简洁。数学的简洁性在人们的生活中屡见不鲜：一条数轴可以表示所有的实数，不仅给人以方便，还给人以无限的联想。

数学的和谐美。在数学中，毕达哥拉斯首先提出"美是和谐与比例""世界是严整的宇宙""整个天体就是和谐与数"。对称最初源于几何，但对称也是一种和谐美。正多面体是对称的，圆也是对称的。几何中的和谐美也到处可见，它们也是令人赏心悦目的。简单的点、线段、菱形能构造出美丽的图案，平面的、立体的，美不胜收。再看看黄金分割的奇妙之美。符合这个分割规律的物体和几何图形，无不使人们感到和谐与美。我们的人体本身就是一个黄金分割的杰出样本，生活中一些让人叹为观止的伟大、精彩的建筑杰作，正是由于它们的高、宽、柱间距离比例符合黄金分割律，更让人欣赏、品味，影响深远。又比如，杨辉三角的对称美，无不体现数学的魅力、数学的美。

教学内容的内在美。教学内容美一方面指传授给学生的课本里科学知识本身的内在美，另一方面也包括教师运用知识相互联系、相互作用而产生的整体功能美。自然科学课程揭示了自然规律，体现着美。数学中有数与数的巧合关系；物理学中有各种能量的转化美；化学中有声、光、色、态各种变化的奇特美；植物学中有植物的花、叶、果实色彩与形态美。社会科学课程中所蕴含的美就更加具体了。语文课中的文学作品不仅有大量的语言美，还有丰富的形象美、情感美；史地课中有文化美、历史美和名胜、风景自然美；政治课中揭示着"真"，蕴含着"善"，体现着心灵美。为实现各科的教学美，教师必须具有审美创造的意向，善于从教材中感受美、提炼美，并使之成为教学的有机组成部分，在课堂上把渗透着美的教学内容呈现给学生。

教学手段美。丰富的教学手段是教师传递教学信息的媒体和教学辅助用具。教学手段美是指在教学中运用直观形象的辅助教具如课件、模型、标本、图片等激发学生在美感中接受知识。教学手段美是实现教学美的组成部分，它可以使抽象的知识转化为学生喜闻乐见的欣赏对象，变静态为动态，变无形为有形，寓教于乐。基于这个认识，教师可以以互联网为载体，因为互联网背景下的数学学习并不像大家想象的那样，会使学生变成一个"得分机器"，而丧失了进行数学学习的本质。在互联网背景下进行数学学习，会发现题目和题目之间的相似性，通过系统对题目进行归类，将有利于培养学生举一反三的逻辑推理能力。在"互联网+"的大背景下，基于数学模型建立试题库、视频库、公开课资料库等教学资源，再利用教育大数据持续优化适应性结构，以此来培养学生的逻辑思维能力，让他们不仅能提升数学成绩，还能掌握数学学习的本质。

教学结构美。优化教学结构是指课堂的基本组成部分及各部分进行的顺序和时间的分配。教学结构美就是在教学中各步骤或各环节的安排有条不紊，使理智活动与情感活动交织进行，从而取得审美效果。教学结构美要求教师必须钻研教材，挖掘教材中的审美因素，将教学内容和教程进行整体性的合理组合。什么时候讲新知识，什么时候安排演示教具或实验，什么时候板书，什么时候练习，都要进行巧妙安排。教师应时时以形象性、情感性教学激发学生的兴趣，使学生带着愉悦感，头脑中充满着联想、想象进行学习。在课堂节奏的设计上，教师要做到疏密有致、快慢得当，以容人思考、加深理解。

（3）挖掘数学课堂教学中美的载体。课堂教学美，简而言之就是指存在于整个教学过程中的美。它是通过教师的仪表、教学语言、板书、教态、教学内容、教学手段、师生关系、课堂气氛、教学结构等作为载体表现出来的。教学美的形象刺激，使学生产生愉悦心态。这种心态会使课堂充溢着愉快和谐的气氛，教师教得主动，学生学得活泼，使智力因素与非智力因素协调配合，从而优化教学效果。

教师的仪表。它是教师留给学生的第一印象，主要包括教师的体貌、服饰等。但每个人的体貌是先天固有的，教师可以在其他方面体现和创造美。

服饰是指衣着打扮。教师有意识、有选择地穿衣打扮是完全必要的。教师职业的特点是教书育人，为人师表。根据这个特点，教师的服饰美应该是大方典雅、朴实入时。教师的着装应得体、适时、和谐。

教学语言。它是教师"传道、授业、解惑"的主要工具。它是教学美的最主要的载体。教学语言美要做到：①具有准确、简练、逻辑性强的科学美；②生动形象，给人以"身临其境，如见其人，如闻其声"之感；③音调与语调要和教学内容相吻合，音调要体现出抑扬顿挫，有节奏感，在语调上，教师要讲普通话，语速要快慢适中，讲到重点处要有力度；④语言诙谐、幽默而不庸俗，寓意深刻给人以启迪。而有的教师不注意教学语言美，满堂高音或一味低吟，音调无变化，讲话中夹杂着方言土语和口头禅，这样的语言不但不美而且使学生感到乏味、反感，影响教学效果。

课堂板书。它是作用于学生视觉的一种语言符号，是学生接受信息的基本渠道之一。板书要做到书写工整准确、大小适宜、结构匀称的汉字秀丽美；扼要、醒目的精当美；连贯、条理的清晰美；布局主次分明、疏密得当，板书留有余地的空间合理美。板书美有利于突出教学的重点，帮助学生厘清教学内容的脉络，同时也有利于学生临摹。有的教师不注意板书美，主次不分，写字龙飞凤舞，结果密密麻麻、眉目不清。当然，黑板上空空荡荡、寥寥无几的板书也是不美的。

教态。它是教师在教学中的表情、姿态与手势这几方面有机结合的外在表现。教态美是由教师美好的表情、潇洒大方的姿态、优美恰当的手势综合表现出来的形式美。教师要做到教态美，重在表情美，表情是情感在面部的外露。所以，对学生具有深厚情感的教师，在学生面前的表情才会表现得和蔼慈祥、笑容满面，这就是表情美。教师的这种美在学生心里产生亲切感，缩短了师生间的心理距离，有助于提高教师的威信，增强教师的教学魅力。而有的教师在学生面前总是板着面孔，摆出一副"老阴天""一本正经"的架势，这种表情不但没美感可言，还会使学生产生悖师性。

师生关系。师生关系美是建立在民主的基础上。以教师对学生的爱为前提，表现出的情感融洽、互相尊重、信任和谐与亲密的师生关系。若师生关系美，教师就会赢得学生的尊重和信任；学生就会努力把教师提出的希望与要求变成学习的动力，这正如《学记》所概括的"亲其师，信其道"。

课堂气氛。也称之为课堂心理气氛。它是在课堂教学情境的作用下，在学生心理需要的基础上产生的情绪、情感状态。创设课堂气氛美，教师的情感是主导因素，学生的学习兴趣是内在条件。在课堂上教师以发自内心的美的表情，激发学生的情感，学生对教师产生亲切感和安全感。这时就会产生融洽的师生关系，在愉快而活泼的课堂气氛里学习，学生的大脑皮层处于兴奋状态，易于展开联想、分析、综合、判断、推理等逻辑思维活动，有利于学生进行创造性的学习。

"基于现代信息技术培养学生进行数学探究"向数学教育工作者和数学教师提出了更高的要求，这个要求是促进信息技术与数学教学相结合的至关重要的条件：教师要更新数学教育观念；要充分利用网上的丰富教学资源，恰当运用现代数学教育技术，像使用常规教具一样使用计算机来辅助完成教学任务；要创设良好的问题情境，基于学生已有的知识背景设置问题；要向学生提供充分从事数学活动和交流的机会；要让学生自己动手实验、观察发现、猜想验证、合情推理、得出结论。我深感这应该就是我们今后所要努力实践的。帮助学生学习数学、理解数学、欣赏数学，让学生在已有的认知结构基础上去发现和建构新知识，去探究数学，只有这样才能最终实现我们所追求的目标。

（二）实践成果

1. 师资建设上的收获

原来部分教师认为教研工作可有可无，现在每周的教研活动有主题、有准备，围绕主题进行研究，以前高大上的课题跟老师基本无关，现在我校36位数学老师，有28人都参与数学研究项目或课题，课题组成员都在努力成为学者型教师，做到教学与研究并重，形成论文集、磨课选集、教案选集、活动简讯选集、课堂实录光盘、文化节活动方案、个人三年规划、个人成长记录、个人教研记录、个人心得体会、个人反思总结、学生数学手抄报选集。经过三年的探索与实践，一批"课改"骨干脱颖而出。他们通过教育理论的学习，大胆实践，不断总结经验，树立了崭新的数学教学观，更加深刻地认识了数学教育的规律，提升了教学研究能力，业务水平也得到了明显提高，成绩突出。参加重庆市市级论文评选中3人获市一等奖，市二等奖9人，市三等奖20人。参加区级初中数学优质课大赛中，2人获区一等奖，3人获区二等奖。有30多篇论文在各级各类刊物上发表，所有教师都能自制课件，都能用多媒体辅助教学，课题组成员也有2人成为区级名师，3人成为区数学中心组成员。

2. 促进对新课程的开发

三年来，我们开发了适合学校实际的导学案、教学设计、课外活动教材、数学文化节活动方案，有力地保证了数学教学改革的顺利进行，为提高数学课堂效率打下了坚实的基础，促进了数学教学质量的提高。

3. 教学上的收获

（1）学生学习数学的兴趣得到明显提升。通过问卷调查，实施项目前有 51.2% 的学生对数学不感兴趣；项目中期回访时有 62.4% 的学生喜欢数学，喜欢数学的学生明显增多，学生学习的主动性和创造性得到提高，课题作用显现。

（2）学生学习质量得到明显提高。学生通过"互联网＋数学之美"的实验后，学习成绩进步明显。参加 2019 年中考的古南中学学生中，130 分以上的高分人数我校占全区的一半；在 2020 年全区学年考试，全区前 1000 名的优生中，古南中学八年级实验前有 274 人，实验后增加到 348 人，古南中学七年级实验前有 247 人，实验后增加到 342 人。

（3）有效推进全区数学课堂教学的深入开展。项目开展以来，项目组成员多次在全区上名师示范课，送课下乡，到乡镇中学进行视导活动，送课下乡 160 余次，跟兄弟学校交流 100 余次，到重庆市名校学习、观摩、赛课 100 余次；请名师专家到学校开讲座或献课 10 余次，累计到学校学习、观摩、开研讨会 300 多次。为全区教师搭建了交流学习的平台，充分发挥了基地作用。送课、送教、教研、交流、课例研修等，辐射引领全区的初中数学教学教研工作，示范引领作用显现。

七、课题展望

（1）今后研究设想。以校本课程的开发和课堂教学策略为重点继续深化研究。

（2）成果应用前景。逐步扩大实验范围，下一步向全区推广，"互联网＋数学之美"课堂教学模式的基本原理向物理、化学的课堂教学迁移渗透。

"路漫漫其修远兮，吾将上下而求索。"数学教学只有起点没有终点，我们将一如既往地不断探索，与学生共同成长，做一个优秀的研究型教师。

第三节　"互联网+数学之美"基地项目个人成长记录 I

时光如白驹过隙，转瞬即逝。2018 年我有幸加入重庆市第三期农村中小学领雁工程课程创新基地——"互联网+数学之美"课题。两年多的时间里，在古南中学以叶老师为首的团队带领下、学校同事的帮助下我不断进步，这两年多的成长路上，同伴们一直在引导着我，激励着我，我所取得的每一点成绩，都离不开他们的热情帮助，能够成为这个光荣而团结的大家庭中的一员，我倍感荣幸。作为一名青年教师，能够加入课程创新基地，我对自己是充满信心的，这份信心是建立在各位领导和老师们的关怀和帮助之上的。正是有了一个这样的和谐的团队，才让我更加坚定了积极进取的心态。

初中阶段正是学生学习方式、思维习惯、自身性格的形成期，数学课堂应在传授数学方法、数学知识和数学思维的同时，也让数学教育充满文化和生活气息，提高学生对数学学习的兴趣。在以前的教学过程中，往往忽略人文价值，两年多的学习让我渐渐明白了数学学科的特点。对我感触最深的是课题所探究的数学之美，初次接触这个课题，我想了想，我们的数学美吗？很多人认为数学是枯燥无味的，尤其是农村学生更是如此。近年的调查资料发现，一部分学生在升入初中以后，学习数学困难，感觉数学枯燥、无味、抽象难懂，对数学学科逐渐失去信心，越学越差，有些同学甚至放弃学习数学。直到接触课题，才发现数学比我们想象得还要美。古希腊数学家普洛克拉斯说："哪里有数学，哪里就有美。"可见数学之美无处不在。针对学生认为枯燥的问题，我明白主要责任者是教师，如果认为平时上数学课就是告诉学生一些概念、公式，或者认为数学就是刷题，去追求高大上、偏怪难，那就脱离了学习数学的本质，学生对学数学就更加没有兴趣了。数学作为中考、高考分数最高的学科之一，也是分差最大的学科，如何利用数学之美，帮助学生重拾信心，激发他们学习数学的兴趣。我认识到我们的教学应该让孩子们体会到数学的美，体会到数学学习是快乐的，数学是可以学好的，学好数学是很有用的。

记得有一次在课堂上，我在课件里展示的趣味题：在任意时刻，地球上总存在对称的两点，它们的温度和大气压的值正好都相同吗？学生们立马动脑筋思考，和同学讨论起来。当然我猜测他们不会得出标准答案，但因为这是生活中的实际问题，只要能够吸引他们参与讨论，就已经达到我要的效果了。这就是博苏克—乌拉姆定理的推论之一：在地球上总存在对称的两点，它们的温度和大气压的值正好都相同（假设地球表面各地的温度差异和大气压差异是连续变化的）。这是因为，我们可以把温度值和大气压值所有可能的组合看成平面直角坐标系上的点，于是地球表面各点的温度和大气压变化情况就可以看作是二维球面到二维平面的函数，由博苏克—乌拉姆定理便可推出，一定存在两个函数值相等的对称点。让学生感受到数学来源于生活、能解决生活中的问题，感受数学的对称美。通过两年多的打磨，我渐渐认识到自己的长处与不足。

自身长处：

（1）具有强烈的责任心，工作踏实、认真。

（2）与同事相处融洽，能虚心地向他人学习，也能将自己所学所思与同事交流互补。

（3）勇于尝试并接受新事物与新观点。

（4）勇于尝试数学论文的写作。

（5）能积极参加项目组的各项活动。

自身不足：

（1）在专业知识、专业素养方面还有所欠缺，尤其是教育专著读得较少。

（2）课堂教学中忽略知识的生成，重结果轻过程。

（3）对教材的理解还不够深刻，还没有形成自己独特的教学风格，虽掌握了一些方法，但不能做到游刃有余。

总之，在进行课题研究的过程中，我受益匪浅。课余时间阅读了大量关于数学之美的资料，丰富了自己的知识。通过在实践阶段的理解和分析，我掌握了一定的教学方法。同时，我对学生有了更多的了解，这一点给我的教学提供了很多帮助，也使得我更加乐于去深入了解学生。感谢课题组给我的这个机会，"路漫漫其修远兮，吾将上下而求索"。

第四节　"互联网＋数学之美"基地项目个人成长记录 II

2018 年 7 月，我从西华师范大学毕业，同年 9 月正式任教于重庆市綦江区古南中学，有幸成为了一名数学教师。在这两年半的教学过程中，无论是教育教学方法，还是班级的管理等方面，感触颇多。两年多的教学生涯，使我由一名想奋不顾身地投身教育和对未来满怀热忱的普通大学生，变身为已是 100 多个学生的初中数学教师以及几十个学生的班主任。在这段所谓说长不长说短不短的教育学习时间里，我从一名没有经验的大学生蜕变为一位人民教师，从刚开始在讲台上的手足无措，到而今的从容与淡定。我清楚地知道我已经成长了，在教师引导学生成长的这条道路上向前迈进了一步。

刚从学校毕业，进入真正的社会当中，选择做一名人民教师，无论是对生活还是对工作都充满了憧憬，一切都充满激情。带着这份激情，欢欣雀跃地去古南中学报到。到校时，看着那位于老城区山巅之上的校园，校园中一坡接一坡的台阶，教室中陈旧的教学设备，教师办公室陈旧而且拥挤，教师宿舍的破烂不堪，顿时有点儿心灰意冷，来到这个举目无亲的地方，怀疑自己是否选错了人生之路，在这样的环境里如何生存？如何工作？如何实现自己的抱负？带着这样不安的情愫走进了课堂，开始了自己人生的第一课。当我刚刚走进教室，看着那一张张稚嫩的脸庞、一双双清澈的眼睛，听着那一声声"老师好"，心里备感温暖，原来孩子是那样的质朴，那样的惹人怜爱，心里感觉充实了许多、自信了许多。既然选择了这里，那就准备好接受一切，不要再埋怨条件有多艰苦，想想那些可爱的孩子们，我也要在这里开辟出属于自己的一片天空。既来之，则安之，则奋之。

第一年，我不仅担任了九年级两个班的数学教学，还做了一个所谓"跳班"的班主任。班上的孩子有 15 个都是单亲或单亲重组家庭，还有一部分留守儿童，缺少父母的关爱和教导，所以有些学生比较调皮，上课不仅迟到、不听讲、不做作业，而且还常常找理由旷课，对其进行思想教育时不仅不思悔改，甚至有的还会出言顶撞。当时也是自己年轻，刚参加工作，所以难免控制不住自己的脾气，有时处理得会有点儿过激。但随着时间的推移，我尝试着多与那些调皮的学生沟通，多去了解他们的想法，站在他们的角度思考问题，多关心关爱他们，而不是让他们放任自流、破罐子破摔，让他们真正体会到老师是为他们着想的，让他们打心眼里觉得我是为他们好、对他们负责。私底下我也会经常想办法和学生家长联系，向他们反映学生的在校表现，与家长共同教育学生。经过一段时间的努力，班上出现类似情况的学生渐渐地少了，虽然有时有的学生还是会忍不住犯点儿错，但是他们都有了巨大的转变，能理解老师对他们的管教，体会父母的艰辛，认识自己的责任和应完成的任务。在教室里也能逐渐地看到他们读书的身影，他们的学习成绩也在一天天地进步，这是让人欣慰的。教书是一门学问，需要不断钻研课程，教师不仅仅要传授学生知识，更要传授学生做人的道理。

在教育教学上，我的师父叶含琪老师给予了我极大的帮助。我虚心地向他们这些有经验的教师请教，多听他们的课，感受他们的教法。最初上每堂课之前，我都会去听师父或其他老师的课，了解所要讲解的内容，才有勇气踏上讲台。我还研究历年的中考试卷，精选好练习，做到题型与中考链接，精讲精练。每一次考试，我都会认真批改好试卷，分析试卷的难易程度、学生的考试成绩，失分比较多的地方，再针对性地进行整改。对成绩好的同学劝其戒骄戒躁，对成绩稍落后的同学则多鼓励。在班里成立互助学习小组，让他们互相学习，实行互帮政策：成绩优秀的带一名良好生和一个及格生，成绩良好的带一名及格生和一名及格边缘生，及格生带一名及格边缘生，及格边缘生带一名落后生，做到不放弃任何一个学生，让他们都能够享受到学习带给他们的乐趣和努力所带来的成果。学生的学习兴趣日渐增长，成绩也得到了明显进步。在自己积累教学经验的同时，学生也收获了知识。经过老师和同学们的共同努力，班级的平均分、及格率、优秀率都有极大的提升，在 2019 年的中考中，班上的学生更以优异的成绩考入了区重点高中，超额完成了学校订立的集体目标。

教师一定是终身学习者。教师要想跟上当今教育发展的步伐，就需要寻求主动发展，树立新的教育理念，拓宽学术视野，调整教学行为，努力提高专业化水平，实现专业化成长，所以我也给自己制定了如下目标。

一、多阅读多学习

"一天不读书自己知道，两天不读书对手知道，三天不读书大家知道"，只有不断学习才能使自己跟上社会的步伐，才能以全新的理念理解自己的教育实践。因此，两年以来，我通过参加培训、上网学习、阅读有关杂志等各种方式获取最新的信息，不断更新自己的教育理念，历经两年半的教育教学后，倍感再学习的重要性和实用性。不敢说是每日挑灯夜读，更没有"读书破万卷，下笔如有神"之能耐，但是我一直在读书，希望自己能积累一些文化、理论知识和教学心得，集腋成裘，厚积薄发，努力使自己成为学者型教师。

二、多观课多议课

"观课是获取教学方法和提高教学水平的一条捷径，只要是公开课，都应该去观察、去倾听。"所以有机会去听课，我都积极主动地参加，通过听课我有了更多的向其他老师学习的机会。我要求自己每次听课后都向讲公开课的教师学习至少一个地方。这是不断提高自身教学水平的一种途径，也是捷径。的确，在向他人学习的过程中，我受益匪浅。

三、多动笔多思考

作为一名年轻的教师，不仅要提高自己的教学能力，平时还应注意反思、积累，勤思考、多动笔，多写些东西，朝研究型教师目标发展。我一直希望自己能坚持写教学反思，把实践中的成功做法和失败教训写出来，两年间我相继撰写了一些论文并获奖，我撰写的《初中数学"相交线"创设情境的策略探讨》获重庆市论文比赛二等奖，《探索成长背后的思考》获重庆市论文比赛三等奖，《同课异构，展数学之美——"数学之美课堂教学模式探究"主题教研》获领雁工程论文比赛二等奖。我觉得自己每天都生活在紧张与充实之中，通过这样长期的认真实践、深刻反思、及时总结，我的写作能力、教学水平都在不断地进步。

四、多实践多磨炼

理论只有付诸实践，才能彰显其作用和价值。公开课可以说是我专业成长中不可缺少的催化剂。每次公开课，都能为我积累很多宝贵的经验与教训，通过听课老师的帮评，能反馈出很多自己没有意识到的优点和缺点。具体到每一个环节中，甚至对学生的每一句评价语言都需要悉心琢磨，这使我明白了怎样的课是好课，如何来评价一堂课，课堂上应怎样充分体现学生的主体地位等。"人磨课，课炼人，人立人"，这是公开课对我个人专业成长作用的经典概括。

五、多接受专业引领，多向专家学习

两年来，我在专业发展和成长方面获得了一点儿进步，这与自己的认真和努力分不开，也与师父叶含琪老师的精心指导分不开，还与同校同组的老师的热情引领分不开。从他们身上我学到了许多，如好学精神、严谨文风、理论修养等，这些都使我受益匪浅。

六、及时记录教学过程中的思考和感悟，培养教学反思能力

教学反思可以帮助教师从每天的教学行为中发现自身的教学问题，并给出解决问题的方案，对教师提高教育教学能力和专业化水平具有不可替代的

作用。在教学中，要积极探索、大胆创新，及时总结经验和教训。

没有教师的主动发展就难有学生的主动发展，没有教师的教育创造就难有学生的创造精神。在教育教学的道路上，只有怀着激情去实践和反思，才能跟上时代的步伐，才能让我在教学的康庄大道上一往无前，努力成长为一位优秀的教师。

第五节　"互联网＋数学之美" 基地项目个人成长记录Ⅲ

三年转瞬而逝，从 2018 年加入綦江区古南中学 "互联网＋数学之美" 课程创新基地项目以来。有艰辛、有烦恼，但更多的是收获，更多的是学习、领悟、成长。

一、学习之路

为建设一支品德好、业务精、素质高的教师队伍，营造良好的教学、研究环境，基地开展了数学教学、研究、培训、实践体验系列活动，以提升教师教学科研能力，促进教师专业发展。领雁工程项目基地为每一个基地成员都做了最好的专业规划，另外，我还参加了多次教学教研任务，从中获益匪浅。具体如下：

（1）在 2018—2019 学年綦江区第五轮初中 "主题互动式" 巡回送教活动中执教 "二次函数与最值" 一课；

（2）在 2018—2019 学年下期綦江中学教育集团联合教研活动中执教 "认识分式方程" 一课；

（3）在 2018—2019 学年未来联盟数学学科主题教研活动中上 "从分数到分式" 示范课；

（4）在 2019—2020 学年在綦江区第六届教职工技能竞赛（课堂大练兵）决赛中获一等奖；

（5）在 2019—2020 学年綦江区古南学区数学青年教师优质课决赛中执教 "一元一次方程应用——电话计费问题" 一课，荣获一等奖；

（6）在 2019—2020 学年在綦江区第三届初中数学青年教师优质课决赛中执教 "余角与补角" 一课，荣获一等奖；

（7）在 2020—2021 学年初中教学赶水中学中学常规督查暨主题巡回送教活动中，开展主题式指导讲座 "如何对数学学困生有效转化" 一场。

二、领悟之路

1. 教学教研方面

借领雁东风，促专业成长。通过课程创新基地这个良好的平台，我得到了巨大的锻炼与成长，养成了良好的专业习惯：精心备课；细心批改每一本作业，杜绝错批、漏批现象，探索趣味性、创新性练习题，并及时做好批改记录；有教案，不迟到，不坐着讲课，不提早下课，不拖堂，不挖苦讽刺学生等；尤其关注后进生，采用"一帮一"以优带差、小组竞争的方式促进后进生各方面能力的提高。认真对待自己的每一堂课，学习他人经验，反思自己的不足，不断改变自己的教学方式，使之更加接近"以教师为主导，学生为主体"这一核心理念。

2. 学习态度方面

课题研究讲究科学性、严密性，而这种特性有利于教师养成一丝不苟的工作作风，从而促使教师的教育教学工作更加科学化、系统化。原先在日常的教育教学过程中，我对一些认为是很简单、学生可以轻易解决的问题，就采取简单指导之后便让学生自己开展活动，结果就是学生的完成效果非常糟糕，当时便归责于学生的能力差。但是，现在想来主要责任应在我身上，我没有了解学生的实际情况，忽略了对学生的必要指导，而这也正说明了我工作作风还不够严谨。自从开展课题研究之后，我开始逐步养成全面考虑各方因素的习惯，不再想当然地考虑问题，而是做好事先调查，充分考虑学生的认知情况，从而更有效地、科学地开展自己的教育教学工作。

三、成长之路

加入"互联网＋数学之美"的课题研究中，我成长了许多，更收获了许多。具体如下：

（1）获重庆市领雁工程论文比赛二等奖；

（2）获重庆市数学学会论文评比二等奖；

（3）获綦江区青年教师赛课一等奖；

（4）获綦江区课堂大练兵教师赛课一等奖；

（5）获古南学区青年教师赛课一等奖。

总而言之，能参加"互联网＋数学之美"课题研究是我的荣幸，这对于我的专业成长、教学教研等方面都有了全方位的提升。虽然该课题的研究即将结束，但是教育教学的研究之路、探究之路、学习之路仍在延伸！

第六节 "互联网＋数学之美" 基地项目心得体会 Ⅰ

岁月如梭，韶光易逝。转眼间，今年已是我参加工作的第八个年头。虽然刚开始的三年很迷茫，但最近几年通过不断地学习，自己成长了许多。特别是有幸参加学校申报的市级课题研究，在三年课题研究的活动中，自己有所想，有所思，有所悟，有所获。

首先，通过课题学习的过程，我参加了綦江区青年教师赛课。这次赛课是我人生中的第一次重要比赛。这个比赛的过程是艰辛和痛苦的，但也是最大的收获。我深深地体会到，能够参加青年数学教师课堂教学比赛是我难得的机遇，因此我是幸运的。同时，能有向区里那些优秀的青年教师学习的机会，更是难能可贵。现把教师们展现出来的教学特色同时也是值得我学习的地方，总结如下：

第一，教态：端庄、大方、从容，衣着得体，情绪积极。口头语言：表达准确，语言简洁流畅，逻辑严密，语言表达具有亲和力和感染力，抑扬顿挫，激情洋溢，体现出教师扎实的语言功底。体态语言：教师们肢体语言丰富，眼神、表情、动作自然流露，把自己的思想感情和教学内容表达得淋漓尽致。

第二，教学技术。这次大赛最突出的特点就是对教学资源的关注和利用，参赛教师们能熟练地运用现代化教学手段，恰当运用网络资源。对多媒体和网络技术的运用体现了"选择性""针对性"和"实效性"，避免了形式主义，促进了教学活动的进行，增加了课堂容量，使教学内容具体形象、生动有趣，提高了教学效率。对教材的理解和把握：在充分准备的基础上，参赛教师们对教材的理解和把握做到了"准确与深刻"，对各项技能的具体要求体现得尤为明显，从"提出问题"到"分析问题"到"解决问题"，做到了"重点突出""深入浅出"。突出了学生的主体地位；体现了师生平等、崇尚民主自由的观念；注重师生互动、双向沟通的教学活动；课堂教学形式灵活多样、不拘一格；注重学生体验、实践、活动，鼓励学生质疑、求索、创新；适时使用激励性评价，调动学生的学习热情；能使用绿色语言，建立融洽的师生关系，创建民主和谐的教学氛围。

在平时的教育教学过程中，我不断激励自己一定要向他们学习，将理论知识运用于实践。如果还有机会参加比赛的话，我会毫不犹豫地参加。

其次，在这几年的教育教学中，我明白了：除了专业成长之外，我们青年教师还需要注重师德的培养。"无才无德，学生厌恶你；有才无德，学生疏远你；有德无才，学生同情你；唯独德才兼备，学生才会真心拥戴你。"什么是师德和师才？在我看来，还是韩愈的概括最为经典，"师者，所以传道受业解惑也"。传道，即教师以自己的人格魅力去影响学生的情感、态度、价值观；授业，就是教师传授给学生基础知识和基本技能；解惑，能帮助学生解决学习、成长中的疑难与困惑。归纳起来，就是以下两点：第一，一位好教师必须具备一定的人格魅力，这就是师德；第二，一位好教师还应当具备一定的教学智慧，这就是师才。

最后，青年教师还要有满腔热血。我认为，对于伟大的追求，不能只停留在口头上，一定要用满腔的热血去实现它。在我们学校，最让我敬佩的一位老师就是叶老师，他就是以满腔热忱对待工作，在快退休的年龄，依然担任班主任，还带领我们青年教师一起申报市级课题。这样的主动精神值得我们学习。我们要有这样的主动精神：既能创造性地完成自己的工作，在平凡的工作中显示自己非凡的才干；又能主动设计自己的人生，让自己始终处于进修的状态，不断超越自我。

青年教师要不断反思、不断进步，用满腔热忱铸就美好未来，加油，青年教师！幸福是奋斗出来的！

第七节 "互联网＋数学之美"基地项目心得体会Ⅱ

古南中学作为领雁工程基地建设示范校，积极推进"互联网＋数学之美"课题研究，该课题倡导以课堂为核心感受数学之美，让学生在学习过程中以数学之美为载体，学习新知，培养学生良好的数学兴趣和整体把握能力，发展学生思维。作为项目组成员和实验教师，回顾几年来的活动情形，感受颇多。

课题研究是促进教师专业成长的很好的平台。三年的基地建设与课题研究，使所有实验教师尤其是年轻教师快速成长。三年来，课题组（含子课题组）成员论文、案例、经验总结获奖或发表的有50余篇，多位教师参加区级、市级赛课获奖，教学能力和水平大幅提升。在团队集体成长的同时，自己也收获满满，成长迅速，连续两年获得课堂大练兵区级一等奖，所任首届巴蜀云校云启班获前三甲。

数学美丽而且有趣，但数学也"真难"。哪里有数学，哪里就有美！美是数学教材中固有的。教师的责任不在于自己是否能够认识和体味这些数学之美，而关键在于能否挖掘每节内容有哪些表现美的素材和美点，展现了什么数学之美，教学中如何引导学生发现和体味这些美。同时，在教学中如何以"有趣"为载体，充分挖掘展示数学之美，让学生认识美、欣赏美、感受美，从而激发学生喜欢数学，热爱数学，让数学不再"真难"，这是每一位数学教师的职责所在。

"数学之美"内外同在。一方面，"数学之美"不是空洞、抽象的美，它蕴含在具体的、实实在在的数学内容与生活情境之中。思维之美是数学美的最高境界。数学教学对例题解析、巩固练习、拓展延伸等问题的设计具有思考性、启迪性，充分体现了数学思想、方法，贴近学生生活实际，让问题的解答适合学生心灵需要而使其产生满足感，这能极大地促使学生在具有创造性、个性化的解题过程中感悟思维之美的特殊魅力。

另一方面，"数学之美"也表现在不同的环节与形式上。引入之美，能激发学生兴趣，使其产生强烈的学习愿望。互动之美能让师生在问题解决的过程中师生互动、生生互动，使学生充分动起来，大大提升数学课堂活跃度。程序之美更是表现在教学设计的自然流畅、层次清楚、层层递进、环环相扣、不混乱，这给学生的学习以水到渠成之美感。

潜心修炼，只为提升。有幸参与三年的课题，有幸建设三年的基地、这必将让自己今后的教育教学工作更上一层楼。

第八节　"互联网＋数学之美"基地项目心得体会Ⅲ

——发现数学之美　感受数学魅力

三年前在綦江名师叶含琪老师的带领下，綦江古南中学成功申报了市级课题"互联网＋数学之美"，我有幸成为了市级课题组的成员之一，并加入了子课题"初中数学之美课程开发与应用"的研究。在这长达三年的课题研究过程中，我身为一名初中数学教师真切地感受到了数学的美丽。

数学是什么？不同的人对数学的认识是不一样的。在多数人心中，它也许只是"1、2、3……"这些数字之间的游戏。在大多数学生看来，数学就是计算、推理和证明，他们觉得数学很抽象、枯燥无味。其实数学是一门很美的学科，很多大数学家都从不同角度称颂数学之美。例如，华罗庚说："数学是壮丽多彩，千姿百态，引人入胜的。"纳什说："数学之美，美在纯净。"

既然数学是美丽的，并拥有无穷的魅力，为什么不少学生从读小学开始便讨厌数学，觉得数学难懂难学、枯燥无味呢？主要原因是孩子们刚接触数学时，家长或老师只教他们算法和算理，而没有让他们领略到数学美和好玩的一面。数学家杨乐说得好："学数学的关键是培养学生的兴趣，使数学成为爱好和兴趣。"因此，如果我们的教师能够挖掘数学的美，在教学中让学生体验数学之美、领略数学魅力，那么我们就能培养学生对数学知识美的热爱，从而激发学生对数学的学习兴趣，开发学生的智力，从而达到育人的目的，这是多么的重要。

数学是美的，关键是我们要有一双善于发现美的眼睛，要有一颗善于发现美的心灵。数学是一门美学，它具有符号美、抽象美、和谐美、简洁美、形式美、奇异美、变化美等。

一、认识数字的有趣和神奇，感受数学之美，让学生体验数学的精彩

学习数学首先是从认识数字开始的，如何让学生觉得数字生动、形象、有趣，给学生留下一个深刻的印象，是学好数学的第一步，对他们今后的学习十分重要。我们在教学中可以采取多种不同的方法来加强学生对数字的学习兴趣。比如数字诗："一去二三里，烟村四五家，亭台六七座，八九十枝花。"这首诗巧妙地把"一"到"十"这10个数嵌入其中。这样的数字诗，读起来妙趣横生，学生既记住了数字，又学习了古诗，令人回味悠长，学生学习的积极性很高，学习效果也好。另外，用联想的方法，让学生想象，每个数字的样子像什么，有助于学生对数字产生亲切感，觉得数字原来就在我们的身边，生活中处处是数学，发现数学不但有趣而且还能解决问题。比如数字"1"，我们可以把它看作"一支铅笔""一根筷子""一根棍子"等等。数字"7"这是一个抽象的数字，学生看到它，可能想起神话传说中的"七仙女"，想起白雪公主身边的"七个小矮人"，想起每周的"七天"等等。根据学生的想象，我们可以编出数字儿歌，这样数形结合的方式，使抽象的数字在学生头脑里变得直观形象，让学生感受到数学的乐趣。

二、探索规律，感受数学之美，领略数学魅力

数学并不是缺少美，而是缺少对数学美的探索，数学之美蕴藏在数学的规律之中。数学之美就是数学中奇妙的有规律的让人愉悦的美的东西。在我

们的数学课本中有很多 "探索规律" 的内容,教师应当引导学生,一起去发现、去展示数学中的美,从体验数学之美中,领略数学魅力。例如:

$1 \times 1 = 1$

$11 \times 11 = 121$

$111 \times 111 = 12321$

$1111 \times 1111 = 1234321$

从上面的算式中,你发现了什么规律?

对于这样一道题,多数老师只是引导学生说出得数的规律,而没有和学生一起去欣赏蕴藏在这个规律中的数学美。我们可以发现由 1 组成的两个完全相同的数相乘,得到的积的数字排列很有规律,它中间的数字是最大的,其前面的数字从小到大排列,其后面的数字从大到小排列。我们可以形象地称它为 "橄榄数"。学生通过这个形象的名字,就可以感受到它所隐含的魅力。又如,通过计算 $1 \times 9 + 2 = 11$,$12 \times 9 + 3 = 111$,$123 \times 9 + 4 = 1111$,$123456789 \times 9 + 10 = 1111111111$ 可以看出运算的和谐,组建了一个优美的数字金字塔。这是一幅多有意思的数字图!数学的变化是无穷的,但 "万变不离其宗"。这个 "宗",就是特殊中的一般性规律。学生掌握了这个规律,就能够欣赏到数学的美丽。

三、应用数学,动手实践去表现和创造美

每个学生心中都有一颗美的种子。作为老师应当在教学中为学生充分创造条件和机会,引导学生用数学的知识和技能去表现和创造美。学生表现数学美的方式是多样的,展示美的途径也是多方面的。数学教师应该借助数学的美去陶冶学生的情操,培养他们的创造性思维能力,提高其数学素养和审美情趣,使他们不断增强探索美的兴趣,真正使数学成为一门吸引学生的课程。

数学真的是魅力无穷,我们要点燃和激起学生火热的思考,让他们不断地探索、发现、欣赏数学之美。这样就达到了我们最终目的,培养学生的数学情感,学生对数学有了情感,就会转变学习的态度,就会喜欢数学,热爱数学。如果能做到这样,我们的数学教育就在最重要的地方成功了。

第九节　"互联网 + 数学之美" 基地项目心得体会Ⅳ

以前,一提到 "课题研究",我总觉得它是那么的高不可攀、搞课题研究

应该是教育专家们的事情，对于我们一线教师来说有点难。2019 年我有幸参加学校申报的市级课题研究，回忆起几年来的活动情形，感触颇多。

通过这个课题研究活动，让我对课题研究有了更深的理解。所谓"课题"，就是研究教学问题。课题工作的展开过程，实质上就是不断进行问题聚焦的过程。作为一名一线教师，每天都要投身教育教学实践中去，在平时的教学过程中我们可以发现许多问题，而这些问题我们也可以尝试去分析、去摸索解决，积累一些教学的经验，最终沉淀为自己的东西。殊不知，这个过程便是我们在做研究了，只不过在分析、摸索中我们要善于去提炼、总结，形成文字。因此，作为一线教师的我们很有必要通过课题研究来促进自己的专业成长，同时通过课题研究来提升自己的业务水平。

长期以来，一个令人困惑的现象是：一些同学视数学如畏途，对其缺乏兴趣，导致数学成绩普遍低于其他学科。这使得一些教师、家长乃至专家、学者大伤脑筋！"兴趣是最好的老师"，兴趣是打开科学大门的钥匙。对任何事物，只有有了兴趣，才能产生学习钻研的动机。对数学不感兴趣的根本原因是没有体会到蕴含于数学之中的奇趣和美妙。

一位美学家说："美，只要人感受到它，它就存在，不被人感受到，它就不存在。"对数学的认识也是这样。有人说："数学真枯燥，10 个数字来回转，加、减、乘、除反复用，真乏味！"有人却说："数学真美好，10 个数字颠来倒，变化无穷最奇妙！"认为枯燥，是对数学的误解；感兴趣了，才能体会到数学的奥妙。其实，数学确实是一个最富有魅力的学科。它所蕴含的美是其他任何学科都不能相比的。尽管语文的优美词语能令人陶醉，历史的悲壮故事能使人振奋，然而，数学的逻辑力量却可以使任何金刚大汉为之折服，数学的浓厚趣味能使任何年龄的人们为之倾倒！茫茫宇宙，浩浩江河，哪一种事物能脱离数和形而存在？是数、形的有机结合，才有这奇妙、千姿百态的大千世界。数学的美，质朴、深沉，令人赏心悦目；数学的妙，鬼斧神工，令人拍案叫绝；数学的趣，醇浓如酒，令人神魂颠倒。因为它美，才更有趣；因为它有趣，才更显得美。美和趣的和谐结合，便导致了种种奇妙。这也许正是历史上许许多多的科学家、艺术家，同时也钟情于数学的原因吧。数学以它美的形象、趣的魅力，吸引着古往今来千千万万痴迷于它的追求者。

一、数学的趣味美

数学是思维的体操。思维触角的每一次延伸，都开辟了一个新的天地。

数学的趣味美，体现于它奇妙无穷的变幻，而这种变幻是其他学科望尘莫及的。揭开了隐藏于数学迷宫的奇异数、对称数、完全数、魔术数的面纱，令人惊诧；观看了数字波涛、数字漩涡，令人感叹。一个个数字，非但毫不枯燥，而是生机勃勃、鲜活亮丽。根据法则、规律，运用严密的逻辑推理演化出的各种神机妙算、数学游戏，是数学趣味性的集中体现，显示了数学思维的出神入化。各种变化多端的奇妙图形，令人赏心悦目；各种扑朔迷离的符形数谜，让人魂牵梦萦；图形式题的巧解妙算，启人心扉，令人赞叹。魔幻谜题，运用科学思维，"弹子会告密""卡片能说话"，能知你姓氏，知你出生年月，甚至能窥见你脑中所想、心中所思，真是奇趣玄妙，鬼斧神工。面对这样一些饶有兴味的问题，怎能说数学枯燥乏味呢？

二、数学的形象美

黑格尔说："美只能在形象中出现。"谈到形象美，一些人便联想到文学、艺术，如影视、雕塑、绘画等，似乎数学中的数与形只是抽象的孪生兄弟。其实不然。数学是研究数与形的科学，数形的有机结合，组成了万事万物的绚丽画面。

数字美：阿拉伯数字的本身便有着极美的形象：（1）像小棒，（2）像小鸭，（3）像耳朵，（4）像小旗。瞧，多么生动。

符号美："="（等于号）两条同样长短的平行线，表达了运算结果的唯一性，体现了数学科学的清晰与精确性。

线条美：看到"⊥"（垂直符号），我们想起耸立街头的十层高楼，给我们的是挺拔感；看到"—"（水平线条），我们想起无风的湖面，给我们的是沉静感；看到"～"（波浪线条），我们想起波涛滚滚的河水，给我们的是流动感。

几何形体中那些优美的图案更是令人赏心悦目。三角形的稳定性，平行四边形的变态性，圆蕴含的广阔性……都给人以无限遐想。脱式运算的"收网式"变形以及统计图表，则是数与形的完美结合。我国古代的太极图，把平面与立体、静止与旋转、数字与图形，更做了高度的概括。

三、数学的简洁美

数学科学的严谨性，决定它必须精练、准确，因而简洁美是数学的又一特色。数学的简洁美表现在以下三个方面。

（1）定义、规律叙述的高度浓缩性，使它的语言精练到"一字千金"的程度。质数的定义是"只有 1 和它本身两个因数的数"，若丢掉"只"字，便荒谬绝伦；小数性质中"小数末尾的 0"中的"末尾"若说成"后面"，便"失之千里"。此种例证不胜枚举。

（2）公式、法则的高度概括性。一道公式可以解无数道题目，一条法则囊括了万千事例。三角形的面积=底×高÷2。把一切类型的三角形（直角的、钝角的、锐角的；等边的、等腰的、不等边的）都概括无遗。"数位对齐，个位加起，逢十进一"把 20 以内、万以内、多位数的各种整数相加方法，全部包容了进去。

（3）符号语言的广泛适用性。数学符号是最简洁的文字，表达的内容却极其广泛而丰富，它是数学科学抽象化程度的高度体现，也正是数学美的一个方面。如 $a+b=b+a$，$abc=acb=bca$……其中 a，b，c 可以是任何整数、小数或分数。所以，这些用符号表达的算式，既节省了大量文字，又反映了普遍规律，简洁、明了、易记。充分体现了数学语言干练、简洁的特有美感。

四、数学的对称美

对称是美学的基本法则之一，数学中有众多的轴对称、中心对称图形，数学概念竟然也是一分为二地成对出现的："整—分，奇—偶，和—差，曲—直，方—圆，分解—组合，平行—交叉，正比例—反比例……显得稳定、和谐、协调、平衡，真是奇妙动人。

数学中蕴含的美的因素是深广博大的。数学之美还不限于此，它贯穿于数学的方方面面。数学的研究对象是数、形、式，数的美，形的美，式的美，随处可见。它的表现形式，不仅有对称美，还有比例美、和谐美，甚至数学本身也存在着题目美、解法美和结论美。上述这些只是浮光掠影的点点滴滴，一个个"枯燥"的数字活蹦乱跳地为你做精彩表演，一个个"抽象"的概念娓娓动听地向你讲述生动的故事。它揭示了隐藏于深层的数学秘密，展示了数学迷宫的绚丽多彩。我们教师需要引导学生将数的变幻、形的奇妙追根究底，令学生流连忘返，惊讶感叹，品尝到数学的浓浓趣味，感受到数学王国的神异奇妙。让数学这门神秘而严谨的学科的学习变成一场浪漫而甜蜜的奇妙之旅。

第十节　"互联网＋数学之美"基地项目反思总结Ⅰ

为了进一步深化教育改革，全面推进素质教育，培养学生的自主学习、合作交流、主动探究能力，我校于 2018 年 1 月开展了重庆市第三期领雁工程"互联网＋数学之美"课题研究。我们在区教科所的指导下，在全体老师的共同努力下，通过三年的研究、实验，取得了一些初步的成绩。现总结如下：

一、加强领导，强化管理

自我校申报"互联网＋数学之美"课题立项后，首先由郑奇校长担任课题领导小组组长，确定了区级名师、区数学中心组成员叶含琪为课题负责人，由七位教师组成实验课题小组。同时，为保证课题研究能在科学有序的工作状态下顺利开展，我们制定了课题的实施方案、三年规划、课题研究的管理细则。要求实验课题领导小组做到"三必须"：必须随时听课，了解实验的状况；必须加强学习，用科学理论指导实践；必须准时参加每月两次的课题小组学习活动；每期至少有两次大型的专题研究活动。课题工作组要在初期、末期分别进行一次初评和总评，及时交流。要求项目组教师加强自身理论的学习，每学期上一节研究课，写一份小论文或心得体会、教学反思，做到边实践边学习、边总结。同时，这些规章制度的建立，使我校课题研究始终开展得有序有效，也使课题小组成员凝聚成了一个团结合作的整体。

二、加强理论学习，提高科研水平

要想顺利地实施本课题，我们清楚地认识到必须转变教师"角色"。营造宽松、和谐、民主、生动、活泼的学习氛围。教师必须从居高临下地主宰课堂的局面中解放出来，淡化自己的权威意识，增强自己的服务意识。我们组织大家认真学习了新课程标准，深刻理解中学数学需要培养学生的六大核心素养，即数学抽象、逻辑推理、数学建模、数学运算、直观想象、数据分析，以及"四基""四能""三会"的含义和要求，学习与课堂教学、数学之美有关的书籍和文章，并做好学习笔记，对数学之美的目的、意义、方法、形式进行了细致的学习和研究，并进行了广泛的交流和探讨，结合我校实际情况明确研究的方向、任务、步骤、措施，使我们的研究始终在科学的理论指导下进行，使我们的实践始终落地于课堂教学展开。

三、重组和整合教材，在教学中要用活教材

新课程倡导教师用教材而不是简单的教教材。教师要创造性地用教材，要在使用教材的过程中融入自己的科学精神和智慧，要对教材知识进行重组和整合，选取更好的内容对教材深加工，设计出活生生的、丰富多彩的课，充分有效地将教材的知识激活，形成有教师教学个性的教材知识。既要有能力把问题简明地阐述清楚，同时也要有能力引导学生去探索、自主学习。

1. 编写适合我校实际的校本教材"导学案"

现行教材知识点清晰、语言精练准确、逻辑性强、处处体现数学之美，充分落实了新课标。但不足之处也很明显：怎样才能激发学生的求知欲，如何教学才符合学生的认知规律，如何才能兼顾课内和课外，如何才能真正达到知识、技能、情感态度价值观全方位的目标。教材的短板是明显的，为此，我们组织项目组成员每期都要编写适合我们教师和学生的导学案，分为课前同步自学、课中交流完成、课后同步练习，既有适合学生课前的自学材料，又有课堂交流的导学案，还有课外形成技能的同步作业，导学案对于减轻教师负担、提高课堂效率、激发学生学习兴趣、提高学生学习质量有很大的促进作用，是非常好的校本教材。

2. 活用教材和导学案

教材只是一个载体，是一种呈现知识的形式，教材不等于教学内容，教学内容大于教材，教材是"死"的，教学内容的范围是灵活的、是广泛的，可以是课内的也可以是课外的，只要适合学生的认知规律，从学生的实际出发的材料都可作为学习内容。照搬教科书和导学案的教师是传统的教书匠，活用教科书和导学案才是现代教师应有的姿态。例如，七年级数学有一个关于形状体积变化的问题。在教材中只是作为一个练习题出现，并没有类似例题，我针对这类问题设计了一节课。课上我没有急于让学生马上去做，而是找来一大一小的两只圆柱形的杯子，在一只杯子中盛满水，开始做实验。通过实验引发了学生的探索欲望，学生根据实验情况找到了解决此题的几种方法。再比如，讲解用字母表示数时，如何让数学课堂充满活力呢？老师就用孩子们喜闻乐见的儿歌开始："1 只青蛙 1 张嘴，2 只眼睛 4 条腿；2 只青蛙 2 张嘴，4 只眼睛 8 条腿。"接着问学生：3 只青蛙几张嘴？几只眼睛几条腿？4 只青蛙几张嘴？几只眼睛几条腿？100 只青蛙几张嘴？几只眼睛几条腿？n 只青蛙几张嘴？几只眼睛几条腿？进而激发了他们的兴趣，活跃了课堂，训

练了思维。这样的教学设计学生愿学、乐学、学得好。

3. 突出情景创设，重在自主探索

数学来源于生活，但数学高于生活。每个数学问题的原型都来自生活，所以对教学中的问题都可以通过创设恰当的情景，以激发学生的求知欲，让学生带着问题去思考、分析、探索、发现，通过独立思考、合作交流进而发现数学的核心和本质，掌握数学知识，让学生觉得数学学习有趣、学习数学有用、数学可以学好。

四、以学生为主体，营造浓厚的自主学习、合作探究的学习氛围

学生是学习的主体，自主合作探究本是学生发自内心的客观需要。在实验研究过程中，只有营造浓厚的自主学习氛围、唤起学生的主体意识、激起学习需要，学生才能真正去调动自身的学习潜能、进行探究学习，也唯有如此，我们的课题研究才能实现实质性进展。我们在课题组学习中明确指出，要建立一种民主、平等、和谐、合作、愉悦和融洽的学习环境，形成一个无拘无束的 "表现空间"，让学生积极思维、自由表达、敢于标新立异。

1. 新课程标准要求教师由传统的知识传授者转变为学生学习的组织者

作为学生学习的组织者，教师的一个非常重要的任务就是为学生提供合作交流的空间与时间，这种合作交流的空间与时间是最重要的学习资源。在教学中，个别学习、同桌交流、小组合作、组间交流、全班交流、师生互动等都是新课程中经常采用的课堂教学组织形式，这些组织形式就是为学生创设合作交流的空间，同时教师还必须给学生的自主学习提供充足的时间。如七年级数学的第一章，让学生以给定图形（两个圆、两个三角形、两条平行线段）为构件，构思独特且有意义图形，并写一两句诙谐的解说词。在教学时，我让学生先自己设计，发挥想象，然后同桌交流、小组交流，最后由教师汇总全班同学中的优秀作品进行展示评奖。如战车、风筝、夕阳夹山、倒影入溪、一个人、一座山、一个太阳等许多意义丰富的图形，其构思之巧妙，想象之丰富，语言之诙谐使人耳目一新。那一刻，同学们体会到了自主交流取得成功的乐趣。

2. 教师应成为学生学习活动的引导者

引导的特点是含而不露、指而不明、开而不达、引而不发。引导的内容不仅包括方法和思维，同时也包括做人的道理，引导学生寻找学习的需要，激发学习的内驱力，使学生明确学习目的；引导学生确定自己的学习目标，让学生清楚学习的内容和学习的深度；引导学生制定学习计划，让学生明确学习的步骤；引导学生探索适合于自己的学习方法，使学生掌握学习的规律；引导学生自我评价，使学生及时了解学习的结果；引导学生总结过去，使学生学会不断调整自我、超越自我。引导可以表现为一种启迪，学生迷路时教师不是轻易地告诉他方向，而是引导他辨明方向；引导可以表现为一种激励，当学生登山畏惧时，教师不是拖着他走，而是激起他内在的精神力量，鼓励他不断地向上攀登。如在学习七年级数学（上）"线段的长短比较"时，我一开始设计询问学生平时如何比较身高，并请两个同学演示。再让学生仿照比身高的方法来比较两支笔的长短，由此引导学生找到比较两条线段长短的方法。这样学生就很容易理解了这个问题。在学习角的大小比较时，不再需要我的引导，学生从线段的比较中就找到了角的比较方法。

3. 教师应从师道尊严的架子中走出来，成为学生学习的参与者

尊重、热爱、信任每位学生，让每位学生都感受到自己是被重视和关注的；充分发扬教学民主，以平等和蔼的态度对待学生，特别是对学困生，应给予他们更多的关怀。尊重学生、关爱学生、信任学生，才能使学生焕发出生命的活力，开掘出创新的潜质。教师参与学生学习活动的行为方式主要是观察、倾听、交流。教师观察学生的学习状态，可以调控教学，照顾差异，发现火花。教师倾听学生的心声，是尊重学生的表现。教师与学生之间的交流，既有认知的交流，更有情感的交流；既可以通过语言进行交流，也可以通过表情、动作来实现交流。如在学习七年级数学立体图形时，我让学生分组动手制作多面体的展开图，在学生制作时我观察各组制作过程，并参与到他们的制作过程中，在和他们的交流中我了解到他们在制作时的所思所想。对于存在的个别问题给予个别解决。在讲如何判断正方体的展开图时，我先是倾听学生们的方法，然后让几个有代表性、思维方法好的学生进行讲解。这样我在教学中也学到了许多知识，同时缩短了学生与教师之间的距离，学生把我当成了他们学习的伙伴，愿意与我进行探讨、互相交流。

4. 教师给予学生充分的自主学习、合作探究的时间和空间

把学生看作学习的主人，不包办、不代替，学生能做的就放手让他们做，学生能独立发现的问题教师绝不给予暗示，多给学生跳一跳就能摘到果子的机会，很多时候机会是等待出来的，要多给学生犯错的机会、多给学生探索的机会、多给学生交流的机会、多给学生展示的机会。有时候兵教兵、兵带兵可能效果会更好。

五、重视教学的反思工作，让自己不断进步

叶澜教授曾指出，一个教师写三十年教案不一定有效果，但坚持写三年教学反思一定能成为优秀教师。可见写教学反思的重要性。那么反思在哪里呢？

1. 在学生易错处反思

学生的知识背景、思维方式、情感体验往往和成人不同，而其表达方式可能又不准确，这就难免有错。例题教学若能从此切入，进行解后反思，则往往能找到病根，进而对症下药，常能收到事半功倍的效果。

一位七年级的老师在讲完负负得正的规则后，出了这样一道题：$-3 \times (-4) = $＿＿＿＿。A 学生的答案是 9，老师一看：错了！于是马上请 B 同学回答，这位同学的答案是 12，老师便请他讲一讲算法，下课后老师对给出错误答案的学生进行访谈，那位学生说：站在 -3 这个点上，因为乘 -4，所以要沿着数轴向相反方向移动四次，每次移三格，故答案为 9。他的答案的确错了，怎么错的？为什么会有这样的想法？又怎样纠正呢？如果我们的例题教学能抓住这一契机，并就此展开讨论、反思，无疑比讲十道、百道乃至更多的例题来巩固法则要好得多，而这一点恰恰容易被我们所忽视。

2. 立足课堂教学行为反思

只要我们精心准备，无论哪一节课，都会有其精彩之处，也定会有不尽如人意之处，它们要么是欠于思考、要么是疏于纰漏、要么是准备不足。或者是该讲的没讲；或者是讲得不透，学生不懂；一些问题设置不合理、不科学，没有前瞻性，有的问题设置太难，有的问题设置又过于容易，有的问题设置又过于陈旧。对于这些问题，本身缺乏指向性，学生也不感兴趣。情景创设是否以学生生活为基础、是否能更好地服务于教学内容，对课堂的突发状况的处理是否机敏，本课问题的设计梯度是否恰当，对此，教师要反思它的必要性、合理性和科学性。对于在教学过程中出现的这些问题，教师不能忽视、听之任之，要分析产生这些现象的原因，逐一思考、改正。

在反思的过程中，反思成功和反思失败同等重要。反思成功，可以提高教师自身的教学信心和能力；反思失败，可以使自己以后的教学少走弯路。

教学过程应是预设与生成、封闭与开放、静态与动态的矛盾统一体，这样一个过程既包括事先对教学过程的精心准备和预设，同时更是对教学过程的真实状态进行密切关注，通过教师对学生的认知和情感需求，不断调整活

动，经历对话、沟通和合作，产生相互影响，以动态生成的方式推进，使学生更加有效地学习。可很多教师只注重对结果的评价，忽视了对过程的评价。这样的结果是让优秀生经常品尝到成功的快乐，而大多数学生则被置于"冷宫"，只能当观众，长此以往，这些学生容易失去发展的自信。因此，教师不能只注重学生回答的最后结果。课堂评价时，既要"对事"又要"对人"，既要纵向地比，又要横向地比，这也有助于学生形成正确的自我评价，成功了，是因为自己付出了努力；失败了，归因于自己的努力不够或方法不得当。这样的归因，有利于学生强化内在动机，正确面对失败，形成良好的自我意识，获得更好的发展。总而言之，评价教师课堂教学行为是否需要改变，不仅要看教师讲课的水平，更重要的是要仔细考查学生学会和会学的程度以及学生的精神状态。

六、开展课外活动，培养学生自主、创新、实践能力

广泛开展课外活动，是培养学生实践能力和创新能力，全面推进素质教育的有效途径。在实践中，学生运用所学知识认真分析，主动思考，积极探索，独立解决问题，这实质上就是创新。

（1）经常开展课外活动，通过幻方、数独、魔方等课外活动的开展和学习，数学思维能力比拼，丰富了学生的课外活动，培养的学生学习数学的兴趣，激发了学生学习数学的求知欲，增强了数学学习的信心。

（2）开展数学手抄报比赛，使学生初步了解数学史，了解数学家和数学家的故事，了解数学的发生发展过程，进一步理解数学与生活、数学与科技、数学与思维、数学与人类的紧密联系，帮助学生树立远大抱负，对于激发他们学习数学的积极性，具有很好的推动作用。

（3）举办"互联网＋数学之美"文化节。数学文化节，通过学生自己表演的数学文娱节目（相声、小品、舞蹈、诗歌、器乐表演等），老师们自己编写的小品《说唱：数学，其实很美》，让师生真切地感受到了数学之美。通过最强大脑比拼，幻方填数、24点游戏、玩转数独、还原魔方等对抗赛，让学生感悟数学的魅力，通过丰富多彩的游园活动，让学生认识数学文化、感受数学趣味、感悟数学魅力，体验成功的快乐。

七、课题研究的成果

三年来，通过课题组成员的共同努力，课题研究取得了显著成绩，效果

明显。

（1）完成了校本课程"导学案"系列的开发和使用，使教师用来体现数学之美的教学有了载体和资源，为数学之美课堂打下基础。

（2）构建了数学之美课堂教学研究策略。通过反复听课、评课、交流、研究，课题组探索出美的数学课堂的要领：①引入之美；②渗透之美；③互动之美；④题选之美；⑤程序之美；⑥形式之美。同时形成了数学之美的课堂教学评价体系，使美的课堂有了评价标准。

（3）"数学之美课外拓展资源的开发与利用的研究"初见成果。拓展资源包括数学兴趣小组活动和数学课外活动。通过课外活动，学生的学习积极性大大提高；对九宫格的探索（三阶幻方和数独）、还原魔方，魅力无穷；利用平板电脑进行数学编程、网络数学游戏等，学生如醉如痴；利用网络进行远程学习，停课不停学，学生的兴趣很高，教学质量得到保证。

（4）示范引领作用显现。原来部分教师认为教研工作可有可无，现在每周的教研活动有主题、有准备，围绕主题进行研究，以前高大上的课题跟老师基本无关，现在我校36位数学老师，有28人都参与数学研究项目或课题，课题组成员都在努力成为学者型教师，做到教学与研究并重。

课题组成员参与2019、2020年重庆市第三期农村中小学领雁工程论文比赛，全部获奖，其中一等奖1人，二等奖6人，三等奖7人；参加2020年重庆市教育学会数学专业委员会论文评选，全区共上交34篇论文，"互联网＋数学之美"项目组有近20篇参赛，超过全区的一半，其中杨相赐老师的"因趣而美，以趣激美"和叶含琪老师的"统领全章，归纳思想，逐步渗透"同获一等奖，另有3人获二等奖，13人获三等奖。课题组成员参加綦江区第三届初中数学青年教师优质课决赛，2人获区一等奖，3人获区二等奖；

项目组教师教学效果均名列全区前茅，2019年中考130分以上的高分人数我校占全区的一半，2020学年考试全区前1000名中古南中学八年级超目标74人，七年级超目标95人，教学效果明显；项目组教师都成了学校的骨干教师，有的还成了中心组成员、区首席教师或名师。

项目开展以来，教师们送课下乡160余次，跟兄弟学校交流100余次，到重庆名校学习、观摩、赛课30余次；请名师专家到学校开讲座或献课10余次，累计到学校学习、观摩、开研讨会有300余次。为全区教师搭建了交流学习的平台，充分发挥了基地作用。送课、送教、教研、交流、课例研修等，辐射引领全区的初中数学教学教研工作。

通过问卷调查：实施项目前有 51.2% 的学生对数学不感兴趣，项目中期回访有 62.4% 的学生喜欢数学，喜欢数学的学生明显增多，课题作用显现。

总之，我们的课题研究工作在校领导的指导下，在全体数学组教师的共同努力下，取得了显著成果。在今后的教学工作中，我们会充分利用这次课题的经验方法，立足课堂，提高课堂效率，激发学生的学习兴趣，培养他们的创新意识，诠释数学之美。

第十一节 "互联网＋数学之美"基地项目反思总结 II

我校作为领雁工程基地建设示范校，积极推进"互联网＋数学之美"课题研究，该课题倡导以课堂为核心感受数学之美，让学生在学习过程中以数学美为载体，学习新知，培养学生良好的数学兴趣和整体把握能力，发展学生思维。作为项目组成员和实验教师，在三年课题研究的活动中，有很多值得总结和反思的地方，现简要总结如下：

一、课题研究必须善于积累与反思

原始资料是课题研究的第一手资料，它既是教师进行课题研究的过程资料，也是将来教育科研活动成果需要采用的表达方式，如果不及时记录，到需要时再去追忆、收集，则为时已晚。因此，我们必须注意原始资料的收集与整理，必须善于积累。课题研究涉及的资料太多，我们必须学会运用笔记本、文件夹、电脑等工具进行收集、分类、整理。在电脑中建立"互联网＋数学之美"课题专项文件夹，将所有与此课题有关的电子资料进行归档整理。

课题研究就是一个学习、实践、反思、总结，再学习、再实践、再反思、再总结的过程。所以，在实验过程中，自己要时时刻刻有意识地撰写相关教学案例、教学论文、教学日志、教育随笔等，记录自己研究过程中的所见、所闻、所感，保留电子文档和纸质资料。三年来，自己完成多篇案例、反思、总结以及论文。其中，4 篇论文在市级交流或评选中获奖。

二、课题研究的关键在于落实

"互联网＋数学之美"，在于教师恰到好处地将数学之美贯穿于教学过程之中。所以，课题成败的关键主要在于全体参与人员的行动落实。教师的责任不在于自己是否能够认识和体味这些数学之美，而关键在于教师能否挖掘每节内容有哪些表现美的素材和美点，展现了什么数学之美，教学中如何引导学生发现和体味这些美。充分以数学"有趣"为载体，充分挖掘展示数学之美，让学生认识美、欣赏美、感受美，从而激发学生喜欢数学、热爱数学。"数学之美"内外同在，内在之美蕴含在具体的、实实在在的数学内容与生活情境之中；外在之美表现在不同的环节与形式之下。三年基地建设、三年课题研究，课题组教师的每一堂课，尤其是每一堂展示课、示范课、研究课，大家都落实得精彩到位。同时，数学艺术节也开展得有声有色，课题研究的每一个环节都真正落到了实处。

三、课题研究是教师专业成长的良好平台

三年的基地建设与课题研究，使所有教师尤其是年轻教师快速成长。三年来，课题组成员坚定终身学习理念，通过各级各类培训、学习，借"互联网＋数学之美"项目的学习和探究，使自己的专业知识水平和实践教育教学能力进一步提高。在教学实践中，以先进的教育理念和科学理论为指导，努力使自己成为一名素质好、师德高、专业知识宽厚，具有正确的教育理念和高度的专业精神，富有创新精神和实践能力的教师。三年来，课题组（含子课题组）成员论文、案例、经验总结获奖或发表的有50余篇，多位教师参加区级、市级赛课获奖，教学能力和水平大幅提升。在团队集体成长的同时，我自己也收获满满，成长迅速，连续两年获得课堂大练兵区级一等奖，所任首届巴蜀云校云启班获前三甲。

当然，课题研究不可能一蹴而就、十全十美。诸如课题组人员理论水平、教学能力参差不齐；大家深入思考、积极主动性不够；研究思路、方法不够清晰；研究材料、研究成果收集整理不够规范及时；等等，这都是我们以后需要努力改进的地方。

第十章　数学之美硕果累累——古南中学"互联网＋数学之美"创新基地成果统计

一、理论成果

（一）形成了数学课堂教学新的教育思想和理念

1. 数学课是可以很美的

传统意义上的数学课堂是刷题、听讲，给人以深、难、多、枯燥的印象，学生被动听课，教师满堂灌，师生都很辛苦，但教学质量却不见起色。根源在哪里？就是学生学习的主动性、积极性没有得到充分调动。充分发挥课堂外在美的因素，充分挖掘内在美的内涵，让数学课像语文教学那样充满感染力，像历史思品课那样充满人文关怀，像美术作品那样精美绝伦，像音乐那样动人，像魔术那样神奇，给人以美的享受和体验，学生自然会主动学习数学，他们的学习积极性和创造性自然会被激发出来，学习效率自然会得到提高。

2. 培养学生的智力先要调动学生的非智力因素

课堂管理，美育先行。一节数学课有美的基础，有美的愿望，有美的想法，才会有美的动力，才可能产生美的效果。所以我们认为在学生的知识、能力、方法、情感态度、价值观等方面的培养中，最重要的是情感态度，把"要我学"真正变成"我要学"，激发学生的学习潜能，让数学学习的过程是愉悦的、学习数学是快乐的、数学课也可以是很美的，学生才能从根本上喜欢数学课堂，喜欢数学教学，进而喜欢数学。我们备课，不但要备知识能力，更重要的是备学生的心理，创造适合学习数学知识的环境和条件，让学生把学习数学的过程作为一种美的体验，学习效果自然就好很多。

3. 数学之美的课堂适合所有年级所有学生

起初，部分教师觉得基础差的农村学生不适合数学之美的课堂，认为反正已经很差了，再教又有什么用呢？的确，这些学生接受能力可能低一些，但是最关键的是他们的内在动力没有被激发出来，才造成他们的成绩越来越差。通过我们课题的实践，恰恰是在这些学生身上体现出来的效果特别明显，课堂设计科学了，重视学生美的体验了，关注并重视这些学生了，教学效果进步非常明显。也有教师觉得成绩特别好的班级不适合数学之美的课堂，怕耽误学生的学习时间，这就是观念没有转变过来。传统教学过分重视方法、技巧，过分重视数学的严谨性和逻辑性，而忽视了知识的发生、发展过程，忽视了学生作为学习主体的感受和体验，导致学生学习的质量不高，后继学习的动力不足，长此以往，将得不偿失。重视数学之美，善于发现和挖掘数学之美，打造数学美的课堂，对任何年级任何学生都适用。

（二）"互联网＋数学之美"的基本策略

完成了"初中数学课堂教学如何体现数学之美的策略研究"，通过课题研究，总结创设体现数学之美活动的策略和评价标准。

数学之美课堂教学策略研究初步构建。通过反复听课、评课、交流、研究，课题组探索出美的数学课堂的要领：①引入之美；②渗透之美；③互动之美；④题选之美；⑤程序之美；⑥形式之美。同时形成了数学之美的课堂教学评价体系，使美的课堂有一个评价标准。

1. 创造数学教学情境之美

关于教学情境设计问题，以前认为对于初中的数学教学来说似乎是多余的。后来随着教学心得体会的加深，发现好的情境设置，可以让学生走进生活中学数学，会使他们尝到探索奥妙的乐趣、萌发对数学知识的渴求，能激发他们学习数学的极大兴趣。

（1）把教学情境生活化，增强学生的感受性。数学源于生活，数学教学就要从学生已有的生活经验出发，让学生亲身经历，将生活中的实际问题抽象成数学模型进行探索。心理学研究表明，学习内容和学生熟悉的生活实际越贴近，学生自觉接纳知识的程度就越高。因此，在数学课堂教学中，教师如果能结合教学内容尽可能地创设一些生动、有趣、贴近生活的情境，把生活中的数学原形生动地展现在课堂中，让学生亲身体验生活中的数学之美，增加学生的直接经验，则不仅有利于解决情境中的数学问题，而且让学生了解到数学是富有情感、贴近生活、具有活力的很美的东西。

（2）把教学情境故事化，增加内容的趣味性。任何学生都关注"有趣、好玩、新奇"的事物。因此，学习素材的选取与呈现、学习活动的安排等，都应当充分考虑学生的实际生活背景和学习内容的趣味性，使他们感觉到学习数学是一件有意思的事情，从而愿意接近数学，去感受数学之美。把问题情境编成简短的小故事，能使学生产生身临其境的感觉，增加课堂教学的趣味性，从而能够有效地调动学生的学习积极性，使学生全身心地投入到学习活动中去。

（3）把教学情境活动化，确保参与的有效性。教学中，把教学情境活动化，就是让学生积极参与教学活动，让学生在活动中亲身实践，大胆探索。这不仅有利于保证学生在教学中的主体地位，也有利于促进学生从抽象思维向具体的形象思维过渡。

2. 体现数学教学中的学科之美

数学素有"科学之王"的美誉。从数学的起源来看，它是对客观事物的一种量的抽象——从客观存在的有限性演变为认识领域的无限性。从人文环境来看，数学有着无与伦比的美学情趣——古希腊有一句名言："哪里有数，哪里就有美。"

（1）数学的简洁美。简洁本身就是一种美，而数学的首要特点在于它的简洁。英国数学家莫德尔说："在数学的各个美中，首先要推崇的大概是简单性了。"瑞士数学家欧拉给出的公式：$V-E+F=2$，堪称"简单美"的典范。世间的多面体有多少？没有人能说清楚。但它们的顶点数 V、棱数 E、面数 F，都必须服从欧拉给出的公式，一个如此简单的公式，概括了无数种多面体的共同特征，令人惊叹不已。在数学中，像欧拉多面体公式这样形式简洁、内容深刻、作用很大的定理还有很多。比如，圆的面积公式：$S=\pi r^2$。勾股定理：直角三角形两直角边的平方和等于斜边的平方。数学的这种简洁美，用几个定理是不足以说明的，数学历史中每一次进步都使已有的定理更简洁。

（2）数学的和谐美。在数学中，毕达哥拉斯首先提出"美是和谐与比例""世界是严整的宇宙""整个天体就是和谐与数"。比如对称也是一种和谐美，如杨辉三角的对称美，几何中的和谐美被处处体现，让人赏心悦目、美不胜收。又比如黄金分割的奇妙之美，还有生活中让人叹为观止的一些伟大、精彩的建筑杰作，更让人欣赏、品味，影响深远，无不体现数学的魅力、数学的美。

（3）教学内容的内在美。教学内容美，一方面指传授学生课本里科学知识本身的内在美，另一方面也包括教师运用知识相互联系、相互作用而产生的整体功能美。自然科学课程揭示了自然规律，体现着美。数学中有数与数的巧合关系；物理学中有各种能量的转化美；化学中有声、光、色、态各种变化的奇特美；植物学中有植物的花、叶、果实色彩与形态美。社会科学课程中所蕴含的美就更加具体了。语文课中的文学作品不仅有大量的语言美，还有丰富的形象美、情感美；史地课中有文化美、历史美和名胜古迹、风景美；政治课中揭示着"真"，蕴含着"善"，体现着心灵美。为实现各科的教学美，教师必须具有审美创造的意向，善于从教材中感受美、提炼美，并使之成为教学的有机组成部分，在课堂上把渗透着美的教学内容呈现给学生。

（4）丰富的教学手段之美。它是教师传递教学信息的媒体和教学辅助用具。教学手段美是指在教学中运用直观形象的辅助教具如课件、模型、标本、图片等激发学生在美感中接受知识。教学手段美是实现教学美的组成部分，它可以使抽象的知识转化为学生喜闻乐见的欣赏对象，变静态为动态，变无形为有形，寓教于乐。基于这个认识，教师应该以互联网为载体实施教学，学生在互联网背景下进行数学学习，会发现题目和题目之间的相似性，系统性地对题目进行归类，将有利于培养学生举一反三的逻辑推理能力。在"互联网+"的大背景下，基于数学模型建立试题库、视频库、公开课资料库等教学资源，再利用教育大数据持续优化适应性结构，以此来培养学生的逻辑思维能力，让他们不仅能提升数学成绩，还能掌握数学学习的本质。

（5）优化教学结构之美。优化教学结构是指课堂的基本组成部分及各部分进行的顺序和时间的分配。教学结构美就是在教学中各步骤或各环节的安排有条不紊，使理智活动与情感活动交织进行，从而取得审美效果。教学结构美要求教师必须钻研教材，挖掘教材中的审美因素，将教学内容和教程进行整体性的合理组合。什么时候讲新知识，什么时候安排演示教具或实验，什么时候写板书，什么时候练习，都要进行巧妙安排。教师应时时以形象性、情感性教学激发学生的兴趣，使学生带着愉悦感，头脑中充满着联想、想象进行学习。在课堂节奏的设计上，教师要做到疏密有致、快慢得当，以容人思考、加深理解。

3. 挖掘数学课堂教学中美的载体

课堂教学美，简而言之就是指存在于整个教学过程中的美。它是通过教师的仪表、教学语言、板书、教态、教学内容、教学手段、师生关系、课堂气氛、教学结构等作为载体表现出来的。教学美的形象刺激，使学生产生愉悦心态。这种心态会使课堂充溢着愉快和谐的气氛，教师教得主动，学生学得活泼，使智力因素与非智力因素协调配合，从而优化教学效果。

（1）教师的仪表美。它是教师留给学生的第一印象，主要包括教师的体貌、服饰等。体貌是指教师的身材、五官和容貌，俗称"长相"。教师还应具有人之美的决定因素——心灵美，这位教师的美将会更加完善。但每个人的体貌是先天固有的，难免有的地方不尽如人意，但可以在其他方面体现和创造美。服饰是指衣着打扮，教师有意识、有选择地穿衣打扮是完全必要的。教师职业的特点是教书育人，为人师表。根据这个特点，教师的服饰美应该是大方典雅、朴实入时。教师的着装应得体、适时、和谐。

（2）教学语言美。它是教师"传道、授业、解惑"的主要工具。它是教学美的最主要的载体。教学语言美要做到以下四点。①具有准确、简练、逻辑性强的科学美。②生动形象，给人以"身临其境，如见其人，如闻其声"之感。③音调与语调要和教学内容相吻合。音调要体现出抑扬顿挫，有节奏感。在语调上，教师要讲普通话，语速要快慢适中，讲到重点处要有力度。④语言诙谐、幽默而不庸俗，寓意深刻给人以启迪。而有的教师不注意教学语言美，满堂高音或一味低吟，音调无变化，讲话中夹杂着方言土语和口头禅。这样的语言不但不美而且使学生感到乏味、反感，影响教学效果。

（3）课堂板书美。它是作用于学生视觉的一种语言符号，是学生接受信息的基本渠道之一。板书要做到：书写工整准确、大小适宜、结构匀称的汉字秀丽美；扼要、醒目的精简美；连贯、条理的清晰美；布局主次分明、疏密得当，板书留有余地的空间合理美。板书美有利于突出教学的重点，帮助学生理清教学内容的脉络，同时也有利于学生临摹。有的教师不注意板书美，主次不分，写字龙飞凤舞，结果密密麻麻、眉目不清。当然，黑板上空空荡荡、寥寥无几的板书也是不美的。

（4）教态美。它是教师在教学中的表情、姿态与手势这几方面有机结合的外在表现。教态美是由教师美好的表情、潇洒大方的姿态、优美恰当的手势综合表现出来的形式美。教师要做到教态美，重在表情美，表情是情感在面部的外露。所以，对学生具有深厚情感的教师，在学生面前的表情才会表现得和蔼慈祥、笑容满面，这就是表情美。教师的这种美会在学生心里产生亲切感，缩短了师生间的心理距离，有助于提高教师的威信，增强教师的教学魅力。而有的教师在学生面前总是板着面孔、摆出一副"老阴天""一本正经"的架势，这种表情不但没美感可言，还会使学生产生悖师性。

（5）师生关系美。师生关系美是建立在民主的基础上，以教师对学生的爱为前提，表现出的情感融洽、互相尊重、信任和谐与亲密的师生关系。若师生关系美，教师就会赢得学生的尊重和信任；学生就会努力把教师提出的要求希望变成学习的动力，这正如《学记》所概括的"亲其师，信其道"。

（6）课堂气氛美。也称之为课堂心理气氛，它是在课堂教学情境的作用下，在学生心理需要的基础上产生的情绪、情感状态。创设课堂气氛美，教师的情感是主导因素，学生的学习兴趣是内在条件。在课堂上教师以发自内心的美的表情，激发学生的情感，学生对教师产生亲切感和安全感。这时就会产生融洽的师生关系，愉快而活泼的课堂气氛使学生的大脑皮层处于兴奋状态，易于展开联想、分析、综合、判断、推理等逻辑思维活动，有利于学生进行创造性的学习。

"基于现代信息技术培养学生进行数学探究"向数学教育工作者和数学教师提出了更高的要求，这个要求是促进信息技术与数学教学相结合的至关重要的条件：教师要更新数学教育观念；要充分利用网上的丰富教学资源，恰当运用现代数学教育技术，像使用常规教具一样使用计算机来辅助完成教学任务；要创设良好的问题情境，基于学生已有的知识背景设置问题；要向学生提供充分从事数学活动和交流的机会；要让学生自己动手实验、观察发现、猜想验证、合情推理、得出结论。

二、实践成果

（一）促进了师资建设

1. 教师在成长过程中收获硕果累累

借助课题"互联网＋数学之美"创新基地，教师有三年规划、学期计划、教研组备课组规划、个人规划，使得每周的教研活动有准备、有主题，并能围绕主题进行研究，我校有 36 位数学老师，其中 28 人都参与了进来，课题组成员都在努力成为学者型教师，做到教学与研究并重。三年来每个课题组都形成了论文集、磨课集、教案集、活动简讯集、课堂实录集，通过对课堂研究所形成教案、课件、课后点评、反思的系列打磨，极大地提高了数学教师的素养，形成了自己的个人三年规划、个人成长记录、个人教研记录、个人心得体会、个人反思总结。

2. 课题组的老师赛课频频获奖

通过三年的课堂打造，课题组教师的课堂教学艺术明显提高，课题组教师多次在学校、区级、市级赛课活动中获奖。荣获区级赛课一等奖的有 3 人、区级赛课二等奖的有 3 人；荣获市级赛课二等奖的有 1 人；荣获区级"一师一优课、一课一名师"活动一等奖的有 1 人；荣获区级教职工技能竞赛（课堂大练兵）一等奖的有 2 人；1 人被评为綦江区初中数学名师。

3. 课题组教师的研究能力明显提升

三年的课题实践研究，使得大家的实践经验、理论素养不断提高，逐步从经验型教师向研究型教师转变，取得了丰硕的成果。在重庆市市级论文评选中，何锡梅、杨相赐、叶含琪、陈松林等 4 人获市一等奖，9 人获市二等奖，20 人获市三等奖；课题组教师有 30 多篇论文在各级各类刊物上发表。

教师们在《中学数学教学参考》《数学教学通讯》上各发表论文一篇；参加国家级课题和子课题各 1 个，并已顺利结题；编写的《把握数学本质——中学数学教学研究》已出版。

在重庆市第三期农村中小学领雁工程征文活动中，荣获市一等奖的有 2 人、市二等奖的有 6 人、市三等奖的有 7 人；在重庆市教育学会数学专业委员会举办的数学论文评比中，荣获市一等奖的有 3 人、市二等奖的有 3 人、市三等奖的有 8 人。

4. 所有教师都能独立制作课件，都能用多媒体辅助教学，都能够熟练地上网课，课题组成员有两人成为区级名师，3 人是区数学中心组成员。

（二）开发了校本资源

1. 校本教材更加科学，更加适合学生

我校的初中数学校本教材通过全体数学教师的共同努力，形成了完整的、系统的、实用的、与教材配套的导学案共 10 册，包括七年级（上）数学自主学习、数学同步练习，七年级（下）数学自主学习、数学同步练习，八年级（上）数学自主学习、数学同步练习，八年级（下）数学自主学习、数学同步练习，九年级（上）数学自主学习、数学同步练习，内容包括配套教材各章节的同步学习资源，也适当增加了拓展视野的选学内容。

2. 数学课外活动丰富多彩

通过课外兴趣小组，开设了数学文化和历史、简单逻辑推理、简单计数（数三角形个数、线段条数、握手问题等）、九宫格、趣味数学、转盘游戏、生活中的数学、数学家的小故事、移动火柴棍、幻方填数、七巧板问题、乘方应用、脑筋急转弯、数学与诗歌、趣味数学——数之韵、玩转数学——数学猜谜、数学之美与数字、扑克妙用、数学黑洞、抽屉原理、简单数独、魔方还原、数学谜语等课外活动，有教案、有课件，形成了一系列的数学课外活动资源；举办数学手抄报比赛，开阔了学生视野，让学生对数学之美有了更深的理解；数学文化节活动让学生对数学的兴趣达到了一个高峰，让数学之美成为师生共识，提高了学生的数学学习积极性，丰富了学生的课外生活。

（三）扩大了学校影响

（1）课题组通过市教科院专家亲临指导，主城区盟友的精准指导，巴蜀中学刘红梅老师、任静老师，沙坪坝外国语学校的郑洪艳老师，区教科所专家和教研员多次的精准指导，区教科所在古南中学开展了联合教学研训活动，与綦江中学、实验中学、南州中学、通惠中学、三角中学、东溪中学等开展了联合教研活动，多次到帮扶学校扶欢中学开展数学研究活动，进行教学交流和指导，参加全区优质课比赛。项目组成员多次在全区上名师示范课，送课下乡，到乡镇中学进行视导活动，送课下乡160余次，跟兄弟学校交流100余次，到重庆名校学习、观摩、赛课100余次；请名师专家到学校开讲座或献课10余次，累计到学校学习、观摩、开研讨会有300余次。为全区教师搭建了交流学习的平台，充分发挥了基地的作用。送课、送教、教研、交流、课例研修等，辐射引领全区的初中数学教学教研工作，示范引领作用显现。

（2）在区、市组织的教学质量研讨会上，课题组多次做专题发言，受到与会者的高度肯定，扩大了影响，收获了信心。

（四）提高了教学效果

（1）问卷调查

创新基地成立初期，我校对2021届七年级新生进行了初步问卷调查，调查表明：有65.2%的学生对数学不感兴趣；89.3%的学生不了解数学美；90.3%的学生想提升数学学习兴趣，了解数学美；93.5%的学生想老师用互联网的方式教学。创新基地通过一年的实践研究活动，教学效果明显。中期做了一次问卷调查，调查显示85.4%的学生已经对数学之美非常感兴趣；62.4%的学生对数学之美有了很大的了解。

（2）学生学习质量得到明显提高

通过参加"互联网＋数学之美"创新基地的实验后，学生学习成绩进步明显。在2019年中考中，古南中学130分以上的高分人数占全区的一半；在2020年全区学年考试中，古南中学在全区前1000名所占人数，八年级由实验前的274人增加到实验后的348人，七年级由实验前的247人，增加到实验后的342人；古南中学七年级云启班成绩进入全市前三甲。进步明显，效果突出。

三、课题愿景及展望

历时三年的"互联网＋数学之美"课程基地研究成果获得重庆市第三期领雁工程优秀课题，同时课题组申报的3个区级子课题"初中数学之美课堂教学策略研究""初中数学之美课程内容的构建研究""数学之美校木课程资源开发与利用的研究"圆满结题。通过课题研究，广大教师的教研能力和教学水平得到很大的提升，教研活动质量明显提高，参与性明显加强，形成了独特的教学资源；学生的学习成绩明显提高，形成了良好的数学学习风气；师生关系和谐，形成了良性循环；对全区乃至全市的初中数学教学起到了引领和示范作用，达到了课题目标和效果。

今后，我们将以校本课程的开发和课堂教学策略为重点继续深化研究，继续扩大实验范围，面向全区推广，努力将"互联网＋数学之美"课堂教学模式的基本原理向小学、高中乃至其他学科的课堂教学迁移渗透。

"路漫漫其修远兮，吾将上下而求索。"教学探索只有起点没有终点，我们将一如既往地不断探索，与学生共成长，做优秀的研究型教师，做优秀的研究型团队。